明清气象

清人章学诚在其名著《文史通义》中指出:"能具史识者,必具史德"。正史出于胜利者,而信史出于旁观者,从这部叙事心平气和、解析鞭辟入里的中国通史中,不仅能窥见作者的史德与史识,也可洞悉中国历代王朝兴替的周期律,令后来者鉴之,祈勿使后人复哀后人也。

冯小小 ◎ 编著

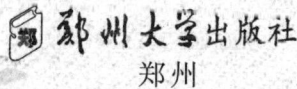

郑州大学出版社

郑州

图书在版编目(CIP)数据

明清气象/冯小小编著. —郑州:郑州大学出版社,2016.1

(历史下午茶)

ISBN 978-7-5645-0926-2

Ⅰ.①明… Ⅱ.①冯… Ⅲ.①中国历史-明清时代-通俗读物 Ⅳ.①K248.09

中国版本图书馆 CIP 数据核字(2014)第 114796 号

郑州大学出版社出版发行
郑州市大学路40号　　　　　　　邮政编码:450052
出版人:张功员　　　　　　　　　发行部电话:0371-66966070
全国新华书店经销
辉县市伟业印务有限公司印制
开本:787 mm×1 092 mm　1/16
印张:13
字数:187 千字
版次:2016 年 1 月第 1 版　　　　印次:2016 年 1 月第 1 次印刷

书号:ISBN 978-7-5645-0926-2　　定价:29.80 元

本书如有印装质量问题,请向本社调换

前言一

公元1368年，一个昔日四处流浪的游方僧在应天府中宣布了一个国家的诞生。几年后，当北伐顺利赶出大元政权的统治者后，这个游方僧再次以汉人的身份统一整个中国。这个游方僧人唤朱重八，帝号明太祖。他所建立的政权正为大明帝国。

出身贫苦的朱元璋如同汉高祖刘邦一样，并没有因为出身低微就缺乏见识。相反，底层出身的皇帝往往能体恤百姓的艰辛，因此，大明帝国在他的诞生之初便一帆风顺，几代君主励精图治，对外出兵扬威，对内则安抚百姓，以此缔造出的辉煌一个接着一个。洪武之治、永乐盛世、仁宣之治，这些清平之世的连续出现，让明朝成为远迈汉唐的帝国。朱元璋的事迹被后世反复传诵，我们都惊讶于一个四处流浪的和尚竟然最后能执掌整个国家，而且还将整个国家治理得井然有序。

如果我们觉得明朝的辉煌仅限于此，那就大错特错了。要谈明朝的辉煌，怎么能避过郑和的七下西洋？这是中国历史上的伟大壮举：当中国的大型远航船队扬帆大海，西洋的三十多个国家便已见证到了大明帝国的辉煌伟业。

同时，《本草纲目》《徐霞客游记》《郑和航海图》《天工开物》等，这些杰作无不让人为之一奋。这些来自明朝的历史贡献，在科技方面和郑和下西洋遥相呼应，成为大明帝国的又一美璧。

文学方面，小说在明朝获得了空前的发展，《三国演义》《水浒传》和《西游记》三大古典长篇小说纷纷以一代巨著的姿态直追前代各种文学体裁。戏曲在明中叶后再次繁盛，如《牡丹亭》，便是代表之一。诗歌方面，虽难以企及唐宋，却也有着专属于它的独特味道，流派众多，交相辉映，成为明代的又一艺术美景。绘画方面，画家的个性愈加彰显，在中国绘画史上留下了浓墨重彩的一笔。

可叹的是，好景不长，当土木堡之变传遍整个神州大地时，人们终于看到了朝代盛世终结的一天。此后，昏聩的帝王，跋扈的宦官，大明帝国令人戚戚。昔日的南京、北京盛景不再，随着满清的马蹄入关，亡国之音在大明的土地上奏响。

　　历史已逝，物是人非，后人在回味历史的同时，为其兴奋，为其哀叹，这便是历史的魅力所在。我们读史，猜测，乃至完善它。读史的起承转合，并在其中找到历史发展的意义，找到历史发展的规律。这种意义和规律由宏观至微观，亦不免应合一些个人的发展方式。因此，我们在读史中找到了个人发展的意义和规律。由此，我们在完善历史的同时也在完善着自己。所以，读史不可或缺。而明朝，这个距离我们只有几百年的朝代，更加具有借鉴的意义，了解他就像是了解自己。

　　本书深入浅出地讲述了明朝辉煌的历史，展现了大明王朝强盛、衰落到最终灭亡的精华史。历史学家将引领着我们走进大明，为我们解读这个创造了无限辉煌的帝国。

编者
2013 年 10 月

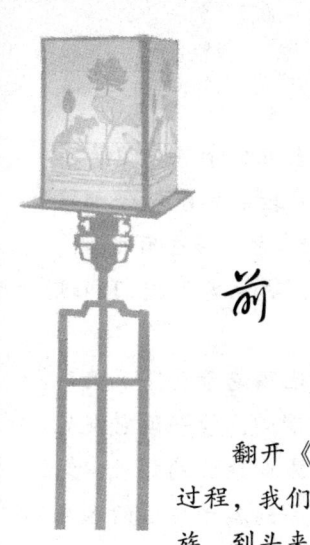

前言二

翻开《红楼梦》这本巨著，读着贾家从鼎盛到衰落的整个过程，我们总是禁不住为其流下眼泪。何以曾经如此辉煌的家族，到头来，亦免不了曲终人散的悲戚？

想到《红楼梦》，我们便想到了承载这部名著的那段历史。那是一段令人读之会有些许不堪的历史。试问，当我们望着一个国家被外来民族欺压得满目疮痍、落败不堪的时候，我们作为生活在这片土地之上的子民，难道不会感到锥心刺骨般的疼痛吗？清朝，当步入它的末世时，封建社会的瓦解崩溃所遗留的疼痛令后世子民亦感到难以承受。

八国联军犯土，将一个昔日的东方雄狮欺压得如此不堪。英法联军火烧圆明园，随着这座满载帝国辉煌的园林的崩塌，清朝也令人唏嘘地崩落在东方的大地。

鸦片战争后，李鸿章被迫在割地条约上，签字中华领土为他人所占；慈禧太后为了一己之私出卖整个帝国，可怜雄狮也免不了颓败在昏聩的掌舵者之手。

历史是一枚硬币的两面。耻辱不忘，辉煌也不能抹去。

这是清朝的另外一面，在这一面，清朝有很多令人为之赞叹的事迹。无论是努尔哈赤的初步统一，皇太极入关称帝，或是康熙平三藩、收台湾，这一切都令后人们钦佩不已。康熙、雍正和乾隆三代帝王的共同努力，更是让一个大清王朝进入了他的鼎盛时期，清史的这几大篇章，读起来让人血脉喷张。这是在一个帝国的鼎盛期所缔造出的辉煌。其实，帝国将倾，也有力挽狂澜的高歌猛士。虎门硝烟的林则徐，睁眼看世界的魏源，收复新疆的左宗棠，引领湘军的曾国藩；张之洞等在洋务运动中引领着爱国志士前仆后继；洪秀全、石达开，让太平天国唱响了民间儿女的勇武。他们用自己的意志，共同创造了整个朝代的不屈精神。

清朝，有太多的不堪，也有太多的辉煌，读起来五味杂陈。越是难以去判断的史实，越有熟知研读的趣味。每个历史片段的起承转合都蕴含着人性各个层面，品读起来如同喝一杯咖啡，苦甜有之，芳香有之。

　　清朝，因为距离我们最近，更和我们息息相关，这注定了我们和这个朝代之间不可分割的关系。

　　每个人是一部微型的朝代史。自己封锁，让自己隔绝于天下，既不符合个人也不符合国家发展的趋势。所以，读一读清朝，读一读它发展初期的雄浑，读一读它直逼鼎盛的魄力，读一读它走向衰亡的颓丧。只有这样，才能从这个创造了无限光彩的帝国中，找寻到属于自己的人生感悟。

　　本书以专业名家对于历史的认知为引读，娓娓道来，带我们驰骋在清朝的历史之中。当然，后人说前人，只是作为一个个人的经验之谈，读者在读史的同时也必须有自己对于历史的认识和思考。

　　现在，让我们随着大师一起梦回大清，感受这个昔日不可一世的帝国吧！

编者
2013 年 10 月

目录

上 篇

民间混起帝王子，天下一统锁权力 ·················· 3
初登帝座，开创盛世 ····························· 3
兔死狗烹，相权在手 ····························· 6

编《永乐大典》，成永乐盛世 ·················· 10
抢走侄子的皇位 ····························· 10
文治：三事见证永乐大帝 ····························· 12
武功：解决边患的噩梦 ····························· 15
一步走错，种下毒瘤一大颗 ····························· 17

展示中华气象，引来万邦朝拜 ·················· 20
让海上阳光挥去心中的阴影 ····························· 20
扬帆起航，展开辉煌的大明旗 ····························· 21
帝国的叹息，明朝从此无郑和 ····························· 23

仁宣之治，再续辉煌 ·················· 26
虎父无犬子，父子共创佳绩时 ····························· 26
鸣奏盛世强音 ····························· 28
由盛而衰，可怜了一只蟋蟀 ····························· 30

再美的花也有谢的一天 ·········· 33
宦官弄权，如球在手 ·········· 33
瓦剌的心思，震动土木堡 ·········· 35
铮铮文人，保卫京城 ·········· 37
尴尬一对兄弟，两个皇帝 ·········· 39

孝宗中兴，重振明朝国威 ·········· 42
晦暗深宫长大的太子 ·········· 42
惟德与功，为三不朽 ·········· 44
断头政治，明朝的帝王基因 ·········· 46

坐在皇位上玩游戏 ·········· 48
荒诞！明宫的无赖儿郎 ·········· 48
继续荒诞，社稷看不惯 ·········· 50

梦里和梦外的纷纷之争 ·········· 53
嘉靖的倔强，"礼"之斗争 ·········· 53
对"礼"的执着 ·········· 56
封侯非我意，但愿海波平 ·········· 59
正直海瑞，如万年青草 ·········· 62

力挽狂澜于既倒，心系社稷而图新 ·········· 65
平民宰相张居正 ·········· 65
拾起烂摊，医治国疾 ·········· 67
图新改革，随人而逝 ·········· 69
盖棺后的欲加之罪 ·········· 72

明之亡，实亡于神宗 ... 75
掌权欲望和挥霍恶习 ... 75
万历之征见证明之盛衰 ... 78

变起一朝，祸积有素 ... 82
朱由校只是好木匠 ... 82
崇拜老太监，东林不屑此 ... 84
战场到刑场，错杀袁崇焕 ... 86
先走一步，只为他人做嫁衣裳 ... 89
末代君王，有心却无力 ... 91

帝国已逝，独留凄凉背影 ... 93
弘光政权，残喘的机会 ... 93
外族当前，临死不屈 ... 95

下 篇

盛京圣地，见证大清荣辱 ... 101
统一女真，努尔哈赤的第一步 ... 101
手掌"四合"，前往盛京 ... 105
满军八旗，初步创立的辉煌 ... 108
伐木人的"四板斧" ... 111

踏过沧桑山海关 ... 114
山海关下的猛将 ... 114
松锦之战，招降洪承畴 ... 118
迎来清军，吴三桂的一搏 ... 121

大清王朝，进驻紫禁之巅 ... 125
　　千年古都，两易其主 ... 125
　　血腥开拓，十日屠城 ... 128
　　嘉定三屠，剃刀蕴藏的冲突 ... 131

康熙大帝，畅春园里听风雨 ... 136
　　小儿即位，铲除拦路虎 ... 136
　　三藩战争，迈进成熟的帝王 ... 139
　　跨过海峡，收复台湾岛 ... 144
　　执斛斟酒，千叟宴上话辉煌 ... 149

微光照亮雍和宫，勤奋身影批奏折 ... 154
　　同根相煎，雍正脱颖 ... 154
　　登上皇位，神秘的四阿哥 ... 157
　　朝乾夕惕，宵衣旰食 ... 161
　　高度集权，唯我独尊 ... 163

踏上江南，图将好景 ... 166
　　小桥流水，留下帝王的脚印 ... 166
　　发展经济，创造不世繁盛 ... 169
　　文字狱，帝国的文化污点 ... 172

昔日妖娆成沧桑 ... 177
　　好景不常，奏响覆亡序曲 ... 177
　　在赞扬声中消沉下去 ... 179
　　鸦片记录一个国家的衰亡 ... 182

皇家陵园，走向最后的归宿 …………………………… 185
　百日维新，扶不起将逝之国 …………………………… 185
　临朝称制，一个女人的时代 …………………………… 187
　外忧内患，一齐涌上 …………………………………… 190
　帝国的句点就此画下 …………………………………… 192

上篇

民间混起帝王子，天下一统锁权力

初登帝座，开创盛世

在南京市钟山南麓的独龙阜珠峰下，沉睡着明朝的开国之君，他就是明太祖朱元璋。

每个去过明孝陵的人也许都会因其规模宏大、形制独特而震撼，并沉浸在优美的环境中，流连忘返。有心人也许会将视线定格在陵前的一块石碑上，其实这石碑说来也真不寻常，高3.85米，宽1.42米，厚度为0.38米，上书四个金字：治隆唐宋，即朱元璋对明朝的治理要比唐朝、宋朝还要好，明朝比唐朝、宋朝还要兴隆。看得出来这是对朱元璋的称颂，也是对明朝的称颂。若是普通人提了这句倒也无话可说，但在此挥毫的乃是后世一代传奇君主——康熙帝，这便有了仰慕与惺惺相惜之意。

事实也确实如此，清朝康熙皇帝一生中六次南巡，五次拜谒明孝陵，行三跪九叩大礼。石碑上的四个金字是康熙第三次南巡时（1699年）亲笔题书，并由曹雪芹的祖父、当时的"江南织造"郎中曹寅立碑。

那么这位开国之君究竟当不当得起"治隆唐宋"的美誉呢？这得从朱元璋的治国理念说起。

众所周知，在中国历史上，由农民起义的领袖而登上皇帝宝座的，只有朱元璋和汉高祖刘邦，刘邦毕竟是泗水亭长，还有个一官半职，而朱元璋则是一穷二白，是一个不折不扣的无产者。从农民阵营中走出来的他，由起义而荣登帝位，从此富贵无边，无人能及，这就使得他与原来的劳苦大众们"道不同"而难为谋。但是，和刘邦一样，这位开国之君也选择了休养生息政策，毕竟天下初平，经过战争的劫难，百姓离乱困苦，要想从头收拾山河，这是不可或缺的第一步。

因此，朱元璋曾说道："百姓财力俱困，如初飞之鸟，不可拔其羽，新植之木，不可摇其根，在安养生息而已。惟廉者能约己而利人，尔等

当深念之。"经历乱世的朱元璋其实比谁都清楚开国之初百姓的状态,他的比喻也很贴切,用初飞的小鸟和小树比喻百姓,说小鸟要飞的时候,你不能拔它的羽毛,树刚栽下,你不能动它的根。靠什么来做到这一点呢?靠廉洁,靠禁止贪暴,靠爱惜百姓,让他们能够休养生息。

在如何休养生息上,这位开国皇帝也有自己的想法。一次,他和谋臣刘基谈治国之道,刘基说待百姓要宽仁,朱元璋说仅仅是宽仁可不行,他说:"不能施惠,而概言宽仁亦无益耳。以朕观之,宽仁必当阜民之财,而息民之力。不节用则民财竭,不省役则民力困,不明教化则民不知礼义,不禁贪暴则民无以遂其生,如是而曰宽仁,是徒有其名而民不被其泽也。"

这里说的实际上就是他治国的几个重要理念:一是发展生产,使百姓生活富足;二是凡事要节俭,正是"节用、爱民"之道;三是不给百姓增加劳役负担;四是提倡教育,办学校,加强道德法制教育;五是整顿吏治,禁止贪暴的官吏横行。

概括起来,正如朱元璋自己所说,这是"严明以驭吏,宽裕以待民"。毕竟他生活在元末,对元朝官吏的横征暴敛、贪赃害民,富民勾结官吏、仗势欺人的行为有深刻的感受,他最了解贪官,也最痛恨贪官。所以他希望建立一个廉洁的政府,不损害百姓的利益,不浪费他们的钱财。因此,他将执政的重点放在了惩治贪暴、整顿吏治上。这不能不说是一代开国之君的明智之举。

在掌握了最高权力后,他采用了各种办法整顿官僚队伍,但贪污腐败似乎与官僚队伍难解难分,犹如毒瘤般总是铲除不尽,这既困扰着百姓,也困扰着朱元璋。但他手中有一件法宝,那就是绝对权力,朱元璋把这种权力发挥到了极致,对手下的贪官污吏决不留情,宁可错杀也决不放过。

著名史学家孟森先生在他的《明史讲义》中简明扼要地评价说:朱元璋以严刑苛法治理天下、驾驭群臣,为什么不但没像秦朝那样权存二世而亡,还奠定了明朝近三百年国祚的基础?就是因为他"不得罪百姓"。平民出身的朱元璋建立的大明王朝,在中国历朝历代中可以说是"得国最正",就是因为他心系万民,懂得如何爱护老百姓,而下狠心来整治贪官污吏这一点就是最好的证明,毕竟百姓最痛恨的就是剥削自己的贪官。

然而，朱元璋虽然制定了一系列的考核和监督的制度来规范他手下的大小官员，但仍然造成了官官相护，上有政策、下有对策的尴尬局面。朱元璋为了震慑这些只知贪污的官吏们，便开始用了狠招，他不得不一再对官僚队伍的腐败进行大规模的整治，掀起一个又一个大案，最著名的是空印案和郭桓案。在两案中，朱元璋杀了很多牵扯进来的官员以示警戒，对那些罪行较轻的则处以酷刑，例如在郭桓案中，龙江卫仓官等人因为伙同户部官郭桓等盗卖仓粮，被处以墨面、文身之刑，即在他脸上、身上刺上耻辱的印记，挑断脚筋，割去膝盖，仍旧留在本仓看管粮食出入。最令人惊讶的是，没过半年，一个进士到仓库放粮，早晨发出筹码二百根，到晚上竟然收到二百零三根。进士当面责问，发觉是已经受刑的仓官不思悔改，偷出放粮筹码，转卖给同样受过刑的小仓官。如此不知悔改之人，让人无奈，本来的那点同情心似乎也随之消散了。

这件事情后来被朱元璋知道了，他感慨地说："朕谓斯刑酷矣，闻见者将以为戒。"意思是说我本以为那种刑法已经够残酷了，听到看到的人都会引以为戒，哪里想到，竟然还有人"肢体残坏，形非命存，恶犹不已，仍卖官粮"。他愤怒地问道："此等凶顽之徒，果将何法以治之乎？"所以，严刑峻法是无可选择的选择。

为了反腐惩贪，朱元璋不得不使用重典。朱元璋一朝的刑罚让人闻之生畏，以致几百年后的文豪鲁迅对此也大为感慨，说刑罚如此之残酷，令人感到不像是在人间。但是，不论如何处罚，顶风作案者仍然没有收敛。在朱元璋看来，对于贪官污吏，除了严刑重典，几乎没有别的选择。

朱元璋严惩贪官污吏的目的，从根本上说在于巩固自己的统治，但这在很大程度上保护了老百姓的利益，因此使当时的吏治得到了澄清。《明史·循吏传》里记载，明朝历代，仅洪武一朝的清官数量就占整个明王朝清官总数的三分之二！这不仅缓和了官府和百姓之间的矛盾，而且成为明初完成国家统一、稳定社会秩序、恢复发展生产的有力保障。

值得思索的是，朱元璋一再申明："吾当乱世刑不得不重，子孙们治平世，刑自当轻。"这一点也足以看出朱元璋对自己用重典的清醒认识。

总之，朱元璋初登皇帝宝座，看着自己用双手打下来的大好河山，自是无限感慨，也无限珍惜，因此，他持身勤俭，治国勤奋，在他的用心经营下，明朝初年社会经济得到了迅速发展，人民生活安定，国家经济实力大大增强，终于开创了明初几十年的大国盛世局面。

但是朱元璋的强势，使得他倾向于刚猛治国，从而为他的治国政策和措施蒙上了一层阴影，也使得后人对他的情感与评价趋向于复杂化。

兔死狗烹，相权在手

经过十几年的精心治理，大明王朝逐渐走上了正轨，已过知天命之年的朱元璋心里真是美滋滋的。当他在皇宫内院悠闲地踱着步，想着自己的江山社稷时，突然有一个问题从他心底冒了出来，让他心惊肉跳：自己已然年迈，来日也许不多，怎样才能让辛苦打拼来的江山千秋万代呢？想来想去，只有一个办法：独揽大权。于是他将目光转向了当朝宰相：胡惟庸。

朱元璋大张旗鼓地制造的胡惟庸案，其原因一直以来都是一个谜，没有人能够触摸到它的真相，很多事情都是后人的分析与猜测。

关于胡惟庸获罪的原因，历史上有两种说法：

一种说法是胡惟庸位高权重，心生他意，同倭寇与旧元勾结，意在弑君，结果事情败露。另一种说法是胡惟庸引朱元璋来家里观看醴泉，这被认为是天赐的祥瑞之事，所以朱元璋欣然前往，结果在路上被一个宦官拦住，诉说胡惟庸谋反的阴谋。

不管是哪种说法，都是疑点重重，真实情况已无从考证。但是胡惟庸谋反一事，在皇帝那里就是事实，这是十恶不赦之大罪，死是死定了，没想到他的死，却使许多人受到牵连。开始是他的家人，被诛了三族，连同同谋及告发者一并斩首。随后朱元璋借此东风，一举撤销中书省，不再设丞相。随后又追查了依附胡惟庸的官员和六部官属。结果此案迁延十余年，大小官员被处死者多达三万余人，朝野震动。虽然胡惟庸是一个政治小人，品格也有问题，但是被处死的三万余人中也有许多无辜的生命，由此可见，朱元璋为自己的江山，将人性中最暴力的一面展露无遗，留给后人一个狰狞的面目。

其实，胡惟庸也是一个"糊涂"的人，已有"前车之鉴"在那里，他却不会记取教训。这"前车之鉴"就是一代贤臣、被誉为"张良在世"的刘基不明不白的死亡。刘基深深了解他的主子的脾气，所以选择功成身退，可是朱元璋曾明令："寰中士大夫不为君用，是自外其教者，诛其身而没其教。"意即凡不为朝廷出力的都要一律诛之，这语气可不轻，然而刘基偏偏以自己"疾恶太甚"为由，拒绝出任宰相，朱元璋对此事很不满，几年后还借故暗示他的这位有功臣子"忠臣去国，不洁其名"。刘基不为所动，朱元璋这才使出了最绝的一招——借刀杀人。这把刀就是左丞相胡惟庸，因为在选立丞相时，刘基直言胡惟庸之缺点，胡惟庸总是不失时机地进行报复。直到刘基病倒，朱元璋使出了这把"刀"，派胡惟庸去看望刘基，就是在这次探望过程中，胡惟庸拿出一种药，刘基服下之后，"居一月而卒"。

后来，胡惟庸案起时，有人揭发刘基为胡毒死，使他的罪状上又加了重重的一条。总之，胡惟庸与其他三万余人就这样丢了性命。而胡死的最大影响则是丞相一职的撤销。

钱穆先生在《中国历代政治得失》一书中说道：自古以来，中国的皇权和相权是分离的，即使两种权力的比重不同，相权对皇权也有一定的制约，并不是皇帝一人专制。自秦始皇建立大一统的君主制国家以来，宰相或丞相就是皇帝之下的最高行政长官，负责协助皇帝处理国家大政，位高权重。而政府真正由一个皇帝来独裁，则是在明清两代，始作俑者就是明太祖朱元璋。朱元璋历尽艰险登上皇位，他决不能容忍别人与他分享权力，因此他废止宰相一职，并严格规定子孙们永远不准再立宰相。殊不知世上的事情是没有永远的，从明朝中后期的事情来看，皇帝们总是滥用手里的权力，为所欲为，最终没能守住祖宗的这份基业，在祖宗这里也许能够找到根由。

胡惟庸一案的血流成河，并没有让朱元璋放心，因为宰相虽然没有了，还有很多劳苦功高的大臣呢！很难保证他们不会起异心，于是他又举起了屠刀，洪武二十六年（1393年）正月，蓝玉案起。蓝玉以谋逆罪被杀，连坐被诛杀者达1.5万人。

而蓝玉究竟犯何罪，遭此大难？也许我们可以从一个侧面来说明。明中叶王锜所撰的笔记《寓圃杂记》中记载了这样一个故事：在洪武年

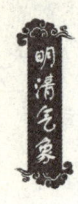

间有一个叫王行的文人,特立独行,为人勇义,乃当时狂狷者。他去南京闯荡,以教书为业,当时就住在蓝玉将军府的隔壁,因此将军府中的仆人子弟有很多都在此读书,蓝玉很关心这些孩子,并经常检查他们的功课,他为老师的教课水平所折服,于是主动结交王行,结果两人纵论韬略,相见恨晚。蓝玉遂将王行请入府中,以师礼相待。不久,蓝玉案发,有人劝王行逃走,他断然曰:"临难无苟免。"入狱,面对审问,王行大义凛然地说:"王本一介书生,蒙大将军礼遇甚厚。今将举事,焉敢不从。"于是慷慨就死,进入那一万五千名被杀者的行列。交结之人品性若此,蓝玉本人自不必多说。

纵观中国历史,开国皇帝与功臣之间总会有不和谐的音符。其中唐太宗李世民处理得最为妥当,这是因为他气量恢弘;宋太祖赵匡胤"杯酒释兵权",也自有其合理之处,而汉高祖刘邦和朱元璋都是大杀开国功臣。其实两者也有区别,朱元璋身边的人都是他的同乡,和他出生入死,与他的交情非同一般。建国之后如果让他们恪守君臣之礼,或永不起异心,这是任何人都不能保证的。因此,为了给以后的子孙扫清道路,他选择了斩草除根。

据史书记载,太子朱标对朱元璋大开杀戒曾数次劝谏。一次,朱元璋命人找来一根长满尖刺的荆棘放到朱标面前,让他去拿,朱标畏惧,不敢伸手。于是朱元璋说:"汝弗能执与,使我润琢以遗汝,岂不美哉?今所诛者皆天下之险人也,除以燕汝,福莫大焉!"意思是说我杀人就像去掉荆棘上的尖刺一样,这样你将来才可以安坐天下。这话说得倒也在理。

朱元璋的屠戮行为如此耸人听闻,也与他本人的性格有关,清代史学家赵翼说过这样的话:"独至明祖,藉诸功臣以取天下,及天下既定,即尽取天下之人而杀之,其残忍实千古所未有。盖雄猜好杀,本其天性。"

无论如何,经过胡、蓝案,宰相一职取消了,开国功臣也被屠戮殆尽。从此皇帝身兼君主与宰相,行使着皇权和相权,如若遇到励精图治的好皇帝,就是国家之幸,如果遇到昏庸之辈,那也只能祈求他对国家的损害小一些了。赵翼说:"盖明祖一人,圣贤、豪杰、盗贼之性,实兼而有之也。"可惜他的后世子孙继承其"圣贤、豪杰"性格者少,而承其

"盗贼"之秉性者多，从而造就了大明王朝十几位个性鲜明的皇帝，左右着这个庞大帝国的命运。

编《永乐大典》，成永乐盛世

抢走侄子的皇位

在美丽的云南，有一个并不举世闻名，却美丽异常的去处——狮子山。狮子山位于滇中北部的楚雄彝族自治州武定县，号称"西南第一山"，素有"雄奇古秀"之誉。山中有一座古寺——正续禅寺。此寺的藏经楼下是帝王宫。说到这里疑问就出来了，怎么云南还有帝王？其实这位帝王就是朱元璋的皇孙朱允炆，传说他逊位出走、遁迹空门后曾到此处避难。

在帝王宫外的廊柱上嵌有这样一副对联：
僧为帝，帝亦为僧，数十载衣钵相传，正觉依然皇觉旧
叔负侄，侄不负叔，八千里芒鞋徒步，狮山更比燕山高
寥寥几十字，却藏着朱元璋与允炆祖孙之间，以及朱棣与允炆叔侄之间的恩怨、传说与各自的归宿。

话还得从头说起。朱元璋以一代开国之君，呕心沥血一生，他勤政爱民，夺相权、军权，杀功臣，统制文化，分封藩王，目的就是为了使子孙千秋万代，江山永固，因此他在皇权上加了一道又一道锁。等到他认为一切都尽善尽美，可以高枕无忧时，便舒舒服服地"龙驭上宾"，住进了地下宫殿中。

可是他高估了自己那文质彬彬的孙儿，亲手饲养了一批猛兽在他的身边，结果却惹来了明开国以来最大的"祸事"——所谓的"靖难"之役。

朱允炆即为建文帝，他接手祖父留下的江山，一改朱元璋刚猛治国的政策，实行仁政，这样的皇帝当然会受到百姓的爱戴，可惜他从小在深宫中长大，既没有经历战场风云，也没有身陷政治争斗，接受的又是儒家正统教育，仁厚、温文尔雅，在他遭遇到历经大风大浪、政治手腕

极高明而又心狠手辣的叔父朱棣时，只能甘拜下风，失败自是必然的。

1399年，在他实行削藩政策时，燕王朱棣起兵，先踞北平，然后以尊祖训，"奸臣"齐泰、黄子澄，为国"靖难"为名，誓师出征。齐泰、黄子澄何许人也？他们就是和建文帝一起谋划撤藩的人。朱棣这一招终究骗不过群众雪亮的眼睛，他的目标其实就是侄子的皇位。

经过三年的征战，朱棣的军队以摧枯拉朽之势打败了他的政治对手建文帝，于建文四年（1402年）六月十七日，进入南京城，而建文帝的下落却成了一个谜，有人说他在宫中投火而亡，也有传说说他化装成和尚逃亡了，据此说法才有了开篇的狮子山对联与古迹。无论如何，既然他已经下台，那么大明的历史就与他无关了，因为一个新的皇帝诞生了，一个新的时代开始了。

燕王自洪武三十一年起兵，攻城略地，转战千里，通往帝都的道路是如此漫长。如今，就在六月十七日这一天，南京城的大门、皇城和宫殿的大门为朱棣一路洞开。阳光普照，水秀山明。

朱棣进城，去父亲的孝陵祭拜之后，即皇帝位，第二年改年号为永乐。不知朱元璋看到这一幕会作何感想！

正如文学家李洁非先生在他的大作《龙床》中所说："专制政体第一脆弱之处，是权力继承环节。此环节尤其在作为政权创立者的第一代君主死亡以后，与作为继承人的第二代君主确立之间，普遍演变为严重危机。"

仔细思量中国历史，也确实如此，第一个帝国秦，在始皇帝死后，李斯与宦官赵高合谋害死太子扶苏，拥立嬴政第十八子胡亥继皇帝位。接下来的大汉王朝，高祖刘邦死后，惠帝为吕后所左右，抑郁而终，吕后把持朝政。唐朝也不例外，高祖李渊次子李世民，于玄武门杀太子建成和弟弟元吉，登上皇位。至宋太祖赵匡胤死后，本应传其子嗣，这在封建时代是天经地义的事情，最后皇帝位却由其弟赵光义稳坐，这不能不说是咄咄怪事，个中缘由也引人深思。到了清朝，似乎情况有所不同，但是李洁非先生分析，在紫禁城称帝的第二代君主康熙帝身上，才有历来开国皇帝的气象与感觉。如果不拘泥于实际的数字，康熙帝才是清代政治的真正奠基者，这话说得也有道理。结果康熙逝世以后，他的几十个皇子又上演了一场争皇位的好戏，最后第四子胤禛在混乱和疑云中胜

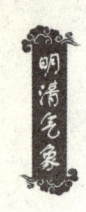

出,是为雍正帝。

其实历朝历代建国初年的危机也并不是什么巧合,有各方面的原因。每个朝代都上演的这些争斗,看来很平常,可这就像每个朝代的瓶颈,经此一乱之后,天下太平无事,几乎都有盛世或国家最强盛的局面出现。这样看来,绝对是不寻常的事情。

明王朝也是如此,朱棣作为一代雄主,不仅有争夺皇位的能力,还有治理国家的雄心,在他的手里,大明朝终于呈现出开国以来的大气派,其"远迈汉唐"的气象使后人不断追忆,虽然它相比于汉唐天朝大国局面,是那么的内敛!

文治:三事见证永乐大帝

1987年,在第11届世界遗产大会上,北京的故宫被评为世界文化遗产。世界遗产委员会评价:紫禁城是中国五个多世纪以来的最高权力中心,它以园林景观和容纳了家具及工艺品的9000个房间的庞大建筑群,成为明清时代中国文明无价的历史见证。

故宫位于北京市的中心,始建于15世纪初,其发起者就是明成祖朱棣。

对于这位从侄子手中夺权的皇帝,张廷玉在《明史》中曾大加赞扬:"文皇少长习兵,据幽燕形胜之地,乘建文孱弱,长驱内向,奄有四海。即位以后,躬行节俭,水旱朝告夕振,无有壅蔽。知人善任,表里洞达,雄武之略,同符高祖。六师屡出,漠北尘清。至其季年,威德遐被,四方宾服,明命而入贡者殆三十国。幅员之广,远迈汉、唐。成功骏烈,卓乎盛矣!"

这一段话将朱棣的文治武功描写得详之又详,可谓淋漓尽致。确实,后世史学家提起这位成祖皇帝,都是褒过于贬,虽然他也承袭了其父阴狠的一面。毕竟凡事还得用事实说话,说朱棣英明,首先得从他的治国政策谈起。在文治这一方面,他一生中有三件辉煌的大事可向后人炫耀:一是迁都北京;一是遣郑和下西洋;一是编《永乐大典》。

先谈迁都北京,这是朱棣当朝最大的政绩之一,其作用绝非三言两语可以道尽。其实早在太祖时,已有迁都的念头,他认为南京为六朝金粉之地，脂粉气太浓，而且都是短命王朝，再者北部边患严重。他考虑再三，最终没有实行。朱棣继位，他着实不喜欢南京，皇袍加身后，他让太子朱高炽留在南京监国，自己却回到北京住了下来。当时的情况是南京仍作为首都，而北京则成为行都。六部等中央机构在北京也成立了一套，称为"行在"。尽管这样，在第二年，朱棣就开始了北京的建都工作，现在的故宫和天坛在成祖时才初具规模，并最终在永乐十九年（1421年）迁都成功。

文学家熊召政分析过朱棣迁都的原因，认为他主要有两方面的考虑：

第一就是西北虏患不绝，建都在北方，便于就近制御。当然，西安、开封都可选择，但朱棣在北京住了二十三年，对这里感情很深。第二，由于"靖难之役"，朱棣在南京杀人太多。建文帝的支持者多半是江南士族，朱棣对他们大开杀戒，因此结怨于江南。在江南他已经失去执政基础。因此从取得皇位的那一天起，他就有了迁都的打算。

可是迁都的过程并不顺利，这是劳民伤财的事情，毕竟国家刚刚安定。因此，这种想法一提出来，就遭到了很多大臣的反对，甚至在都城已迁往北京之后，反对之声仍不绝于耳，其中最具传奇色彩的当属永乐二十二年的一件事情。

永乐十九年四月初八的深夜，北京城突然风雨大作，惊雷阵阵，突然一声巨响，太监忙出去查看，原来北京新宫中的奉天、谨身、华盖三大殿遭雷击起火，化为灰烬。清晨，这件事情被报告给了朱棣。

朱棣当时心中一惊：难道是上天在警示什么？不可大意。正在朱棣心中犯嘀咕的时候，礼部主事肖仪的奏本就呈到御前。这位六品官（相当于今天的司局级）认为：奉天殿遭雷击是因为迁都的缘故。把国都从南京迁来北京，不但诸事不便，就连大明的皇脉也撂在江南，这可是大不敬。

朱棣看过奏本之后，甚是恼怒，想你小小芝麻官竟敢如此讽刺我的壮举，这才是真正的大不敬，须杀之而后快。于是没有作任何审判，这无辜的肖仪就以"谤君之罪"而被处以极刑。确实，在古代，皇帝的决定是圣旨，是天命，岂容他人随便诽谤，何况朱棣喜欢北京的心是如此溢于言表，看来这肖仪有太多文人的耿直，好犯文人死谏的毛病，他搞起政治来，真是不太合格，以致脑袋搬家，怎么说都不值得。

不过事情还没完,肖仪的观点在官员中仍有不小市场。同情他的官员多半是科道言官,这些官员很年轻,都是直言敢谏之人,且没有跟随朱棣参加靖难之役,因此也不了解这位主子的性格与手段。面对这些人,朱棣不好全部杀掉,于是心血来潮,想出一计,让这些科道言官与部院大臣一起到午门外跪下对辩。迁都究竟好不好,让双方各抒己见。

当时,正值春雨绵绵,午门外的广场上,言官与大臣分跪两边,争论得面红耳赤,即使天空中飘洒的细雨也难以给他们降温,一天无果,朱棣命令第二天继续进行,他就在城楼上不温不火地看着,像看一场拉场戏。

北京依然是都城,也算北京运气好,遇到忽必烈和朱棣这样"慧眼识才"的国君,力挺这个偏北的城市,终于经过几百年的发展,在当代呈现出令世界瞩目的帝都气象。也才有了现在这个"世界给我三十天,我还世界五千年"气势磅礴的奥运口号,可以毫不夸张地说,北京已经以压倒性优势成为中国的形象代言人。

朱棣的文治当然不仅包括迁都北京,在永乐元年(1402年),他雄心勃勃地召集三千文士修大典,意在将中国古代典籍尽量收集齐全,成一"前无古人,后无来者"开天辟地之大部头。开始时由大才子解缙负责,一年后,典籍呈上,朱棣龙颜大悦,特赐名《文献大成》,可是翻开这集大成者,发现规模不够宏大,于是再召"靖难"功臣姚广孝以及刑部侍郎刘季篪和解缙总理其事。终在永乐五年(1407年)大功告成。全书分装为11095册,卷帙浩繁,规模巨大,傲视古今。

永乐朝《永乐大典》只有一部正本,存放在南京的文渊阁,后于永乐十九年(1421年)运到北京。朱棣曾经打算将《永乐大典》付印,只是在当时的条件下,实在是艰难之至,不得已放弃了。一部耗费巨大人力、物力的典籍就这样被尘封在帝王家里,世人根本无法享此精神财富。在永乐之后的几百年间,它历经磨难,终究自身命运难保,正本在明末兵火中毁了大半,嘉靖朝手抄副本传到清朝只剩9000余册,少了近3000册,后被儒臣所盗,又遭遇清末外国人的抢掠,结果估计最后存世的大概只有800余册,只是原来的3%左右。一部绝世之作终究没有发挥它的实际作用,难怪要被李洁非先生称为永乐朝的"文化形象工程"了,而面对这一巨著最后的归宿,只是声声叹息,或痛哭流涕,又怎能道尽后人心中的遗憾与无奈!

但事已至此,只能后人"哀之"又"鉴之"了。

第三件事情便是郑和下西洋,这是朱棣朝以及中国辉煌的见证,实不敢用三言两语将其打发掉,在此暂且搁置,待以后详述。

总之,迁都北京、郑和下西洋以及编《永乐大典》,这三件事足使朱棣笑傲古今诸帝群王!但是,他在"武功"方面的建树也不容忽视,因为这使得他的帝国真正在地域上"远迈汉唐",配得上泱泱大明朝这一美誉了。

武功:解决边患的噩梦

现在有很多人对明朝认识不清楚,特别是对它的疆域范围更是低估,认为那时的疆域在400万平方公里以内,其实这是大错特错的。明朝的疆域虽不及元朝,但在明朝前期极盛时,北控内蒙古,西到新疆东部,东北控制了女真地区,西南方管辖云南、贵州,南方建立了交郡。并且当初四方来朝,周边一些小国对明朝更是拥护有加。这些与明成祖的功绩密不可分。要知道,张廷玉的"幅员之广,远迈汉、唐"之说绝非虚妄之言。

明末清初的查继佐也曾不止一次地说:"顾明以再造而长不拔,伊谁力也……是故北平之功不可没也。""帝文武全才,宽严并济,若夫睿算宏模,长驾远驭,徙都北平,雄视九有,五巡漠北……较文景之斤斤克守故物。犹非所屑。"这里对成祖朱棣的文治武功甚是赞扬。事实也确实如此,朱棣以武力助其父稳定天下,又以武力取得天下,武功方面的建树绝非常人所能及。他在位期间,曾出兵安南的反抗、挑衅,并五征漠北。

安南,又称交阯,一直与中国交往密切。在明初,安南国王为陈氏,后被大臣篡位,且谎称是原国王的亲戚,请求明朝册封。结果事情败露,在朱棣派人将真正的国王送回继承王位时,安南竟然伏兵劫杀。这使朱棣恼怒异常,天朝国威,岂是区区小国可犯?于是八十万大军立刻出发,旌旗飘扬,战马嘶鸣,开始远征安南,结果一路凯歌高奏,永乐五年将安南国王、太子等人活捉。朱棣遂改安南为交阯布政使司,成为明朝的

一个省。只是后来明朝迁都北京，安南时有反抗，成为明朝的沉重负担，因此朱棣死后不久，明朝就放弃了对安南的治理。

朝鲜和日本，两个与中国一衣带水的国度，一直以来和中国有过太多的交集，在明初，两国都与中国修好，特别是朝鲜与中国的关系非常密切，万历年间，明朝还曾经进行过一场抗日援朝的战争。但此时，日本的一些在本国内失意的浪人和土豪，在中国东南沿海武装走私，抢掠商民，被称为倭寇。朱棣虽与日本修好，但仍加强海事防御，并派人围剿，大获全胜，倭寇死伤惨重，终成祖一朝，不敢来犯。至于后来的倭寇猖獗，那就有更多的因素，需要详加分析了。

其实对明朝最大的威胁不是来自南方倭寇的骚扰和安南的反抗、挑衅，而是来自北方的蒙古。翻开中国历史，总会发现这样一个规律，入侵中原的都是北方各民族，也许是一方水土一方人吧。北方气候寒冷，孕育了粗犷豪放、野性尚武的大汉，而南方湿热的气候则使得百姓们柔弱有余，强力不足。因此敢犯边者有汉之匈奴，宋之女真、蒙古，直到明朝亦受蒙古骚扰，最后终被由女真演化来的满清所灭。

纵观明代，一直被北方的边患苦苦纠缠，如噩梦般摆脱不掉。这也是太祖朱元璋的一块心病，所以才有了分封藩王的举动，想牵制这些野蛮民族的力量，可惜却牵出了后来的大变故。到朱棣时，他也没有忽视蒙古，当时蒙古分裂为三部：鞑靼部、瓦剌部和兀良哈部。他采取了恩威并施、分化瓦解的策略。兀良哈部早已归附，并在靖难之役中为朱棣立下赫赫战功。鞑靼部较强，朱棣有意联络瓦剌，与之抗衡。永乐七年，成祖命丘福率军10万征讨鞑靼，不曾想到全军覆没，朱棣一怒之下，决定亲征。

永乐八年二月，朱棣亲率50万人出征，太子留守南京，皇长孙留守北京。朱棣第一次亲征大获全胜，鞑靼部的势力被削弱了。随着鞑靼部的衰败，瓦剌部强盛起来，时常骚扰边境。永乐十二年（1414年），朱棣决定第二次亲征，并让皇太孙随行，这皇太孙就是深受朱棣喜爱的太子之子朱瞻基。永乐二十年、二十一年、二十二年，朱棣又三次亲征蒙古。朱棣五次对蒙古用兵，目的在于保证边境的安宁、国内的安定，虽说屡次起兵，耗费民力，但在客观上也打击了蒙古的气焰。可惜几次征战，由于对地形不熟悉，往往是难遇敌兵，无功而返，这也为后来的惊天巨变埋下了祸根。时也？运也？命也？不得而知。

总之，朱棣派兵南征北战，稳定边防，并继承其父的传统，休养生息，发展经济。在他的一番治理下，当时的明朝成为世界上最富强的帝国。在大明王朝的东南，是汪洋一片以及一些半开化未开化的岛屿。西北原是帖木儿大帝的领土，帖木儿曾一度想远征中国，但未能如愿。帖木儿去世后，其继任者势力远不如前，已重新向明朝遣使朝贡。西方的欧洲此时战乱不断，瘟疫流行。印度也已衰落近千年。此时，世界上没有哪个国家、哪种势力可与大明帝国争锋。朱棣统治下的明帝国无论在经济实力，还是在军事技术方面，都占有绝对的优势。此时，农业发展迅速，手工业也有了长足的进步。矿冶、纺织、陶瓷兴盛；造船业，包括罗盘针的使用、航海水手的培养等，都达到了一个相当高的水平。这些也为朱棣时期的壮举——郑和下西洋提供了必要条件。

可是就算再英明的人都逃不过宿命的安排。就在第五次亲征蒙古的归途中，朱棣突感身体不适。到了榆木川（今内蒙古多伦），朱棣突然病逝，享年65岁。朱棣是一位马上天子，他的江山得于马上，也死在了行军的途中。逝世之后他没有回南京陪父亲，而是葬在了北京的陵墓中，这就是长陵，现在北京十三陵的祖陵。

一步走错，种下毒瘤一大颗

也许是想出来一睹世事变迁，也许是再难承受地下的阴冷乏味，也许是故意想在世纪末留给人们一个疑团——总之，一位明朝大太监终于抵不住在黄土下沉睡近四百年的寂寞，重新迎向阳光，他身后的富贵也一并显现于世人面前。

20世纪末，一个明朝大太监的陵墓现身北京，他最后的栖身之地是一个历史上较为罕见的雕花汉白玉石椁。石椁被打开后，虽然没有金银财宝，但仅棺椁就足以证明这位太监生前的地位与富贵。据考证，这是明朝万历年间的一个大太监，至于其在当年究竟是一个什么人物，还是一个谜。但是可以肯定的是，这个太监在皇宫中的日子一定很舒服，就像明朝的其他大太监那样，经常受到皇帝的恩宠。

宦官是中国权力社会的一大特色，是帝王专制制度培植出来的畸形

毒花。中国历史上有三个宦官时代，这几次宦官走上了历史的前台，用他们的方式干涉国家的政治。其中第一次是在东汉后期的2世纪；第二次是在唐朝后期的9世纪。可见，宦官专权并不是明朝的专利，但是虽"古已有之"，却"于今尤烈"。对于明朝与宦官的关系，柏杨先生说得最精彩："宦官好像是明朝的灵魂，明王朝皇帝不能没有宦官，犹如一个人不能没有灵魂。"而让宦官成为一个王朝"灵魂"的始作俑者，也是这位拥有"文治武功"的成祖朱棣。

其实，在朱元璋做皇帝后的第十七年，曾在皇宫中立了一块三尺多高的铁碑，上面刻着"内臣（宦官）不得干预朝事，预者斩"，同时还规定宦官不得担任文武官，不准读书识字。看来朱元璋是太过自信了，以为自己归天后，自己的一言一文仍可控制后世子孙。结果明朝成为历史上宦官为害最严重的朝代，其中他的这位第四子功不可没。

如果仔细追究，太监对朱棣王朝的建立是有功的，当初正是建文帝的宦官向朱棣报告南京空虚的实情，朱棣才一反一直在河北、山西诸地兜圈子的常态，直捣京师，夺得帝位。也许是出于对太监的信任，或者认为他们比较好用，因此在皇帝宝座上，朱棣开始大用太监，其间有郑和下西洋，李兴充当前往暹罗的国使，马靖镇甘肃，马骐镇交阯，等等。朱棣还一反祖制，听凭太监们"学文化"，到了明宣宗更是在内廷设内书堂，派大学士教小内侍们书写。这些太监时间充裕又无青春期烦扰，明古今、通文墨，更能在关键时刻运用那点阴谋诡计，欺君作奸。所以，明朝太监之祸日烈，如王振、刘瑾、魏忠贤等，积重难返，直至明亡。

其中特别值得一提的是永乐十八年，朱棣又开设专由太监负责的东厂，同时恢复朱元璋本已冷落的锦衣卫，至此，明朝的特务机构再一次"灿烂辉煌"，厂卫之祸，流毒深远，给社会各个方面带来了极大的损害。

锦衣卫狱，又称诏狱，是朱元璋实行残暴统治的重要工具。它超越法律之上，以皇帝的喜怒为是非。那时特务横行，大臣们都战战兢兢，生怕"一失足成千古恨"，可惜很多人还是没有躲过这一劫。毕竟此时朱元璋的心里已经动了杀戮的念头，结果经过特务们的调查，很多大臣、功臣都卷入了胡惟庸、蓝玉谋反案中，正是"欲加之罪，何患无辞"，等到功臣被杀尽之后，这些特务也就失去了作用，于是受到了太祖的冷落。

可是时过境迁，历史再一次重演。朱棣以流血战争夺得皇位，开始时为了巩固自己的宝座，大杀建文帝时的朝臣，恐怖程度及手段绝不在其父之下，特别是方孝孺拒绝为其粉饰篡位之过，于是被"诛杀十族"，这在以前真是闻所未闻，可怜了一位铁骨铮铮的文化人。待这些前朝"遗老"们被杀得所剩无几之后，朱棣还是不放心，于是就搬出了锦衣卫，设立东厂，大臣们面对这种特务统治，自然是人人自危，乖乖做事。有朱棣这样强势而精明的皇帝在，宦官们倒也安分，不敢有大动作。

但是，"种瓜得瓜，种豆得豆"，朱棣种下了太监这一颗毒瘤，总有一天会化脓，侵蚀帝国的身心。明朝的厂卫制度贯穿一朝，且东厂及以后的西厂都由当权的太监统领，例如为人们所熟知的刘瑾、魏忠贤等，权倾一时，祸害朝野，使得多少忠臣义士们含冤而死，而大明朝就在这些跳梁小丑的伴随下，磕磕绊绊地向悬崖边走去……

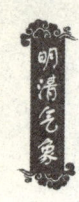

展示中华气象,引来万邦朝拜

让海上阳光挥去心中的阴影

靖难之役尘埃落定之后,朱棣稳稳地坐在了他梦寐以求的皇位上。这一天,他正在龙椅上闭目养神,作为皇帝要操心天下事,即使休息也要想想事情的,于是他想想前朝往事,又想想未来,突然一个名字在他的脑子里闪现——刘璟。这位曾经的酒友加棋友怎么像在人间蒸发了?自己已成九五之尊,他却不来祝贺,太狂妄了吧。

于是下令宣刘璟,这刘璟也是一把硬骨头,竟然推脱有病。朱棣一听急了,便派人去抓,刘璟没办法,只好来了。谁曾想,刘璟来了之后便语不惊人死不休,他说道:"建文帝死了,天下哪还有皇帝?"朱棣火了:"难道你敢说朕不是皇帝?""殿下自称皇帝,可是百世以后,也逃不了一个'篡'字!"刘璟真是不要命了,就这样走进了监狱,其实他心里清楚,即使像父亲刘基那样退隐,落到朱氏父子手里也不会有好结果,还不如"只留清气满乾坤"呢,于是不等皇帝动手,便上吊身亡了。

但是他终究留给朱棣一个寝食难安的字:"篡",确实朱棣的心里也虚,即使他篡改历史,将自己的地位合法化,杀尽前朝忠臣,也难以抹杀已经发生过的事情及其心中的阴影。想来想去,实无其他良方,那好吧,就扩大自己的业绩,让国威大震,万国来朝,用功绩说话,看别人还有什么不服气的。

于是出使西洋的念头就不可抗拒地产生了。当然每一个大事件都有历史的因由,其导火索也许只是皇帝个人的一念之间,但如果纵观历史与现实,就会看出其历史的偶然性中孕育的必然性。

著名明史研究专家刘重日老先生认为,15世纪西方各国也正在开展航海的探索活动,郑和下西洋实际上应该是那个大历史时代所具有的特征。这一观点虽只是一家之言,但也并不是没有道理。要不然何以解释在郑和出使西洋87年之后，西方的大航海时代的来临？大概是因为人类发展到一定程度之后，都有向外探索的好奇心，同时经济力量也允许了，也有了政治力量的支持，于是一个个海上英雄们便脱颖而出。

当然，这只是从全球来看，毛佩琦先生则从小处进行分析，他认为郑和下西洋是基于明成祖朱棣整体的政治目的。下西洋并非是孤立的事件，七下西洋是明成祖对治理明帝国政治理想的体现，这是一种国家力量的显示。

北穷沙漠，南极溟海，日出日没之间，舟车可到之处，在天子的野心与胸怀中，都是帝国天下。让他们知道与让他们臣服一样重要，朱棣有这样的胸怀和野心，也有这样的实力。当然，也许还有一点隐秘不便直言。建文帝下落不明，这是朱棣的心病。"成祖疑惠帝亡海外，欲踪迹之……命和及其侪王景弘等通使西洋。"

同时，明朝实行海禁，"片板不得出海"，致使"商旅阻遏，诸国之竟不通"。东南沿海的私商贸易受阻，不仅使百姓的市场上没有洋货，帝国府库也空虚。派遣帝国船队出海，采买奇货珍宝，不仅可以充盈府库，还可以以正规的官商贸易取代私商贸易，将民间的自由贸易纳入朝贡赍赐的政治体系中，经济贸易与帝国的政治目的就这样结合在了一起。

当然，永乐皇帝是一位有世界帝国野心同时也感到自己有建立世界帝国实力的皇帝，曾五次亲征漠北，派20万大军讨伐安南，完全有理由派遣一支船队出使西洋。在中国的世界观念中，帝国处于世界的中心。四方来朝是一件自然而又荣耀的事情，也是每一个具有雄才伟略帝王心中的向往。

因此，诸种原因，出使西洋已成定局，就待皇帝找来一合适人选，完成这项伟大的使命。

扬帆起航，展开辉煌的大明旗

距今六百多年前的一天，素有"天下第一港"之称的江苏太仓刘家港码头沸腾了。港口四面桅樯如林，人头攒动，锣鼓震天，一改往日的静谧。在一艘昂首翘尾、漆成棕黑色的宝船上，一位器宇轩昂的壮年男子静静地凝视着那一片海。那里将是他未来的旅途，是他必须面对和打

拼的地方，他的目光里透着坚毅和豁达，还有一丝不易觉察的迷惘，是啊，海的那边是什么？是不是还是无边的海？这个答案谁也不能告诉他，他只能自己去寻找。

这一天正是明朝永乐三年（1405年）的六月十五日，历史铭记了这一天，同时也记住了这一天的第一主角——郑和。因为，他要率领着世界上第一支由两百余艘舰船和两万七千八百多名官兵组成的庞大船队向未知的海洋出发了，这是一次史无前例的远洋航行。这支船队将泛海南下到福建的长乐候风，等到冬天东北季风吹起，云帆交挂时，他们就要起航。

众所周知，这次出航的领袖是一位太监。在世人的印象中，太监在明朝就是以祸国殃民为能事，没有其他作用。可是，郑和却做出了惊世之举。其实命运就是这样，它对每个人都很慷慨，它会给每个人机会，只要能抓住并加以利用，就有可能流芳百世，同时命运也爱开玩笑，说不准就会让谁遗臭万年。郑和的运气出奇的好，他被命运眷顾了，且是可以流芳百世的眷顾。

但是仅有命运的眷顾是不够的，关键是自己能够抓住这转瞬即逝的机会，并趁机改变自己的人生，甚至改变世界。历史选择了郑和，郑和也以自己的成绩回报了历史。柏杨先生说："郑和是中国第一位海上英雄。他下西洋，跟公元二世纪张骞出使西域一样，都是为中国凿开了一个过去很少人知道的混沌而广大的天地。"

确实，所有的成功者都有类似的经验，而所有的失败者都有各自不同的借口。面对历史的选择，像张骞一样，郑和，一个回民的儿子，已经准备好了。

郑和，洪武四年（1371年）出生于云南一个伊斯兰教家庭，当过僮仆的他，是马哈只的儿子，只有一个小名"三保"。现代学者根据《郑和家谱首序》《赛典赤家谱》考证，郑和为元朝政治家、中亚布哈拉贵族赛典赤的六世孙，如果情况属实，那么可以说他的先祖是异常显贵的。赛典赤在元朝声名显赫，是伊斯兰教创始人穆罕默德的后裔，由阿拉伯迁徙到中亚的布哈拉，再由布哈拉迁徙到中国，昆阳马氏即为赛典赤后裔中的一支。

洪武十四年（1381年），朱元璋派大将傅友德、蓝玉等率三十万大军征讨云南。在战乱中，年仅十一岁的郑和被明军掳获阉割，在军中做"秀童"。在那个还不知道屈辱为何物的年龄，郑和便遭受了如此屈辱，是坏事，亦是好事。云南平定之后，郑和随军调往北方，他因"丰躯伟貌，博辩机敏，有智略，习兵法"，被选送到北京燕王朱棣的府邸服役，深得燕王的喜爱。看来有可能出身于贵族的他，血液中真的遗传了贵族精神，要不然何以轻易便修得文武全才呢？这其中天赋的东西是不容忽视的。

后来，在靖难之役中，郑和跟随燕王朱棣南征北战，立下了不少战功。朱棣登上皇位后对郑和更加信任。永乐二年（1404年），朱棣为表彰郑和的功绩，亲笔写了一个"郑"字，赐他为姓，从此更名郑和，史称"三宝太监"，虽然在现在看来，自己的姓氏生生被别人给改了，这是让人不能容忍的事情，但是在古代，由皇帝赐姓，这可是莫大的荣耀，也许这使得郑和对朱棣的忠心比他的江山还要牢固，朱棣大概也认识到了这一点，所以对他委以重任，派他出使西洋，揭开了郑和七下西洋的序幕。不知他出发之日，君臣之间的情形如何，是否像电视剧《汉武大帝》中，武帝送张骞一样，走下龙椅，君臣依依话别，最后千言万语化作一句"朕等你回来，"抑或"大明的航海事业就托付给郑和你了"。

无论如何，郑和是像英雄一般的出发了，因为他有做英雄的资本，首先是政治资本，朱棣这天下之王站在他这一边，亲友团的身份够高；其次，他身后有一个世界上最强大的王朝的支持，经济上没有问题，不至于让自己在海上漂泊着，还要受饥饿之苦；最后，郑和天赋高，要文能文，要武能武，又在皇帝身边，什么事情没见过，经过千锤百炼之后，也是一位合格的政治家和军事家，统领几万人还是小菜一碟，这难不倒他，至于以后在海上的情况，也自能随机应变。

于是，待东风吹拂，他便号令将云帆张起，一个辉煌的中国航海时代拉开了帷幕。

帝国的叹息，明朝从此无郑和

郑和还是把生命留在了海洋上。在远征返回的途中，朱棣去了。而郑和第六次航行归来，正在国内休整。闻此噩耗，他的心情可想而知，

相信这于他无异于天崩地裂,无论对于他的身心还是对于他的事业。

朱棣去世,他的儿子朱高炽继位,是为仁宗。他采纳了大臣夏原吉的建议,"罢西洋宝船,迤西市马及云南、交阯采办",理由是郑和下西洋对于国力的耗费太大。直到宣宗朱瞻基继位,回想当年祖父时出使西洋的盛况,于是雄心再起,派郑和第七次下西洋。此时年逾花甲的航海英雄终因积劳成疾,病逝于印度半岛西南的古里(今印度科泽科德),那一年是公元1433年。明朝无郑和,一场航海盛事也随之消逝。

仅过了三四十年,到成化年间,明宪宗突然动了下西洋的念头,却发现一向保存在兵部的《郑和出使水程》(记载郑和七次出海的全部档案)突然不见了。明人严从简的《殊域周咨录》中有比较详细的记载:成化年间,有人为迎合明宪宗,举永乐年间下西洋的盛况。明宪宗即下诏索要《郑和出使水程》,兵部尚书项忠急命吏入库查找。郎中刘大夏便将书卷事先藏匿起来,吏遍寻不着。项忠鞭笞吏,令其再查,最终也未能找到。项忠怒斥吏:"库中的案卷怎么可能丢失?"刘大夏在一旁应对:"三宝下西洋,费银粮数十万,军民死伤以万计,即使得其宝而归,对国家有何益?这是一大弊政,以往大臣屡屡上谏过。旧案虽有,也应当毁掉,以消除祸根,怎么还追究有无呢?"项忠听后,悚然,叹道:"君阴德不细,这个位子不久非君莫属呀!"刘大夏后来果然升任兵部尚书。被刘大夏藏匿的《郑和出使水程》究竟下落何方,至此已经成为一个谜。这刘大夏虽然升了官,可是他的"阴德"的直接后果就是使中国的海上实力直线下降。直至清朝末年,中国在包括甲午海战的几次海战中被洋人欺负得毫无还手之力,就是明证。

俗话说:"谁控制海洋,谁赢得世界;失去海洋的民族,最终也失去家乡。"就在中国的海洋事业偃旗息鼓之时,西方国家马上就开始了闻名世界的大航海时代,哥伦布、达·伽马、麦哲伦,一个个光辉的名字。他们的航行与地理大发现,使得西方进入了海外扩张的年代,这个时代由一个小国开启,葡萄牙在权力真空的世界南方海域,开创了一种"炮舰秩序"。这种"炮舰秩序",创造了葡萄牙海上帝国,它扩张的对象就包括中国的澳门,颇具批判意味的是澳门的失去正是在明朝。随后是西班牙日不落帝国、大不列颠日不落帝国,最后是美利坚帝国,六百年后,巡航在郑和船队去过的海域上的,是美国的太平洋舰队。

怪不得在郑和下西洋五百年后，梁启超在《新民丛报》发表《祖国大航海家郑和传》追忆这位"伟大的航海家"时，有骄傲，也有悲愤："西方现代化历史的起点上，有哥伦布、达·伽马、麦哲伦，而'我泰东大帝国，与彼并时而兴者，有一海上之巨人郑和在。'这是骄傲，然而及观郑君，则全世界历史上所号称航海伟人，能与并肩者，何其寡也。郑君之初航海，当哥伦布发现亚美利加以前六十余年，当维哥达嘉马发现印度新航路以前七十余年。顾何以哥氏、维氏之绩，能使全世界划然开一新纪元。而郑君之烈，随郑君之没以俱逝。"个中滋味，实难道尽。

后来，有人说过这样的话：15世纪是全球历史上非常关键的一个世纪，欧亚大陆两端，一个庞大的陆上帝国正在收缩，一个边远的小王国正扩张成海上帝国。15世纪前半叶，大明帝国最伟大的远航停止了，而就在这个世纪后半叶，西方航海发现新大陆与印度航路。郑和下西洋，在中国与整个东方历史上，都标志着一个伟大时代的结束。而西方大航海也开启了世界历史的一个新时代。从此，东西方的实力出现了一个逆转。

"郑和船队在中国和世界历史上，是一支举世无双的舰队，直到第一次世界大战之前是没有可以与之相匹敌的。"当代一位美国学者路易斯·丽瓦塞斯这样说。假如当初郑和和他的明王朝也学一学葡萄牙等国家，假如郑和在某一次航行中，起了一点野心，是不是世界的历史就要被改写？可惜历史不容假设。理智地分析一下，可以看出当初的明王朝也不可能走上西方国家的那条路，毕竟那需要太多的条件与因素。欷歔不已终究于事无补，中国还是需要按照自己的方式走出自己的辉煌。

仁宣之治,再续辉煌

虎父无犬子,父子共创佳绩时

一切还得从解缙说起。

关于这位明初的才子,有太多的传奇故事流传于世,其中最著名的当属这样一个小故事:解缙家的门对着一位乡绅的竹林。除夕,他饶有情趣地在门上贴了一副春联:门对千杆竹,家藏万卷书。乡绅看见这副对联之后,叫人把竹子全部砍短。解缙深解其意,于上下联各添一字:门对千杆竹短,家藏万卷书长。乡绅更加恼火,下令把竹子连根挖掉。解缙暗中发笑,在上下联又添一字:门对千根竹短无,家藏万卷书长有。乡绅再无竹子可以折腾,只能暗自瞠目。

由此可见,这解缙确实有才,他也算是成祖朱棣的长子朱高炽的贵人。虽然在朱元璋在世时,朱高炽就已经是燕王的世子,但这位世子长得有些对不起他的父王,他长得太胖;性格也不合朱棣的意,过于儒雅,实在没有其父飒爽英姿,马背上驰骋间天下尽收的霸气。而他的次子朱高煦随他征战沙场,屡立战功,深得他的欢心。因此,朱棣在登上皇位后,对太子之位究竟给谁,一直拿不定主意,毕竟朱高炽是长子,他实在没有理由舍长立次。

就在朱棣犹豫不决时,解缙适时发挥了他的作用。据说朱棣曾经私下里问解缙,该立谁为皇太子。解缙说:"皇长子仁孝,天下归心。"他是支持朱高炽的,待他说完再看朱棣,发现这位皇帝没什么表情,也不说话。解缙接着说道:"好圣孙。"朱棣听此言后,连连点头,由是主意乃定。于是在永乐二年(1404)四月,正式册立朱高炽为皇太子,同时册封朱高煦为汉王,第三子朱高燧为赵王。

为什么一句"好圣孙"就让朱棣改了主意呢?这位好圣孙乃朱高炽的长子朱瞻基,他自幼聪颖机敏,为成祖所钟爱,后来成祖亲征蒙古时,特意带上他，有历练之意，为日后做皇帝积累经验。看来朱高炽竟是父凭子贵了，这也是一大奇事。

这成全了朱高炽，却害苦了解缙。他终因一句"好圣孙"而掉了脑袋，受朱棣宠爱的朱高煦听他如此维护自己的亲大哥、现在的太子，怎能不怒火中烧，于是几年后终于找了个借口向自己的父亲说解缙的坏话。解缙入狱，吃了5年牢饭。在永乐十三年（1415），锦衣卫指挥纪纲进呈在狱的囚犯册籍，成祖看到解缙姓名，很诧异，说了句："缙犹在耶？"纪纲立即明白了朱棣话里的意思，回去后将解缙灌醉，埋在积雪中，不一会儿就冻死了，一代才子死时年仅47岁。解缙对明代的文化多有贡献，主持纂修《太祖实录》和《永乐大典》。他本来深受成祖重用，却无端地成了政治牺牲品。

不过也幸亏了解缙的这句话，才使大明迎来的第二位比较仁慈的君主（第一位是朱允炆），正如研究明史的青年学者许文继、陈时龙在他们的《正说明朝十六帝》中所说：经历了长达20年的并不平静的太子生涯，朱高炽即位后在政治上励精图治，想要有所作为。他承继大明开国60年以来的成就，精心经营，继续采取重农、用贤、惩贪的一系列政策，加之仁宗本人仁厚，政治环境宽松，由太祖、成祖时期的严急趋向了平稳，大明王朝在平稳中呈现出上升的势头，开创了"仁宣之治"的局面，进入了明朝的鼎盛时期。

确实，朱高炽即位后，任用贤良，友爱二弟，轻刑薄役，核查冤狱。"在位一载，用人行政，善不胜书"，确实是明朝历史上罕见的仁德皇帝。可惜天不假年，明仁宗当了一年皇帝就病死了，时年48岁。

终于，朱棣的"好圣孙"朱瞻基继承大统，改年号宣德，是为宣宗。朱棣曾预言他是"太平天子"，其实这话着实不错，在他在位的十余年间，"以自己德政和治道而载入史册，将明朝推向了'仁宣之治'的黄金时期"（许文继、陈时龙语）。

但是在他继位之初，历史又和他开了一个不大不小的玩笑，重演当年叔争侄位的那一出戏。这次主角是朱棣的儿子和他钦点为皇帝的孙子。

自古以来，皇位之争永远是中国历史上少不了的变奏曲，对权力的渴望似乎浸淫着每一个人，特别是那些离皇位很近的人，于是阴谋、阳谋、流血、杀戮、悲剧、喜剧、闹剧轮番上演，这出戏却不愿意落幕。

朱棣在世时,朱高炽在太子位上忍辱负重,默默承受着来自受宠的二弟和三弟的威胁,直到登上皇位。他死得早,要不然也许就是弟争兄位了。于是在朱瞻基继位之初,看这侄子心软好欺负,就暗中谋划造反,他谋反的旗号更有乃父之风,先是指斥明宣宗违背洪武、永乐旧制,与文臣诰敕封赠以及南巡诸事,公然宣扬朝廷罪过。同时,他又斥责夏原吉等几个大臣擅权为奸,要求皇上交出几个人给自己杀掉,这就是"靖难"。

可惜,他遇到的不是建文帝,明宣宗虽年纪轻轻,却属少年老成,英明果决之主。宣德元年(1426)秋八月,经过周密布置,祭过天地宗庙社稷山川百神之后,他亲率大营五军将士出征。一路声势浩大,直逼朱高煦所在地乐安城,结果兵不血刃,就以气势压倒敌人,这位叔父出城投降。试想如果当年建文帝有此胆识与见地,也就不会落得个生死不明的下场了,看来人与人之间的差距真的很大。

宣宗倒是仁厚,虽然囚禁其叔,倒也好吃好喝再加妻妾地伺候,可朱高煦却犯了糊涂,大大地得罪了这位皇帝,结果被盖在铜缸里,变成了烤鸭。

历史就是这样相似,可惜朱高煦拔个末筹。虎父犬子,十分不肖。但这对大明朝来说也许是个幸事,从此,朱瞻基开始他的执政生涯,这两位治国的父子兵,终于开创大明前期的风华时代——仁宣之治。

鸣奏盛世强音

在中国的江西省有一个因瓷器而闻名于世的地方,翻开这里的历史,我们会发现在明代这里曾烧出了风华绝代的陶瓷制品,成为千金难求的传世佳品,这里就是景德镇。在景德镇烧制的瓷器中有一个名字,也许会让人怦然心动,那就是:宣德炉。

宣德炉,正是因宣德这个年号而得名,在位的皇帝就是宣宗朱瞻基。宣德、成化两朝的瓷器一向被公认为明瓷的精品,其风格崇尚淡薄、雅致,纹饰由宫廷画家遣画,画意也具中国工笔画的特色。画面大多是"周茂叔爱莲","陶渊明对菊花"之类的内容,在很大程度上反映了明朝封建士大夫的审美情趣,同时,也说明了明朝前期的艺术风格,清新、明朗，有开国之初的青春气息。

而青春就象征了活力，这也符合事物发展的规律，从萌芽到发展，总会有一个高潮，步入顶峰，之后就会是渐渐的衰落了，朱瞻基生的时代好，他站在了这个顶峰。当然，这个盛世强音也要靠自己来鸣奏，朱瞻基没有辜负祖父与父亲的厚望。他初登皇位，就向世界昭告了自己是一个明君。

诸葛孔明先生在很久以前，说出了一句领导人可奉为经典的话：亲贤臣，远小人！朱瞻基做到了。他继续任用父亲曾经重用的正直大臣：杨士奇、杨荣、杨溥、夏原吉、蹇义，其中前三人合称"三杨"。仅此一举就让明朝以后的大部分君主黯然失色。

要知道这几位大臣绝非泛泛之辈。有前人的说法为证，"蹇义简重善谋，杨荣明达有为，杨士奇博古守正，而（夏）原吉含弘善断。事涉人才，则多从（蹇）义；事涉军旅，则多从（杨）荣；事涉礼仪制度，则多从（杨）士奇；事涉民社，则多出（夏）原吉"。还有杨溥是个特殊的人物，性格内向，但操守很好，为众大臣叹服。

可见，朱瞻基懂得唯才所宜，知人善任，"当是时，帝励精图治，（杨）士奇等同心辅佐，海内号为治平。帝乃仿占君臣豫游事，每岁首，赐百官旬休。车驾亦时幸西苑万岁山，诸学士皆从。赋诗赓和，从容问民间疾苦。有所论奏，帝皆虚怀听纳"。五位重臣也没有辜负皇帝的信任，在宣德朝的重大事件中，他们都能够提出合理的建议，而朱瞻基也能从谏如流，其中就包括撤兵交阯（安南）的重要决定。

在前面，提到过安南这个中国南部的小国，在成祖时，成为明朝的一个省，但到宣德年间，这块地方却成了烫手山芋，因为那里反抗明朝的战争时有发生，每次明朝都要派兵去镇压，结果浪费了大量的人力、物力、财力。在与杨士奇和杨荣等大臣商量完，朱瞻基在一场对安南的大胜之后，册封了安南的国王。安南再次独立，脱离了明朝的直接统治，但仍然是明朝的附属国。从此时到明朝末年，明朝和安南再也没有发生过大规模的军事行动。放弃安南，免除了连年战争给人民带来的痛苦，也为明朝节省了大量的开支，除去了一个沉重的包袱。这不能不是说朱瞻基的一大政绩，符合当初的客观现实。

当时边境安定，蒙古虽有扰边的行动，但没有发生过大规模的军事

行动。朱瞻基实行安抚的政策，力主和议，保持了和平共处的局面。同时，在宣德年间，郑和也开始了他最后一次的航行，英雄在海上"诞生"，最后也把生命留给了大海，成为名副其实的海洋之子，随着郑和的死，大明朝的帆影从此远逝。

朱瞻基的英明还表现在对国民经济发展的贡献上，他爱惜民力，重视农业，力劝农桑，鼓励垦荒，农民得以安居乐业，社会财富迅速积累起来。时称"宇内富庶，赋入盈羡"，是明王朝财力最雄厚的时期。同时，各行各业也得到了长足的发展，商品生产程度提高，手工业得到发展，商路增辟，国内外贸易有所发展。农民生产生活得到保障，农民起义也很少。所有这些一方面是开国几代君主积极治理的结果，另一方面，也与朱瞻基任人得当，吏治较为清明息息相关。

朱高炽和朱瞻基父子开辟了明朝建国以来最和平也是最繁荣的时期，难怪谷应泰对他们父子俩大加赞扬："明有仁、宣，犹周有成、康，汉有文、景。"只是，盛世之下，有一股暗流涌动！

由盛而衰，可怜了一只蟋蟀

《促织》是蒲松龄《聊斋志异》里的一个故事，为很多人所熟悉。其实它是根据一个真实的故事改编而成。故事发生在明朝，当朝皇帝有一个嗜好，斗蟋蟀成瘾，"上有所好，下必甚焉"，斗蟋蟀在全国风行起来，蟋蟀的价格扶摇直上。后来皇帝觉得京城的蟋蟀不好，派太监四出采办。其中，听闻苏州的蟋蟀特别好，皇帝为此特意敕令苏州知府况钟协助太监采办1000只蟋蟀。上命下达，摊派给了当地的百姓，结果弄得鸡犬不宁，悲剧就这样发生了。苏州有一个粮长用一匹马换取了一只好蟋蟀，准备献给皇帝。这个粮长的妻妾因为好奇偷看这只蟋蟀时，它竟然狡猾地跑掉了。妻妾自知闯了大祸，遂自杀了，粮长一看这家破人亡的情景，也跟着上吊了。这就有了后来蒲松龄改编的《促织》一文。

若问这位如此"不务正业"的皇帝是谁，其实他就是这位宣宗皇帝朱瞻基，纵观明朝的历史，可以发现明朝的十几个皇帝都特别有个性，而且有些人的嗜好也很古怪，这位皇帝就是其中一个，他喜欢斗蟋蟀，被人称为"促织天子"。

孟子有句千古名言：生于忧患，死于安乐。他是在告诫人们在最得意处千万要头脑清醒，不可因一时的繁盛而起了贪图享乐之心，毕竟事情往往都在歌舞升平、醉生梦死中悄悄地发生着量变。朱瞻基遭遇的正是这一阶段，"随着社会稳定，经济繁荣，君臣陶醉在表象的治平景象中，没有意识到盛世下存在的隐患。'臣僚宴乐，以奢相尚，歌妓满前'，纪纲为之不振，这种情况宣宗当然脱不了干系。"（许文继、陈时龙《正说明朝十六帝》）他生在盛世，守护了盛世，却也为盛世埋下了隐忧。

首先，对后世产生深远影响的就是朱瞻基对中央机构的改革。太祖朱元璋时撤了宰相，收了兵权。吏、户、礼、兵、刑、工六部各司所事，同时六部尚书与都察院之都御史合称"七卿"，这"七卿"与通政司的通政史、大理寺的大理卿合称"九卿"，分别理事，互相制约，对皇帝负责，权力都集中在皇帝手中。但是天下事何止千千万，遇到朱元璋这样精力充沛的皇帝，倒还能勉强应付。可是守成的君主们习惯了和平年代的歌舞升平，没了祖宗的精力、雄心和体魄，一个人就应付不来了，因此就要想办法。朱元璋在废相之后，自己处理天下政务也很吃力，就设了大学十一职，官职不高，是皇上的侍从义臣，兼备咨询。到成祖时，也沿用了这一制度，他精选翰林院文臣进入文渊阁，文渊阁乃皇帝与文臣研读之所，因此就产生了"内阁"，内阁大学士原是皇帝的助手，相当于秘书。但是成祖几次出征，根本无法亲自处理朝政，因此内阁大学士们便有了第一次总揽政事的机会。

到宣宗时，他也实在应付不来全国大大小小的事情，就想出了一个更完备的办法来处理政事：全国大大小小的奏章，甚至老百姓给皇帝提出的建议，都由通政使司汇总，司礼监呈报皇帝过目，再交到内阁，内阁负责草拟处理意见，再由司礼监把意见呈报皇上批准，最后由六科校对下发。

内阁大臣的建议是写在一张纸上，贴在奏章上面，这叫做"票拟"。而皇帝用红字做批示，称为"批红"。可是这样批示还是很麻烦，于是皇帝就开始象征性地批写几本，大多数的"批红"则由司礼监的太监按照皇帝的意思代笔。后人猜测明宣宗这一做法，其目的就是让太监牵制内阁的权力。这就出现了明朝历史上比较特殊、影响深远且很奇怪的政治格局，从而也为太监的粉墨登场，开始干预朝政埋下了隐患。

  这时国家的土地兼并问题也逐步凸显出来，大量土地流向皇室显贵官僚地主手中。农民没有了赖以生存的土地，流民问题就逐渐凸现。宣德三年（1428），"山西饥民流往南阳诸郡不下十万余口，有司军卫及巡检司各遣人捕逐，民愈穷困，死亡者多"。宣德五年（1430），北直隶易州有逃民1229户，山东潍县有逃民3407户。流民的产生，直接后果就是农民起义的严重。

  这些都成了宣宗朱瞻基统治下的一些污点，特别是他在内府设置教习内官的内书堂，教授宦官读书一事，更是影响深远。宣宗时期，宦官尚未形成专权的局面，但他没有想到的是，到了他儿子英宗朱祁镇时，王振专权，以致朱祁镇被蒙古俘虏，差点断送了大明江山。而他自己，执政仅十一年。最后，在促织声中，走进了另一个世界。

再美的花也有谢的一天

宦官弄权，如球在手

柏杨先生说：中国的第三次宦官时代，由王振揭幕。这话不假，翻开明朝的历史，能查到的第一个祸国殃民的太监就是王振。

王振，一个太监，何德何能，能够把一个王朝变成自己的袖里乾坤，轻松移放。这还要从他的出身和经历说起。

《明史》上讲，"王振，蔚州人（河北蔚县），自少选入内书堂"，据查继佐《罪惟录》说，王振"始由儒士为教官，九年无功，当谪戍。诏有子者许净身入内，振遂自宫以进，授宫人书，宫人呼王先生"。意思是说他年轻时潜心读书，却屡考不中，愤愤然"自阉"，落榜男儿就以这种看似悲壮的方式毅然走入了太监社会，最终成了名。不管怎么说，王振确是是个颇通文翰的宦官。当朱瞻基还在位时，立朱祁镇为太子，王振是东宫中下级宦官"局郎"一类的陪侍。朱祁镇继位时年方九岁，自然与平素教他读书写字、游戏玩耍的这位太监最亲，所以一直称王振为"先生"。可以说王振命好，投对了主子，因此才能走上历史的前台，风云一时，却也祸害无穷。

第三次宦官时代来临，中国进入完全的大黑暗之中。

英宗朱祁镇登上九五之尊时，太皇太后张氏委托著名的元老三杨——内阁大学士杨荣、杨溥、杨士奇辅政。三老德高望重，大权在握，王振畏惧，尚不敢张牙舞爪。

话说到此，当讲一讲这位太皇太后张氏，他是朱祁镇的爷爷仁宗朱高炽的皇后，朱棣也称其为贤儿媳。她得知孙儿当学之年不近经筵听先生讲课，反而整天被王振引诱出宫观武弄枪，很是生气。一日，她召集英国公张辅、大学士杨士奇、杨荣、杨溥以及尚书胡濙与英宗小皇帝一起入朝。张太后再一次向小皇帝强调了五位大臣的辅佐地位，意思是国

家大事必须得到他们的认可，否则绝不可行。接着派人宣王振入觐。王振进来后，这张太后一拍桌案，厉声叱责王振："汝一宦者，侍皇帝起居，多有不法之事，今当赐汝一死！"说时便有女官立刻上前，横白刃于王振后颈之上，王振登时吓得魂飞魄散。英宗小皇帝一看奶奶要杀自己的老玩伴，又急又怕，连忙下跪为王振求情。五大臣见皇帝下跪，也忙跟着下跪向太皇太后求情。张太后见威吓目的已经达到，于是罢手。但是就这一心软，留下了后患。

张太后于正统七年病逝。随着张太后、杨荣先后去世，杨溥、杨士奇年老势孤，英宗年少无知，荒嬉无度，不理朝政，司礼太监王振便逐渐大权独揽。明朝皇权第一次转换到宦官手中。

王振肆无忌惮地弄权，大兴土木，广收贿赂，使用重刑，权倾朝廷。而"权力所在，谄媚必然集中"（柏杨语）。当时的工部侍郎王佑没有胡须，王振问他为何，王佑恭谨地回答到："老爷没有，儿子辈安敢有。"这一回答真是令人拍案叫绝，古往今来，什么都缺，就是不缺这种逢迎拍马的人。

其实这件事情正表现出了第三次宦官时代的一个特征，就是柏杨先生的另一高见：政府高级官员和士大夫阶层，公然无耻地争向宦官卖身投靠。这是第一、第二次宦官时代所没有的现象。

其实，明朝的宦官之祸不容小觑，但是还没有到汉末以及中晚唐时期，能把皇帝的废立死生皆操纵于手的程度。同时，应该注意，明朝的权力都集中在皇帝手中，宦官就如同寄生虫，他们的"寄主"皇帝一死，或者突然变脸发威，宦官本人权势顿时消散。后来的刘瑾、魏忠贤的例子就可以证明这一点，只是王振还没有来得及通过他的身体力行来证明这一规律，就死掉了。

因此，王振如此横行跋扈的原因就在于英宗朱祁镇的宠信。一次英宗在给王振的敕书中说："朕自在春宫，至登大位，几二十年。尔夙夜在侧，寝食弗违，保护赞辅，克尽乃心，正言忠告，裨益实多。"看得出来，朱祁镇对这位大公公的感情是真挚的，只是他作为一个皇帝过于感情用事，识人不明，因此遇祸，也怪不得别人了。

正统六年（1441）年末，朱祁镇与文武百官饮宴。按照惯例，宦官没资格参加。但朱祁镇时刻不忘他的"王先生"，宴会中间专门派人探视。使臣到时,王振怒气正盛,说:"周公辅成王,我独不可一坐乎?"使臣回报,英宗不仅不以为忤,反而不惜违背祖制,召王振入席。王振到时,百官望风而拜。从中可见王振权势之盛,以及百官的奴媚之相。

就是这位敢和周公相比的王振公公,使明朝加快了衰落的步伐。

瓦剌的心思,震动土木堡

土木堡在河北省怀来县土木镇境内,现在走高速到北京不过一个小时的车程,但这段距离曾改变了历史。事情就坏在了这个大太监王振身上。

英宗的第一次在位期间,似乎一切都由王振决断,而与蒙古之间的交兵,也有他的原因。

宣宗时,对北部的蒙古施行安抚政策,使得北部边防近十年平安无事,可是这也助长了蒙古的一支——瓦剌部势力的增长。瓦剌虽然年年都来明朝朝贡,但是每次都能拿到更丰厚的赏赐,他们乐此不疲。当也先成为瓦剌首领的时候,1449年2月,他遣两千多人向明朝进贡马匹,却号称三千,向明朝多要回赐。《明史》中说,也先的行为激怒了王振,便故意低估瓦剌进贡马匹的价格,也先大怒,借口明使曾许嫁公主,贡马是聘礼,明廷却无意许亲,是失信于瓦剌。当年7月,将领脱脱不花与也先率领大军,分四路侵入明境。结果大同的参将吴浩阵亡,消息传到北京,王振认为建功立业的机会到了,竟然雄心大起,怂恿朱祁镇御驾亲征。

朱祁镇时年23岁,血气方刚,并且自小就喜欢观看军队演操习武。这一次遇到实战的机会,甚是高兴,他想效仿祖宗当年征战沙场的壮举,但是他终究还是低估了自己,以为在"王先生"的教导下,自己已经具有"谈笑间,樯橹灰飞烟灭"的雄姿了!真是可怜了这位锁在金笼中的"黄莺"。

吏部尚书王直等大臣的苦谏没有使朱祁镇回心转意,他统领五十万大军出发了,随行的还有大太监王振。这本该是一次"西北望,射天狼"的壮举,可是却被这位幼稚皇帝和他的太监伙伴给搞砸了。

在秋天的凄风苦雨中,几十万大军,出居庸关,过怀来,至宣府。

"连日风雨,人情汹汹,声息愈急。"随驾群臣察觉士气低落,接连在军中上表,恳请英宗皇帝回銮。王振大怒,罚兵部尚书邝野等人于草中长跪。大军继续前行,直到阴历八月初一,抵达大同。也先则使出诱敌深入一招,暂且避去。王振仍然坚持进军。

恰巧此时在前线跑回来的太监郭敬,报告了也先部的实力。王振听后便劝英宗退军。明军八月初一到大同,八月初二即"班师"。五十万人马,原路后撤,真是"兵贵神速"。

本来,明军应该经大同由居庸关回北京,可这老太监王振想要衣锦还乡,何况还有个皇帝相陪,岂不更美。于是便下令改道由紫荆关(今河北涞源)入京。本来大军就是惊惶退走,结果到处踩踏庄稼,王振反而起了恻隐之心,怕老家乡邻的田地被踩踏,在距蔚州四十里地时,他改了主意,命令大军向宣府方向行进,仍从居庸关返回。如此反复逡巡,不仅使也先军队追了上来,又使明军侧背全然暴露给了瓦剌军。就这样,拖了八天,明军退至宣府。也先骑兵一路追赶,恰巧跟上。

八月十三日,明军退至怀来以西的土木堡。两军真正的交锋开始了,其实也不算势均力敌的交锋,而是明军的五十万人马被也先的几万人杀了个毫无还击之力。堂堂大明皇帝朱祁镇被俘虏。明五十万大军,"死伤过半"。《明史》中讲,"(王)振乃为乱兵所杀",应该是混战中被瓦剌军砍死或者被自己人逃跑时踩踏而死。也有一说是王振被扈卫军官樊忠以大锤击杀。无论哪种说法,总之一代大太监是死于非命,也算罪有应得吧。但是他给大明朝的影响又岂是一死就能弥补的。仅此一役,明军死伤数十万,文武官员亦死伤五十余人。无辜者的累累白骨,流成河的鲜血诉说着他的罪过,且无法救赎。

"土木堡之战,明军仓促出师,进退失据,京军精锐,毁于一旦,勇将重臣多人战死。英宗皇帝被俘,更使朝野震动。明王朝遭遇到建国以来所未曾有的严重危机。"范文澜主编的《中国通史》中如是说。史家通常认为,土木堡之变是明王朝由初期进入中期、由盛转衰的分水岭。从此,盛世难在,空余悲恨。

土木堡几十万人的血,映着当年的夕阳,何等惨烈,然而经过五百年的岁月淘洗,终究变成今天京张高速公路边上一个普通的镇子,能与昔日峥嵘联系起来的只有几处残存的城墙和被当成仓库的显忠祠,默默地向历史深处回望。

历史还在继续，英宗被俘消息传来，京城大乱，国家危急，呼唤英雄出现，于是一代名臣于谦从历史中走来。

铮铮文人，保卫京城

"千锤万凿出深山，烈火焚烧若等闲。粉骨碎身深不怕，要留清白在人间。"英雄写诗明志，诗与英雄一同名垂千古。

他就是于谦，一个文弱书生，在危难时刻，挺身而出，扛起了大明万里江山。张廷玉的《明史》对他的赞美最是激动人心："忠心义烈，与日月争光"！

于谦配得上这个评价。就在皇帝被俘，群龙无首，一片混乱的时刻，负责居守的郕王也一筹莫展，大臣们更是"相看泪眼，竟无语凝噎"。待到同年八月十八日，皇太后孙氏召百官，确定了英宗朱祁镇的同父异母弟弟郕王朱祁钰的监国身份。

于谦是继十三世纪岳飞之后死于冤狱的第二位名将。

朱祁钰召群臣们商讨战守大计。竟有人提出要迁都南京，以避灾祸。幸亏时任兵部侍郎代理部事的于谦坚决反对，并主张马上召集军队，誓死保卫京师，不然大明就要走上另一条路了。正如有人玩笑说：也许南明就会早出现二百年，这也不是不可能变为事实。

因此于谦对于明朝，对于中国历史，甚至对于北京的发展都功不可没。除了坚拒迁都之外，他还有几个顾全大局、应对变故的举措。

首先，就是拥立郕王朱祁钰为皇帝，即是景帝，该年号景泰。这很容易让人联想到宋朝的"靖康之变"，当时也是在徽钦二帝被金掳去之后，高宗赵构即位，宋朝南渡，直到杭州，真是狼狈不堪。明朝难道又是历史重演？实则不然，毕竟朱祁钰不是赵构，大明也没有宋朝那么羸弱，顷刻之间就被一个异族打得落花流水，仓皇南逃，甚至被逼到差点蹈海的地步。景帝即位后，遥尊远在瓦剌的朱祁镇为太上皇，毕竟一个如此庞大的帝国，不能一日无君，否则大小事情谁来处理，国家怎能正常运转？这使得也先"挟天子以令诸侯"的小算盘落空。

接着就是清洗王振的余党，王振为很多大臣所痛恨，因以前有皇帝

撑腰，只能敢怒而不敢言。且这次皇帝的亲征正是他的调唆，才惹出了天大的祸事，朝臣们更是恨之入骨。因此，他死在乱军之中，他的同党、亲族的末日也就到了。于谦辅助朱祁钰处置了这些不得人心的奸佞，平息了众怒，朝廷内部稳定。

后院不至于起火，大家就会同心协力，抵御外敌。于是于谦作为兵部尚书，开始着手北京的防卫工作。他征集粮饷，任用贤能的将领，增强城防。总之，在于谦的筹划下，逐步形成了一个依城为营、以战为守、分调援军、内外夹击的作战部署，一切准备就绪，只待与瓦剌军决战于北京城下。

北京城准备好了，于谦也准备好了。而也先怀揣的却是另一番心思，他以为捉住了朱祁镇，就可以奇货可居，于是用要挟的手段逼明朝议和，看看宋朝的历史就会知道，被动议和意味着什么，就是受制于人，就是要年年给人家好处。于谦看透也先的野心，于是一句"社稷为重，君为轻"，孟子的话经于谦之口，是铮铮有声，粉碎了也先的白日梦，也为自己种下了灾祸。

也先无计可施，决定对北京进行大举进攻。面对瓦剌的大兵压境，于谦身先士卒，身披甲胄，临阵督战，并下令将九门全部关闭，规定："临阵将不顾军先退者，斩其将；军不顾将先退者，后队斩前队。"他以忠义报国的道理晓谕众将士，泪流满面，慷慨激昂，士兵士气高涨，誓与北京共存亡。

结果可想而知，也先敢犯"强汉"，虽不至于"虽远必诛"的地步，但也在大明军民的共同抵御下，落得个惨败的下场。他带领军队，拥着明英宗仓皇出逃，于谦派兵追击，结果途中又大败瓦剌，是为"北京保卫战"。

北京保卫战，在明朝历史上乃至中国历史上都占有重要的地位。它不仅确保了都城北京的安全，避免了宋朝南渡悲剧的再次发生，也粉碎了也先图谋中原的企图，此后蒙古很难再次组织起大规模的武力入侵行动。同时，北京作为抵抗蒙古的最为重要的堡垒依然发挥着重要的作用，并形成了以北京为中心，以宣府、大同、居庸关为屏障的整体防御体系，有效地抵御了蒙古军队的侵扰，确保了内地人民正常的生产生活。

这一切不能不说是于谦的功劳，他乃一介书生，竟能在国家危难之际,挺身而出,且能"挽狂澜于既倒",从中可见中国读书人的绝好品质,修身、齐家、治国、平天下,以天下为己任,有此精忠报国之人,国家何愁不兴旺发达。

只是世事终究难料,风云突变间,已换了人间。而于谦,这一代文臣武将,却以不世之功,死在王朝政治的刀锋之下。

尴尬:一对兄弟,两个皇帝

南宋"靖康之变"的那一页历史还历历在目,不知身在瓦剌军营的英宗朱祁镇面对自己的处境,作何感想。是否在感叹自己的命运时,也想起了那两位与自己际遇相同,惨死在金人手中的宋徽宗和钦宗父子,为自己的生命犯愁;或者还想着"出师未捷身先死",以满襟的热泪怀念着或者抱怨着太监"王先生";又或者眼睁睁看着弟弟朱祁钰继位,而感叹"无限江山,别时容易见时难"。

无论他自己如何感叹,也先倒是对他不错,很优待他,也尊重他。直到"北京保卫战",也先大败,朱祁镇失去了利用价值,成了也先的一个包袱,于是迫不及待地想将其送还。

这就遭遇一个尴尬局面,如果朱祁镇回来,这朱祁钰往哪里放。宋朝的高宗赵构想到了这一点,因此岳飞没能迎回徽钦二宗,反送了自己的性命。此时朱祁钰也面临了这一抉择,但他毕竟不是赵构,在大臣们坚持要迎回英宗时,于谦说:"天位已定,宁复有他!固理当速奉迎,万一彼果怀诈,我有词矣。"因此景帝疑虑顿消,其实于谦对迎回景帝朱祁镇是否会夺皇位的问题并不是十分关心,他说"社稷为重,君为轻"的意思就是谁当皇帝都一样,只要对天下社稷有益就可以。因此他对朱祁镇被迎回之后的政治斗争中显得很淡然。

英宗朱祁镇在外担惊受怕了一年之后,回到故国,兄弟二人相拥痛哭。朱祁镇倒也懂得深浅,这帝位经过一番"授受"与"推逊",朱祁钰继续做他的皇帝,而哥哥朱祁镇被软禁在了南宫,不许百官谒见。仅此而已,朱祁钰对皇兄倒是没有太过分,相比于过去为了皇位,兄弟间自相残杀的案例,这已经很不错了。虽然昔日君王朱祁镇的日子相对来说苦了些,却是自己将江山玩丢了。

　　这其间还发生了一件大事，本来在景帝朱祁钰继位之前，为了稳定政局，已经册立了朱祁镇的长子朱见濬为太子，后来景帝想让自己的子孙们在这个皇位上千秋万代地坐下去，于是废原太子，立己子。结果第二年这个新立的太子竟无福享受父亲的好意，一病不起，死了。太子之位又成问题。

　　景泰八年（1457）年元旦，朱祁钰病倒，他再无子可立。这时朝廷里的阴谋家们开始了自己的活动。武清侯石亨与都督张軏、太监曹吉祥等密谋发动政变，拥英宗复辟，以邀赏功。一月十六日夜，徐有贞、石亨等引军千余潜入长安门，急奔南宫，毁墙破门而入，扶英宗登辇，自东华门入宫，升奉天殿，这就是"夺门之变"。

　　早晨大臣上朝的时候，突然间君主就易了位，而此时的朱祁钰听到哥哥复辟，竟连声大叫"好"！"好"！是悲？是恨？还是悲恨相续？不得而知。总之，他被移到了西宫，一个月后神秘死去，时年三十岁。

　　谈迁在《国榷》中充分肯定了景帝的功绩："太祖之后，有功劳的皇帝，谁不知道是成祖？有德行的皇帝，谁不知道是孝宗？然而，还有一个景帝。土木之变发生后，如果没有景帝，我们都会沦为异族统治下的奴仆了。景帝的德行有哪些？一个是他善于知人，一个是他懂得安民。"这"知人"指的就是用贤臣于谦。

　　但是这位好皇帝最终没有被葬到自己修建的皇陵之中，直到天顺八年英宗朱祁镇驾崩以后，已经更名为朱见深的宪宗朱见濬继位后，没有记恨叔叔废掉自己太子之位，而是念叔叔朱祁钰当年的功绩以亲王之礼葬景帝于北京西山。后来明史专家吴晗称赞景帝是一位难得的好皇帝，并且曾与郑振铎一起在西山找到了景帝墓，加以修葺，辟成公园供人纪念。

　　确实，景帝临危受命，在国家危急关头登上皇位，领导了一场抵抗蒙古入侵的北京保卫战，保障了内地居民的安居乐业，有功于社稷。且他的年代还为后人奉献了一个风华绝代的名字——景泰蓝。当我们看着那精美的工艺品，是否还会想起这位葬在西山的皇帝，一位以景泰为年号的皇帝。

　　景帝死了，英宗继续他的执政生涯，改年号为天顺。他在复辟当天，就把拥立朱祁钰的于谦等人逮捕，不久这位功臣便以谋逆罪被处以极刑，于谦的党人也——被杀、谪戍、罢官。山明水秀的杭州西湖西南岸的三台山下，一抔净土埋忠骨，一身清白留在了人间。

朱祁镇也做了几件颇为史家所赞赏的好事。一是释放建庶人。建庶人是建文帝次子朱文圭。1402年，明成祖攻入南京之后，建文帝及其长子朱文奎不知所终，次子朱文圭则被朱棣幽禁起来，称为"建庶人"。到英宗天顺年间，建庶人已经在长期的幽禁岁月中从两岁幼童长成五十多岁的老翁了。大概由于也曾经历过长期被囚的生活，朱祁镇突然有一天想起了这位远房叔叔，动了恻隐之心，将其释放。他身边的人担心放出建庶人会出变故，他倒很有气度，说："有天命者，任自为之。"大概是经历了人生的大磨难，朱祁镇对人生倒是有了一份豁达，可惜这份豁达一旦与皇位有关，便不堪一击了。释放建庶人一事还是受到百官和百姓们的真心赞叹，也算是给五十多年前的纠纷做了一份补卷。

还有一件事，就是废除殉葬制度。明太祖死的时候，许多宫人陪葬。自此之后，成祖、仁宗、宣宗、代宗去世都以宫妃殉葬。其实这是一个非常残酷的制度，朱祁镇临终前遗诏停止殉葬。此后明代各帝都遵从这个遗诏，不再以宫妃殉葬。

对于朱祁镇的一生，在许文继、陈时龙的《正说明朝十六帝王》中对他的总结很是有趣："英宗在位22年，被俘北居一年，南宫幽居7年，又于景泰八年（1457年）乘景帝病重，在武清侯石亨、左都御史杨善以及副都御史徐有贞、太监曹吉祥等人的拥戴下复登皇位，真可谓经历了天上人间的剧烈变化。在这期间他宠信过一些人，重用过一些人，惩处过一些人。他宠信的人，有的断送了他，比如王振；他重用的人，有的对他产生威胁，比如石亨和曹吉祥；他惩处的人，有的明知其对社稷有功，却不得不如此，比如于谦。总之，任用非人，是他作为一个皇帝的最大失败之处，同时也在某种程度上决定了其跌宕起伏的悲剧命运。"

朱祁镇复辟后又当了八年皇帝，《明史》称英宗在位期间，"无其稗政（坏政策）"。但英宗并不能阻止大明王朝逐渐走向衰落的趋势。到他儿子宪宗的时候，一切看起来就更糟了。

孝宗中兴，重振明朝国威

晦暗深宫长大的太子

在明朝历史上有一个特别的皇帝，一生践行一夫一妻制，且于明朝的发展也大有贡献，开创了一派中兴的气象。但是最不幸的是他上有庸父，下有劣儿，抢了他太多的风头，他本人夹在中间反而不那么引人注目了，甚至几乎是个被人遗忘的角色。

他是明孝宗朱祐樘，他的父亲就是被朱祁钰废掉，又重新登上太子之位的朱见深。天顺八年（1464），18岁的朱见深继承了父亲的皇位，开始了他23年的统治，年号成化。

后人对他的评论几乎一致，无论是对于他的统治，还是他本人。"朱棣以后，明朝历代皇帝的颠顸、下作、昏智，明显呈逐代上升之势，到成化皇帝朱见深，算是又创了一个新高。"（李洁非语）史学家孟森也说，成化时期朝政极其秽乱。只是因为祖宗积下的财富甚多，还不至于扰民，所以尚能称作太平。

他为人所诟病的第一件事情就是专宠万贵妃。如果是对明史是感兴趣的人，就会很了解朱见深和万贵妃的关系，万贵妃本是一名宫女，本名贞儿，比朱见深年长十七岁，《罪惟录》的作者查继佐描述她"貌雄声巨，类男子"，朱见深之母周太后也曾大惑不解地问儿子："彼有何美，而承恩多。"就是这样一位没有什么魅力的"老女人"得到了宪宗朱见深的万千宠爱，且左右了他的一生。后世人猜测其因童年的创伤，所以有恋母情结，也有道理。

总之，万贵妃是恃宠而骄，内乱宫廷，以致延伸到外廷。成化二年（1466）正月，万贵妃就为皇帝生下了一个皇长子，本以为从此高枕无忧，谁知命运偏偏和她过不去，这孩子竟然没活多久，而万氏再不能生育，试想在美女如云的后宫之中，一个青春不再、姿色难留的女人面临着无子的命运，还是在皇家，她会怎样？变态已属必然。于是万贵妃来个一不做，二不休，史称："掖廷御幸有身，饮药伤坠者无数。"她变成了一个专门谋害胎儿或婴儿的杀手，但再高明的杀手总有失手的时候，她唯一一次的失手就给孝宗朱祐樘的横空出世提供了一个难得的机会。

据说朱祐樘的生母纪氏是广西瑶族人，普通宫女，偶然机会得宪宗宠幸，于是便有了朱祐樘。结果这万贵妃耳目众多，其他妃子的肚子她都没放过，更不要说这个小宫女了，于是派宫女前去下药，这看似例行公事，会"药到病除"的一次行动结果因纪氏的福大命大，保住了胎儿，而宫女恻隐心起，才使得朱祐樘在母亲的子宫中就躲过了一劫，平安出生。可是没有不透风的墙，这事还是被万氏知道了，她又派太监张敏去将孩子淹死，张敏倒是明朝太监中的一个另类，他体恤皇帝无子，将这对母子的生命保存了下来，并藏在深宫。直到其父朱见深心生感慨："老之将至而无子！"太监张敏才将事情告知。

待父子相见时，朱祐樘已经六岁，六年不见天日的生活使他看起来像个野人，为防行迹泄露，头发一直都不敢剪，以致"发披地"。数月后，生母纪氏不明不白地死去，立功的太监张敏"畏罪"自杀。朱祐樘被祖母皇太后领去抚养。这中间有几件事情很值得细说，一次万贵妃召朱祐樘去她那里吃饭，太后叮嘱："儿去，无食。"告诉他不要吃东西。到了那里，万氏赐饭，朱祐樘答："已饱。"再送上汤，朱祐樘毕竟年幼，不知如何应付这场面，于是说了实话："疑有毒。"一个人孩童时期的经历可以影响一生，而朱祐樘童年生活在恐惧中，这使他在肉体和性格两方面都成了一个柔弱的人，同时，这种幼年父爱与母爱的缺失也是他对自己的孩子宠爱有加，以至于培养出了皇帝中的怪胎。

朱祐樘就这样在他的恐惧中等待着走上皇位，而朱见深依然宠幸着他的万贵妃，消耗着大明朝的列祖列宗励精图治积累下来的资本。

万贵妃在宫内作乱，而她的三个兄弟则里应外合，与太监梁芳、韦兴勾结在一起，将大明的国库存银挥霍殆尽。一次，朱见深接到举报，去视察国库，结果是"帝视内帑，见累朝金七窖俱尽"。七个藏金窖竟然空空如也，史载朱见深见此骇人之状，竟说了两句不痛不痒的话："靡费帑藏，实由汝二人。"（这二人就是太监梁芳、韦兴。）"吾不汝暇，后之人将与汝计矣。"（我现在没有时间和你计较，但是后人会和你清算这笔

账的。）这话说得水平实在是高，正常人就是想破脑袋也不会想出如此之法的，足见朱见深的水平，也可见李洁非先生的评语绝非妄言。

明朝最不缺的是惹眼的太监，汪直就是一个。他与万贵妃同流合污，深得朱见深喜爱，西厂就是朱见深专门为他设立的，权在东厂之上。这一特务机构横行霸道，搞得人心惶惶。同时，成化一朝为了从民间搜刮财富满足宫中的奢侈生活，还设了"皇庄"，为皇家敛财，此风一起，加快了土地兼并的步伐，农民起义的事件也增多了。朱见深还打破了官员选拔的老例，通过钦点自设官员，这种不用通过科举，由皇帝设立的官员被称为"传奉官"。从此，皇帝视官爵为私物。只要皇帝喜欢，他可以随意任用官员，从而破坏皇帝与官僚士大夫之间的平衡。宪宗自己，也往往一传旨就授官百数十人。对于士大夫们来说，官爵原是"天下公器"，皇帝这样的行为，无疑将官爵变成了"人主私器"。卖官鬻爵之风日盛，贪污之风愈烈。

就在成代二十三年（1487）的时候，朱见深因爱妃万氏去世，伤心欲绝，半年之后追随而去，将一个烂摊子留给了他的儿子朱祐樘。

惟德与功，为三不朽

明末清初的一位大学者钱谦益，编写了《列朝诗集》。其中明代部分就收入了一首诗《静中吟》：

习静调元养此身，此身无恙即天真。

周家八百延光祚，社稷安危在得人。

坦率地说，这首诗写得并不好，前两句还有些养身术的气韵，但后两句很合儒家学者"文以载道"的口味。据钱谦益说，诗歌是从弘治朝臣李东阳的《麓堂集》里摘抄出来的，还有大诗人李东阳的赞词，其中几句说："大哉王言，众理兼有，惟德与功，为三不朽。"

这位"不朽"的"王"就是朱祐樘，自古帝王写诗，没有几个真正成材的，倒是李煜可称一杰，却因太诗人气断送了自己的江山。不管朱祐樘写的诗如何，他那关心社稷安危的心倒是可见一斑，比起父亲只知道喜欢老女人要好得多。

事实上，也确实如此，朱祐樘18岁即位，年号弘治，在位18年。他当政期间，既无权臣、宦官或后宫的专权，也很少有弊政。所以，弘治朝在明代历史上被称为政治最贤明的时期，孝宗也被史书描绘成一位贤君。晚明学者朱国桢就说："三代以下，称贤主者，汉文帝、宋仁宗与我明之孝宗皇帝。"认为孝宗是夏商周三代以后，与汉文帝、宋仁宗相比肩的贤主，这评价是相当高的。

朱祐樘之所以能成为明朝皇帝治国的典范，首先来自于他个人的修养。他在被父亲发现之后，就开始接受正规的儒家教育，且教太子读书的人都是天下英才，因此他深得儒家治国思想的三味，且身体力行。再者，幼年丧母，弱者的心态使得他更富同情心，因此性格温和、善良而宽容。

例如他除了对诗歌感兴趣，还钟爱绘画、弹琴。在士大夫们看来，皇帝喜欢这些"声色犬马"的东西，恐怕将来会滑入贪图享受的深渊中。因此，一些专门负责纠察朝政的言官们就纷纷上疏，劝说朱祐樘把更多的精力放在修养身心之上。孝宗总是表面上接受，私下里却对旁边的太监们说："弹琴何损于事？劳此辈言之。"意思是说，弹琴与政务又有什么冲突呢，要你们多嘴。他本人对言官的劝谏虽不以为然，却也不以为忤，这正表现了他宽容的一面。

谈迁在《国榷》中说："太祖之后，有功劳的皇帝，谁不知道是成祖？有德行的皇帝，谁不知道是孝宗？"

而朱祐樘的贤明从他即位起三个月的表现就可见一斑。就在这短短几个月，他将新皇登基的"三把火"烧得轰轰烈烈。

首先更迭阁臣。其父在位时，有一专门给皇帝进房中术的大臣万安，又用此法来向新帝靠拢。结果朱祐樘看过之后甚是恼怒，将他罢免。随后便起用一批贤臣入阁，如刘健、徐溥，以及威望很高的王恕等。任用贤臣使得吏治清明，这也是他开一代中兴气象的主要原因。

接着便罢黜奸佞。这是梁芳等太监的末日，梁芳获罪最后死于狱中，而原西厂的领导汪直则因失宠早，逃过一劫，在南京得了善终。朱祐樘也看出了"传奉官"制度的荒唐之处，于一个月间罢黜了传奉官两千余人，僧道官一千余人。

"明之一代立法创制，皆在太祖之世。至孝宗朝，始有修明之举。"这是明史专家孟森说的话。意思是说，明代的制度基本上是在明太祖朱

元璋统治的时候就已经奠立,后来的皇帝中能够提出较贤明的政治制度的,也就是孝宗朱祐樘。而弘治朝制度建设的基础就是《大明会典》的编撰。

会典是一种典章制度的汇编。弘治十年(1497),朱祐樘下令编撰《大明会典》。编修的总裁为当时的大学士徐溥。经过5年的时间,《大明会典》在弘治十五年(1502)完成。正是在这个基础上,朱祐樘有过许多的制度创设。例如,太庙制度即规定太庙的庙制为"各室一帝一后"。

总之,朱祐樘在位期间,治国有方,他勤政、宽容、尊礼儒臣、体恤民生,使他赢得儒家士大夫的一致好评,被视作明代历史上最符合儒家伦理的君主典范。他在位期间,出现了一个明代历史上的中兴盛世,史家称之为"弘治中兴"。

断头政治,明朝的帝王基因

柏杨先生写《中国人史纲》,写到明宪宗和孝宗时,专门辟一节取名为:断头政治。

乍听起来,"断头政治"四个字,透着恐怖气息。难道明朝皇帝们专门要让人掉脑袋来开展自己的政治事业吗?

非也!这"断头政治"是因明朝几位皇帝的一种古怪作为而起,即皇帝不上早朝,不见大臣,不议政事。这一怪政就是由宪宗朱见深开的先河。

自从"票拟"和"批红"制度在宣宗朱瞻基朝出现以后,皇帝自己的工作量就大大地减轻了,由此也可以看出朱元璋的后代处理政事的能力和热情的退化。到宪宗一朝,这种退化的速度大大加快,皇帝竟然长期不召见大臣,"从此君王不早朝"的事情一再重演。而这个皇帝身边虽然没有杨贵妃,却存在一个万贵妃。据说,朱见深还有严重的口吃,因此,他每次上朝,如果准许大臣所奏之事,只说一个"是"字,这种自尊的心理影响了他与大臣们面对面地交流,同时也使得他越来越倾向于龟缩在自己的皇宫中,不理朝政。没想到他的这种毛病,竟然内化为朱家的基因,并一代一代地往下传。他以后的几位皇帝都有这种情况,且更加严重,对国家的伤害也更深了。

朱见深的这种基因首先就传给了儿子，即"中兴之令主"朱祐樘，因为朱祐樘继位之后，大刀阔斧，轰轰烈烈地烧了"三把火"，同时祖宗开创的基业也还没有被消耗掉，使得这一朝相对于明朝其他更黑暗的时代来说，有了很多的亮点。天下"平安无事"，朱祐樘也就不再召见大臣议政。章奏批答开始由宦官们处理，或者稽留数月，或并不施行。特别是朱祐樘在位的后期，他竟然开始信奉道教，把满腔的热情扑在了修道成仙的事业上，更是不能因朝政而分心。

因此，在孝宗十一年（1497）二月，朱祐樘迫于阁臣之请，在文华殿召见徐浦、刘健、李东阳、谢迁四位阁臣，君臣商量了一次国家大事，四位臣子还得到了皇帝赐茶一杯，君臣尽欢，各自退去，这是1471年其父朱见深召见大臣26年后，又一次召见大臣，因此成为轰动一时的大事，经此一事，不知有多少人纷纷为皇帝唱赞词，赞此盛举。不过以后朱祐樘依然躲在宫中忙着自己的事业，依然经由内宦们，遥控着他自己的国家。

大明朝的中央政府就在皇帝们怠于政事的过程中走入黑暗的深渊。"明王朝开始出现一种自从人类有政治组织以来，从来没有听说过的断头政治。"（柏杨语）纵观中国封建时代历代王朝的皇帝，无论如何昏聩凶暴，总是经常地都要出席金銮殿上举行的早朝，跟群臣见面，讨论国政。必要时还要举行小型的会议，商讨治国策略。这是身为一国之君的职责所在，但是明朝的几位皇帝似乎天生就与象征着权力的奉天殿有仇，索性不再进入，在自己的皇宫内院，过自己舒服逍遥的日子。任偌大一个国家自由发展，自生自灭。

朱祐樘在位十八年，因偶染风寒去世了。死前，他将自己15岁的儿子朱厚照托付给大臣，只留一句："东宫年幼，好逸乐，先生辈善辅之。"这一位在父亲眼里"好逸乐"的太子成了明朝历史上最无厘头，也最惹眼的皇帝。

坐在皇位上玩游戏

荒诞！明宫的无赖儿郎

大明王朝荒淫帝王多，英明君主少，孝宗朱祐樘是屈指可数的明君之一。如果说"弘治中兴"给了臣民一丝兴盛的希望，那么这种天真的期盼很快便被一个"无赖"新君打破了。

这里所说的"无赖"并非明朝开国皇帝朱元璋式的无赖、创业皇帝身上的痞气掺杂着豪气，颇有几分"我是流氓我怕谁"的气概。到了明武宗朱厚照这里，"无赖"出现了基因变异，成为"我就无赖我愿意"的刁蛮，颇有几分小儿无赖、臣民无奈的喜剧色彩，只可惜乐极生悲。

鲁迅先生有一句著名的评论道："其实唐室大有胡气，明则无赖儿郎。'无赖儿郎'四字，用在厚照身上，可称的评。"明朝中后期犹如一潭死水，兴风作浪的都是些魑魅魍魉，武宗朱厚照则对着这汪死水，挤眉弄眼、伸舌揪耳、自娱自乐地做着鬼脸。

朱厚照是嫡长子，又是独子，生辰八字也特别吉利。他生于辛亥年甲戌月丁酉日申时，如果按照时、日、月、年的顺序读就与地支中的"申、酉、戌、亥"的顺序巧合，在命理上称为"贯如连珠"，主大富大贵，据说同明太祖朱元璋的生辰有相似之处。于是，理所当然地得到各种正史的交口赞扬，说他貌似太祖皇帝，神采焕发，气质如玉。同后来的"木匠皇帝"朱由校相比，朱厚照所受到的教育则充分显示了孝宗皇帝对爱子的期盼。

朱厚照八岁时，在大臣的请求下，正式出阁读书。他年少时十分聪慧，前天讲官所授之书次日他便能掩卷背诵。数月之间，他就将宫廷内烦琐的礼节了然于胸。朱祐樘几次前来问视学业，他率领宫僚趋走迎送，娴于礼节。孝宗和大臣们都相信，眼前的这位皇太子将来会成为一代贤明之君。说到此，不由让人想到一句话："小时了了，大未必佳。"

果真，朱祐樘病逝后，即位的朱厚照让朝臣们大跌眼镜。他的所作所为哪里像是一个皇帝，分明是个小无赖。幼年的他好学习，尊师长，善作诗，能度曲，俨然一副好孩子模样。登位之后，他的真性格便肆无忌惮地表露出来。天性好动，我行我素，不拘小节，藐视权威，却也懂得运用权力。朱东润在《张居正大传》中这样说："孝宗下面，便是荒唐的武宗：北京古老了，宣府是他的'家里'；皇宫住腻了，他住在'豹房'；皇帝做厌了，他自称为'总督军务威武大将军镇国公朱寿'；太子没有，东宫也不要了，他有无数的义子，把积庆坊、鸣玉坊毁去，改建他的义子府。正德五年安化王寘鐇造反，十四年宁王宸濠造反，总算没有成为大乱，但是明室的元气，已经衰耗了。"

随心所欲的朱厚照废除了尚寝官和文书房侍从皇帝的内官，以减少对自己行动的限制。借种种因由逃避为皇帝而设的经筵日讲，后来索性连早朝也不愿上了，为后来世宗、神宗的长期罢朝开了"先例"。对于大臣们苦口婆心的劝阻，他是点头称是，转身便忘。

正德三年（1508），朱厚照的心思已是禁城的高墙所挡不住了。他不甘宫内枯燥的生活，索性离开了禁城，住进了皇城西北的豹房新宅，豹房成为武宗居住和处理朝政之地。豹房多构密室，犹如迷宫，又建有校场、佛寺等，朱厚照每日广招乐妓承应，荒淫无度。正德九年正月十六日，宫中元宵节放烟花，不慎失火，殃及宫中重地乾清宫。乾清宫是内廷三殿之首，象征着皇帝的权力和尊贵的地位。朱厚照见火起，没有下令扑救，反而跑到了豹房观看，谈笑风生，回头对左右说："好一棚大烟火啊。"

如此这般荒诞的行为，数之不尽。在宫中开设商家，与宦官们相互贸易，讨价还价，争相喧哗既罢，就宿廊下；制作大批毡帽皮裘，动员一宫的人穿上，互相扮演鞑子自娱；微服出游，风流好色，甚至差点娶回一个怀孕女子，借以解决自己的无嗣难题；他还下旨封自己为威武大将军总兵官朱寿……朱厚照的无厘头行径犹如朱明王朝的万花筒，花样百出。如今，著名戏曲《游龙戏凤》的段子便出自于这位荒诞天子的花边新闻。曾有朝鲜使臣回国报告厚照举止："皇帝所为之事，非如陈后主、隋炀帝，而如小儿之戏。"

武宗朱厚照沉湎于玩乐，也与身边近侍有关，"八虎"的蛊惑也是一

大诱因。"八虎"是指朱厚照身边的八个太监,以刘瑾为首,意欲以声色犬马圈住这位小主子。身为帝王,兢兢业业、励精图治也未必能经营好祖宗留下的千秋大业,朱厚照倒是如此看得开,想必是"别人笑我太疯癫,我笑他人看不穿,人生不过一场戏,嬉笑怒骂玩玩看"。

继续荒诞,社稷看不惯

最喜小儿无赖。

这或许是刘瑾的心声。

当朱厚照登基即位,刘瑾心花怒放:这日子总算熬出头了。

从小开始,朱厚照身边便如影随形地跟随着这些世人鄙夷的奴才们,宦官刘瑾殷勤小心地侍奉着主子,也不时缅怀一下心中的偶像,即朱厚照的曾祖父朱祁镇的玩伴宦官王振。

一人得道,鸡犬升天。自感"咸鱼翻身"的刘瑾也有着远大的理想,毕竟他不是一个人在战斗,他的身边有一个核心集团,被称为"八虎"。马永成、谷大用、魏彬、张永、丘聚、高凤、罗祥等爪牙紧紧团结在刘瑾周围,组成了一个铜墙铁壁,以声色犬马侵蚀皇帝手中的权力。

然而,当朱厚照日夜不休地沉湎于玩耍享乐之中时,朝廷官员开始非议了。谢迁、刘健连同各部(尚书)部长,联合要求朱厚照排除"八虎"。宰相兼托孤大臣的威望,使"八虎"大为恐惧,他们只要求保留性命,愿意被放逐到南京,永不回到皇帝身旁。

如果谢迁、刘健等人就此流放"八虎",或许这场清除"阉患"的行动便可胜利告终了,不过大臣们的想法是"野火烧不尽,春风吹又生",斩草除根是必需的,谁叫"君子小人不并立"呢?于是,一面是大臣们义正词严要求"除恶务尽",将"八虎"悉数处斩,一面是"八虎"环跪在朱厚照面前,哀哀哭求;一面晓之以理,一面动之以情。最后,这幕历史剧发生了大反转,鬼哭狼嚎的阶下囚转身成为胜利者,谁让朱厚照被宦官们点到了要穴呢:"老奴们死不足惜,可他们是要孤立皇上啊!"

孩子气上来的朱厚照,施展翻云覆雨手,扭转了胜败局势。第二天早朝,文武百官以为皇帝一定会下令把"八虎"砍头时,皇帝却下令把谢迁、刘健撤职。政府大权立即落到刘瑾手上,他用皇帝名义公布"党名单，包括谢迁、刘健和儒家阳明学派的创立人王守仁，中央政府全体官员跪在金水桥南，恭听此项谕旨。

之后的权力走势，可想而知。得志后的刘瑾最后做到了司礼监的秉笔太监，相当于现在的领导人秘书的角色，权力可大可小，视皇帝勤政或倦政与否。偏偏武宗耽于玩乐，怠于政事。刘瑾专门在皇帝玩乐时请示，"武宗辄叱曰：'吾安用尔为？而一烦朕！'自是不复奏，事无大小，任意裁断，悉传旨行之，上多不之知也"。（《明史纪事本末·卷四三》）此后，刘瑾大权在握，把持朝政，被世人称之为"立地皇帝"。

不过，刘瑾虽然一手遮天，却依旧在朱厚照的控制之中，这也是明朝的特点之一。《正说明朝十六帝》中提及宦官专权时点出了一个有趣的现象："明代的太监，无论如何专权对于皇帝本人，却总是无条件地服从。相比较汉唐时代的宦官动辄杀死皇帝，这种专权充其量也只能说是滥用了皇帝的授权而已。"其实对宦官的生杀大权依然掌握在皇帝手中。

也正因如此，对于刘瑾来说，权力这东西，来得快，去得也快，因为那个只知声色犬马的玩乐君主对权力的掌控有着朱明王朝遗传的敏感。

正德五年出了一件大事，安化王以诛刘瑾为名反叛，虽然叛乱在一个月就被平定了，但檄文中陈述的刘瑾罪状还是引起了朱厚照的警惕。此时，同样是宦官的平叛功臣张永趁机又狠狠地告了刘瑾一状，罪名是历朝历代皇帝们都异常敏感的——谋反。虽然平时荒诞嬉闹，但听到了这些消息，朱厚照也不禁有些忧患意识，细想刘瑾执掌大权以来，查盘、清丈、拣选干才，倒也作了一些于朝政有益的事，而树威结党，凌虐百官，显然并非善类。朱厚照秉性中也有刚断的一面，随即亲自锁拿刘瑾，主持抄家。

查抄出数之不尽的金银财宝，皇帝心中都有底，然而，搜出的一些违禁物品却触动了龙须。仅一步之遥，便是万丈深渊，这下刘瑾彻底失去了东山再起的机会。这位颇有野心的宦官最后等来了凌迟的罪行。凌迟在明朝属于法定刑，按规定要割三千三百五十七刀，三日而死。每下一刀吆喝一声，犯人昏厥则泼醒再割。如犯人捱不足三日，据说刽子手是要抵罪的。刘瑾挺过了第一天，回牢居然还喝了两大碗稀粥，这位六十岁的老阉奴着实有几分过人之处，不过第二天刘瑾就不那么幸运了，他没有挺过去。

朱厚照收回权柄，大臣们仿佛又看到了黎明的曙光，然而，随即他们便发现了自己的天真，星星还是那个星星，月亮还是那个月亮，皇帝仍然频频消失，宦官依然握有大权。

去了一虎，后有群狼，因为病根在玩乐天子的身上。武宗一生，贪杯、好色、尚兵、无赖，痴情于艺妓，所行之事多荒谬不经，为世人所诟病。不过，武宗倒也处事刚毅果断，弹指之间诛刘瑾，平安化王、宁王之叛，应州大败叩关来袭的蒙古小王子。然而，归根究底，朱厚照绝对不能算个好皇帝。

梦里和梦外的纷纷之争

嘉靖的倔强,"礼"之斗争

"存天理,去人欲"是宋代程朱理学的中心理论,它的正统"发明者"当然就是宋代大儒程颐明和朱熹。程朱理学思想是中华儒学的一个新台阶,它虽然有璀璨的一面,然而,也恰恰是它将儒学推入了畸变的发展道路,最直接的恶果便是与朱熹同姓氏的明王朝世宗时期,那场"天道"与"人情"的"大礼议"。

何谓"大礼议"?"大"多数都是用来指关于皇家的事情,比如皇子的婚礼称为"大婚";"礼"则指程朱理学那套儒家正统礼法下的王权制度下的礼义等级秩序;"议"自然也就是争议、议论的意思,合起来也就是"关于皇室礼制的争议"。自古帝王之家皆最重不同等级人之间的礼制。自汉武帝"罢黜百家,独尊儒术"之后,儒家的学说成文化的正统,它的礼制思想也被发挥得淋漓尽致,而儒家思想经历唐朝这一低潮之后,于宋代兴起,再次成为思想正统中的正统,在明朝尤其如此。

明朝的士大夫们好像被宋朝的程朱理学完全催眠,对于儒家君君臣臣那套礼制无上膜拜,若是有人敢触犯这种规矩,便等于是动摇社稷。而恰恰作为最不能触犯这套礼制的一国之君,明朝的嘉靖皇帝朱厚熜就颠覆了这个"游戏规则"。这里并不是说朱厚熜抛弃了儒学中的礼制的思想,而是他对士大夫那套程朱理学完全弃如敝屣,却自有一套关于"礼"的新诠释。他甚至把自己关于"礼"的思考付诸社会实践,意图创造一个理想的国家,他简直比尼采更加疯狂。而他这种理想主义的产生,要从他以藩王身份一跃成为一国之主开始说起。

武宗朱厚照一生荒唐放荡,30多岁了还没子嗣,大臣们总是劝他选皇储,可是朱厚照认为自己壮得很,不用考虑下一任皇帝的问题。哪知道在他31岁时,却因为一场小风寒而见了阎王,根本来不及立遗诏、传

宗嗣。在他驾崩之后，大好江山没有后嗣继承，内宫、大臣们匆忙选立新君，期间出现了30多天的权力真空阶段，为历朝所罕见。

这等江山无主期，政府的工作自然就落在当时内阁大学士杨廷和身上。杨廷和与其他大学士商议来商议去，决定从武宗的堂兄弟中下手，于是选定了兴献王长子朱厚熜。原因在于武宗死后，他是"厚"字辈中年龄最大的那个。

15岁的朱厚熜被大臣们拥至帝位，千里迢迢从家乡赶到京城，倒也泰然自若。但是，迎接他的并不是直接登基，而是要以皇太子的身份行即位之礼，即由东安门入，宿文华殿。尚未成年的朱厚熜立刻感到不妙，转而问拟定诏书的杨廷和："《遗诏》以吾嗣皇帝位，非皇子也？"杨廷和等臣听罢均是一呆。

原来这句话当中的用意可多着了，其一就是朱厚熜在强调"谁是自己的老子"这个问题。谁是朱厚熜的"老子"？毋庸置疑应当是兴献王。但是按照正统儒家程颐明所说："为人后者，谓所后为父母，而谓所生为伯、叔父母，此生人之大伦也。"朱厚熜继承了世宗的位置，按照皇室正统传位的方式，他就应过继给世宗的父亲、自己的伯父孝宗为子。因此他要叫孝宗为"老子"，而叫亲生父亲兴献王为叔父，叫母亲蒋氏为叔母。这是杨廷和等大学士眼中正统的儒家礼法规定，但在朱厚熜看来，却是很不孝的行为。

再者，如果朱厚熜承认孝宗为父皇，并且作为堂兄世宗的继承人登基，那么他就要承认自己是世宗母亲张太后的儿子。如此一来，他等于成了张太后把持朝政的傀儡。作为以藩王身份入继的朱厚熜来说，他对宫廷实在没什么亲密感，反而充满戒备和陌生，如果还活在别人的控制和阴影下，这可让他很是不爽。

没人能想到这个仅仅十五岁的小子，竟然有超乎寻常的政治嗅觉。这一疑问，立刻成了摆在大臣们眼前的难题。随后，不管杨廷和等臣怎么跟他讲那些理学中的正统礼教，朱厚熜就是不肯接受皇太子的身份，也就不能即位称帝。江山一日无主，百姓便惶惶然，宫廷内则一团乱，这种情况正是朱厚熜的撒手锏，反正这些大臣们是来求他做皇帝，如果他不肯做，没人逼得了他。最终，张太后终于受不了了，下旨同意他略过行皇太子之礼，直接举行登基大典。

朱厚熜暂时达到了自己的情理目的和政治目的，自当欣欣然接受皇帝的宝座，是为世宗，国号嘉靖。这场关于礼教与人情的斗争，以他的胜利而告终。然而，这只是一个围绕"礼"展开斗争的历史之初始，以后还有更多的风波等待着这些王朝中的臣民们。

朱厚熜以稚龄给了他的那些臣子和张太后这个后宫权利狂热者一个下马威，也逐渐显露出他的个性和不愿受人摆布的独立心态。杨廷和等士大夫和张太后一心维护王权等级制度，却不顾及自己对父母亲的情感，这使朱厚熜的心灵受到了极大的伤害。他刚及垂髫便亡父，母亲蒋氏独立抚养他，他对父母的感情自然深厚，因此他绝不能不认自己的父母。不仅如此，他还要把他们扶上正统的位置。于是，他和宫廷的这些"守礼"之人，展开了又一场较量。

虽然江山有主了，朝臣们还是觉得不安生，仍旧希望朱厚熜接受以孝宗朱祐樘为父、太后张氏为母的礼法规则，并以汉成帝立陶王刘欣为皇太子及宋代的"濮议"事件作为正反例，意图改变小皇帝的想法。但朱厚熜只丢下一句："父母岂有说换就换之礼。"于是，朝廷内又回到"谁是皇帝的老子"的争端上。嘉靖要称自己的父亲为"皇考"，而称孝宗为"皇伯考"，但是，朝臣们认为兴献王不是真正的帝王，不可以称"皇"，如果以"皇"称呼他，孝宗要往哪里放？

于是皇帝与重臣之间争执不下，一时间满城风雨，而就在所有大臣都反对嘉靖的时候，四十七岁才及第的新科进士张璁却选择在这个时候支持皇帝。而他这一赌注称是下对了。《礼记》有云："礼非从天降，非从地出也，人情而已。"礼制是源于情感的，孩儿孝敬父母是发乎情的东西，无法抑制，而这不违背孔子的传统道德理论。张璁就是以这个为理论作为自己的出发点，一句"孝子之至，莫大乎尊亲，尊亲之至，莫大乎以天下养……圣人缘情以制礼"，直接戳到了"继嗣"一脉的痛处，也让嘉靖皇帝的心坚定了。于是他在与大臣们僵持了四年关于"谁是我的老子"这问题之后，不打算再忍了。

朱厚熜即将满二十岁之前，以"母后仪驾"的礼节接自己的母亲蒋氏入朝，至此开始"恢复"父亲为皇室正宗的"篡宗"专政。紧接着一连串违背所谓"礼制"的行动开始了，群臣们、儒生们到殿前哭了数次，直呼："礼法啊！社稷啊！"朱厚熜听得心情越来越糟，终于无法忍耐。

毕竟是皇帝,他掌握着所有朝臣的生杀大权。

学者李洁非先生曾感叹:嘉靖来自"九头鸟"的故乡,"九头鸟"百折不挠、一拼到底的精神,谁也拗不过。这皇帝在忍无可忍的情况下,便不再忍耐,一口气将五品以下官员134人逮入诏狱拷讯,四品以上官员姑令待罪。这件事,当时称为"大礼狱",明朝士大夫们当时的惨烈状态,令后人都禁不住凄然。

这位皇帝终于达到了他修复"正统"的目的,如愿以偿地叫孝宗为"皇伯考",昭圣太后张氏为"皇伯母";称自己的老子"恭穆献皇帝"为"皇考",蒋氏"章圣太后"为"圣母"。估计兴献王也没料到,自己在死后竟然成了"皇帝祖宗"。

这场持续四年、看似围绕"大礼"的争议终于落幕,然而这真的是礼制之争吗?朱厚熜明确地表明孝宗只是自己的伯父,但是他既然在当初反对称亲生父亲为皇叔父的理由是"如果称皇叔,就要讲君臣之义",那么称孝宗为皇伯考不是也要讲君臣之义吗?难道要把孝宗当做世宗朱厚熜的臣子吗?这一切都是如此的矛盾。

其实明朝"大礼议"一事,并无是非曲直,而明朝的君臣们,对于礼制的理解也是粗疏的。这一事件倒是真实地反映了明代皇权专制力量的强大。在议礼一事上,朱厚熜非但对其生父称帝称考,而且称皇称宗,乃至超越武宗而配享于明堂。这样的做法,连张璁等人都觉得有些不对。但是,谁又能控制帝王的权力控制欲呢?正如晚明学者黄景璁所说:"有导其源,思节其流,难矣!"而朱厚熜的随心所欲,又岂止"大礼议"一事?

对"礼"的执着

没有哪个皇帝在刚当政的时候就想浑浑噩噩地过,这嘉靖皇帝朱厚熜也是一个"新帝上任三把火"的人。刚刚做了皇帝,自然得给百姓们谋点儿福利,不然也太说不过去了。于是朱厚熜下诏,该罢黜弊政的就要狠狠地罢,该惩治的就要"千刀万剐",这下可苦了那些贪官污吏和走后门的官儿们。

腐败分子被处理了,百姓当然乐得减少经济负担,一派"中外称新天子'圣人'"的景象。不过这可不是朱厚熜的功劳，而是杨廷和制定的各种政策，皇帝只需签个字、盖个章，便万事大吉。从这一点上可以看出，杨廷和这个臣子还算做得不错。如果他没有在礼制上那么固守所谓的"正统"，而朱厚熜也不计较那么多"礼"的问题，相信这君臣如能默契配合，明朝应该能迎来中兴。可惜啊，天向来是不从人愿的。

杨廷和坚持"礼制"，但他是老头子，总有一天得退休。所以，杨老头子一退休，朱厚熜便"疯狂"了，他以迅雷不及掩耳之势肃清了反对他的人，开始创造他的理想之国。

李洁非先生说，嘉靖从"大礼议"看到了自己的事业前景，而这种前景将超过时间的束缚成为永恒。人伦大礼，天地乾坤，有天地，然后有万物，然后有男女，有夫妇，有父子，有君臣，有上下，"然后礼仪有所错（区别）"。朝代有更迭始终，再伟大的君王，其事业在身后也终会有泯灭的一天。但是人伦之义，祖天述地，与日月同存。因此，嘉靖皇帝认为只有在立法上有所建树，才是真正的不朽。他似乎悟通了一个道理：与其做一位特定时代的世俗主宰者而留名青史，不如铸造精神范式，架设思想灯塔，指引千秋万代。

他的"觉醒"似乎一醒就是二十年，在他这段"进取"建设国家的日子里，把全部热情和精力都投到礼教改革上，正郊祭，修孔庙，厘正太庙庙制，举凡国家的礼制之大者，他能想到的，都让他折腾了一番。

这是一个奇怪的皇帝，他反对杨廷和那套继嗣正统"礼制"，但他对礼制的各种东西却非常痴迷。他把儒家各种繁文缛节的东西弄得彻彻底底，然后作为思想套套来统治臣民，维护自己的权威。这是专政心态的极端化表现，完全是思想的扭曲。而造成他这种扭曲思想的罪魁祸首，却恰恰是他的最爱——礼。

作为一个皇帝，朱厚熜的确实现了专政。在这专政期间，他完完全全地驾驭了士大夫们，他用"大礼议"告诉他们：顺我者昌，逆我者亡。他公然表彰阿附的士大夫，只要肯站到他这一边，他便奖励他们，这把士大夫的骨气全都磨没了。另一方面，他搞专政，搞个人崇拜，士大夫们必须给他歌功颂德，写一些狗屁不是的文章，他们才能安生。皇帝不想受士大夫的摆布，就要将他们摆布得如玩偶一般才成。因为这种统治，明朝的士林风气彻底衰落了。

由于朱厚熜自幼生长于民间，对太监没有依赖性，所以在他当政期间，没有出现任何宦官专政的事情，而他反倒对士大夫有几分"钟情"。他在控制士大夫的同时，那些阿谀奉承他的士大夫们，就自然受到了他的宠爱，这从严嵩的身上就可以看出来。

严嵩本来还是个不错的臣子，早期也并没有阿谀奉承的习惯，却因遭到阉党的迫害而被贬。嘉靖即位，他再度出仕，本以为能有所作为，但是一件事情的发生，让他彻底认识到，自己不腐败、不阿谀奉承就不能活。这件事发生在嘉靖十七年的六月。

世宗朱厚熜欲让生父献皇帝称宗入太庙，命下礼部集议。这时任礼部尚书的严嵩是躲不过去了。这是个棘手的差事，顺从皇帝，立刻就会招来骂名；按照惯例来秉公办理，自己乌纱帽难保。经过一番思想斗争，严嵩写了一份模棱两可的奏疏交给皇上。朱厚熜对他的态度非常不满，亲书《明堂或问》，警示廷臣，言语犀利，坚决表示要让其父明孝宗献皇帝称宗入庙。

这无疑是皇帝对严嵩的一种"沉默式"批判。他惶恐不安，生怕皇帝怪罪下来，要砍他的头。于是，严嵩"痛改前非"，完全顺从皇帝的意思，为朱厚熜的生父献皇帝祔太庙配享安排了隆重的礼仪，并充分发挥自己的才能，在祭祀礼毕后，写了《庆云颂》和《大礼告成颂》。这两篇文章文笔绝佳，很得皇帝赏识。从此，他平步青云，也注定要作为一个"奸臣"而活在历史上。

不过，对皇帝来说，权臣是他所不能容忍的。严嵩在与良臣夏言长达十余年的斗争中，尽显其阴狠狡诈、刻薄寡恩、心狠手辣，终于赢得胜利，位极人臣。但朱厚熜在这些年来一直听到有关严嵩骄横的传言，对他渐生厌恶之心。而严嵩的儿子也不争气，老是凭借老子的能耐到处惹是生非，很多大臣受不了这父子，便纷纷弹劾。

朱厚熜一看，也到了该办严嵩的日子了，宠了他那么久，对他的所有事情睁一只眼闭一只眼，但若是宠太久，严嵩好像把他这个皇帝当成瞎子了。于是一纸诏书，把严嵩那惹了祸的儿子下狱、砍了，削了严嵩的职，抄了他的家，严嵩终于倒下去了。

严嵩的一生可以作为当时士大夫们最好的范例，来印证这个世宗皇帝对士大夫的控制能力。可是，朱厚熜真的能驾驭士大夫们吗？黄仁宇先生说，明朝朝廷主动部分其实都是百官臣僚的集团，而非君主。儒家的理论代表者始终是士大夫阶层，他们的意识形态从一开始就已经束缚了君主意志。虽然他们一波又一波地被这些皇帝们给打压下去了，但是他们的思想永远都缠绕在帝王的心里。从朱厚熜沉湎于"礼"就完全可以看出，他反对杨廷和等士大夫的儒家理学的礼制主张，然而他自己还在努力地"培养"新的礼制。

因此，嘉靖皇帝在"以礼治国"失败之后，心灵突然空虚起来，只好寻仙问道，仰赖道教而活，终因吃了太多所谓的"仙丹"而亡。这个皇帝的一辈子，就只能用"伦理悲剧"来形容。

回观朱厚熜当政期间，一眼可看出"大礼议"是毫无意义的战争，在这之后他掀起的礼仪治国政策更显得可笑，而他控制士大夫的做法只能看做是一种丝毫不好玩的游戏。君主和他的朝臣们始终沉湎于关于"礼"这种精神阶层的争议和问题，却忽略了国家当下最需要的就是开明的政治、经济、军事政策这种物质层次的实事，这样的国家怎么可能不向没落踏步？

封侯非我意，但愿海波平

王朝的危难时刻，尤其是外患加身的时刻，就极需要有人挺身而出，去拯救摇摇欲坠的国家，使生灵免遭涂炭，山河得以完好。时势呼唤这样的英雄，急盼他们勇敢地站在历史的转折点上力挽狂澜，他们的出现是家国之幸、时代之幸。当我们回过头去揭开历史的面纱，但见波浪滔天中的豪情万丈，无限大地上的军马万千，他的风流飒爽的姿态，怎能不让人对他发出惊叹！

虽然一个英雄改变不了历史的进程，但他的所作所为足以影响一个时代、一个民族、一个国家。追溯到十六世纪，我们不应只想到当时王朝的雾霭沉沉，而应该看到，在广袤中土的东南，尚有一位为了国家民族存亡而奋勇抗倭的英雄，正拨开那一隅上空的阴云，为王朝打开了一片晴空。此人不用作他想，自然就是明史上最有名气的抗倭英雄——戚继光。

戚继光一生最辉煌的时刻就在明世宗嘉靖年间。作为一个武将，他

的辉煌代表国家的动乱。当时明朝的君臣正沉迷于关于"大礼"及其时间的斗争,而管理国家内部事务的朝臣们也浑浑噩噩。不巧的是,嘉靖皇帝一心只顾着国家的大礼,却忽视了百姓的安生,国家频频出现财政危机,百姓生活困苦不堪。

正所谓"屋漏偏逢连夜雨",明朝此时的东南沿海遭受葡萄牙军队的侵袭,倭患也变得白热化,虽然葡萄牙军队被赶走了,但是倭患情况却丝毫没有改善,国家此时正处于内忧外患的窘境。

东南沿海的倭寇祸患并不是在明朝中期才出现,早在元末明初就已经有了。但是明初国力强盛,重视海防设置,倭寇未能酿成大患。正统以后,随着明朝政治的腐败,海防松弛,倭寇祸害越来越严重。嘉靖年间,倭患已经一发不可收拾。而这一局面造成的原因,一则在于世宗的昏聩以及宠臣严嵩庇护、纵容通倭官吏,打击、陷害抗倭将领;二则嘉靖年间商品经济的发展,对外贸易相当发达,沿海一带私人经营的海上贸易也十分活跃。那些海商大贾为了牟取暴利,不顾朝廷的海禁命令,和"番舶夷商"相互贩卖货物,他们成群分党,形成海上武装走私集团,甚至亡命海外,勾结日本各岛的倭寇,在沿海劫掠。

戚继光作为一个水兵指挥官,不能扭转整个国家的命运,他能管的也就只有东南这一亩三分地不被外来民族欺负而已。继承了父亲的都指挥佥事职位,戚继光被委任负责宁波、绍兴、台州(今浙江临海)三府。这时候他没有受到严嵩等人的迫害,皆在于他受到与严嵩对立的权臣内阁宰相张居正的庇护。

带着"封侯非我意,但愿海波平"的灭倭志向,戚继光一到三地上任,就看到旧军作战能力极差,这样的军队想打赢倭寇和奸商,那肯定是做梦。他认为当下最紧急的就是整顿水兵。

那时候东南沿海的百姓一直受着倭寇的掠夺之苦,曾经自发组织部队抗倭,但是百姓毕竟不是军人,无论在武器上还是体力上,都远远不及真正的兵。于是戚继光将强壮的民众组织起来,再加上原有的水兵,组成了新的队伍——戚家军。他针对明军兵器装备种类繁多、沿海地形多沼泽、倭寇小股分散的特点,创立攻防兼宜的"鸳鸯阵",以 12 人为一队,长短兵器迭用,刺卫兼顾,因敌因地变换阵形。

这一系列军制改革后,一支全新的军队出现在浙东沿海战场,抗倭形势很快改观。戚继光不把数量有限的部队分兵把口,而形成一个拳头主动出击,在台州九战九捷。大感惊恐的日本海盗转而窜扰福建、广东沿海后,戚家军也随之南调。戚继光根据倭寇在海边游动需要一些据点和岛屿作为巢穴的特点,也以主动攻击为主,其中夜袭横屿岛一仗歼敌2000人。

当时的明代将军谭纶都忍不住发出感叹:"盖自东南用兵以来,军威未有如此之震,军功未有如此之奇者。"

戚家军在浙江、福建、广东三省转战10年,正像学者郁达夫所说,戚继光"拔剑光寒倭寇胆,拨云手指天心月"。日本海盗只要见到他,腿肚子就抽筋,头皮就发麻,哪还敢再来捣乱。

利用作战训练间隙,戚继光收集了水战、陆战的经验,撰成《纪效新书》,阐述选兵、编伍、操练、出征等理论和方法。这部有关"海军陆战队"的兵书,比之金庸笔下的《武穆遗书》,恐怕也毫不逊色。

可惜的是,这位勇猛无匹的抗倭名将,曾立于海岸发出"南北驱驰报主情,江花边草笑生平;一年三百六十日,都是横戈马上行"这等豪言壮语的戚家军之领导人,在明神宗万历年间,随着庇护他的张居正失势而受到排挤,归乡而逝,结束了自己在史册中的最后一笔。此后,明朝东南沿海再无名将守护,倭寇虽减,然而葡萄牙侵略者却多次骚扰明朝领土,久占澳门不还,最后澳门终落入外人手中,从此与国家分别了四百余年。

戚继光的一生可以作为一个悲喜剧来观看。他英勇抗倭,无限风光;可是他偏偏巴结张居正,缺了点操守。清代史学家张廷玉对他的评价便是:"继光为将号令严,赏罚信,士无敢不用命。与大猷均为名将。操行不如,而果毅过之。"俞大猷也是戚继光时期的抗倭名将,较之戚继光,这人虽然没有前者勇猛,却不屑于巴结权贵,但戚继光却无法免俗。黄仁宇也在《万历十五年》中明确地指出,戚继光本是这个朝代最有才能的将领,其被劾罢官三年以后仍不能见谅于神宗万历,原因全在于他和张居正的关系过于密切。

但是,在万历一朝,想做一点事就不得不处理好与当权者的关系,若是不走些歪门邪道,就根本无立足之地。戚继光数度遭遇弹劾,但都被张居正给压了下来,就连与戚继光有隙的同僚,张居正也不动声色地

调开。他得以不受肘制大刀阔斧地整治军备,多少有点腽肭脐的功劳。不过,只要能保住大节,使用什么方法和手段,都是其次。

正直海瑞,如万年青草

应天(今南京)城内外,雾霭沉沉、风雨凄凄,空气中飘荡着悲戚的哭声,百里而不绝。转过街角,只见那林立亭台楼阁的街道上,竟有众多身着白衣丧服的百姓驻足抹泪。一问之下方才知道,原来是当地的父母官海瑞去世,今日正是出殡之日。

海瑞的大半生都耽搁在嘉靖年间,他一生刚直不阿,执法公正,惩贪抑霸,整顿吏治,平反众多冤案,被誉为"海青天",亦称"包公再世"。他生性刚烈不屈,且自号刚峰,曾说:"要想天下清明安定,一定要实行井田,不得已而为限田,又不得已而实行均税,尚可存古人的遗意。"海瑞从做县官直至巡抚,所到之处力行清丈田亩,颁行一条鞭法,一心力求有利于百姓。

然而就是这样一个视百姓如子女的人,一生无子,死的时候没有人为他送终,尸体竟只是用葛布织成的帏帐包裹,陪葬品也就是破烂的竹器。若非当地的官员们凑钱为他置办葬礼,他也便随着草席而入土了。百姓们听闻他死时竟如此凄凉,纷纷罢市。待他的衣冠行至街上,白衣冠送者夹道观望,酹而哭者百里不绝。

海瑞的一生正如他为自己立的号一般,刚利尖锐,任何高官都不怕得罪。他以廉洁和正直闻名于百姓之间,然这名声却被朝内的宦官称为"傻名",这等傻名倒也有些由来。

嘉靖皇帝朱厚熜自从以"礼"整顿国家没整顿明白,便开始寻仙问道起来。这在海瑞眼里当然是不务正业,他可不管皇帝乐不乐意,直接上书,痛陈利害。文中直指嘉靖浑浑噩噩,相信道神,不务朝政,致使贪官污吏横行,百姓叫苦连天。

朱厚熜素来以专政闻名,个性十足,为所欲为,从他十五岁开始,这个脾性就已经显露,海瑞明明知道,却仍是要劝谏一番,看来他已经做好吃牢饭的准备。果然,朱厚熜看了奏折大怒,本欲杀海瑞,想了想又觉得此人可以留,便将其下狱,听候处置。海瑞下狱不到三个月,皇帝尚来不及处理他，就入了祖坟。不过，朱厚熜在死前对未来的明穆宗说，海瑞"是大明之利剑，唯有德者执之"，这临死前回光返照的一句话拯救了海瑞。

嘉靖皇帝驾崩的消息还没有昭告天下，因此朝外并不知晓。提牢主事听说了这个情况，认为海瑞不仅会被释放而且会被任用，就办了酒菜来款待海瑞。海瑞怀疑自己要被押赴西市斩首，便恣情吃喝，不管别的。主事却附在他耳边悄悄说："皇帝已经死了，先生现在即将出狱受重用了。"海瑞说："确实吗？"主事点头。哪知海瑞不但不高兴，竟然悲痛大哭，把刚才吃的东西全部吐了出来，晕倒在地，一夜哭声不断。

因为得罪皇帝而入狱，险些被治死罪，海瑞竟还哭皇帝，他的忠倒是有些愚蠢。难怪明后期思想家李贽说他："先生如万年青草，可以傲霜雪而不可充栋梁。"脾性如青草傲霜，不屈不挠、不畏不惧，这是好事，然则愚直却叫他无法成为真正的栋梁。他始终固执自己的那套鞭法，不知道做任何变通，不但得罪上司，就连身边的亲近同僚稍有差池，都不能被他所容。

朱厚熜死后，百姓迎来了穆宗隆庆皇帝，海瑞再次被起用，升任应天巡抚。自从他上疏痛骂皇帝，他的刚直不阿、不管不顾，大江南北都已经知晓。在上任的路上，应天十府的官员惧怕他，辞职的辞职，收敛的收敛。那些门面是红色的权贵之家，也都吓得把门漆成黑色，以免被海瑞抓住把柄给办了。就连历来嚣张跋扈的提督江南织造宦官，也都不敢乘八抬大轿出门，足见海瑞的威慑力。

海瑞一到任，便先处理当地的水灾，通河道，发赈灾米，拨银两给百姓；闻高官权贵欺压百姓，他便狠狠地收拾了这些人一顿。他的铁面无私使百姓得益，自然就要大失官心，暗地里被人拆台不在少数，终究还是被罢了官。这等倔强不屈，难怪万历初年张居正会说他过于偏执，不起用他。等到张居正死后，海瑞虽然再次官复原职，但已是七十二高龄，纵使有心却也无力。

用"直"来形容海瑞的一生，是再恰当不过了。他敢言别人之所不敢言，是为"直"；因"直"而"忠"，忠君、忠国；而他也是个讲道义之人，因为他爱民如子。然则，"直""忠""义"，却也恰恰造成了他的悲剧命运。

　　他的"直",令他得罪权贵与同僚,注定要被陷害;他的"忠"却是愚忠,落得个"傻名";他因"义"而爱民如子,然而他却忽略了自己的母亲、妻子和子女,令自己的亲人挨饿受冻,最终——死去,致使自己到死也无人为他送终。海瑞的悲剧是时代促成的,也是他亲手扼杀了自己的幸福。可即使如此,海瑞的正直清廉依然为后世官家之典范,看来他这倔强脾气倒也不错。

力挽狂澜于既倒，心系社稷而图新

平民宰相张居正

刘志琴在《晚明文化与社会》中这样评价张居正："在中国封建社会中并不乏起自平民而荣登宝座的皇帝，刘邦、朱元璋都以开国的一代君主享名青史，但却少有出身寒微而力挽狂澜的宰相，张居正就是罕见的一位。"

他从秀才、举人、进士，官至内阁大学士，从平民中崛起，在明朝万历王朝初年当了十年首辅，协助十岁的小皇帝，推行改革，把衰败、混乱的明王朝，治理得国富民安。人们赞扬他是"起衰振隳"的"救时宰相"。

《明史》是这样评论张居正的："居正为人，颀面秀眉目，须长至腹。勇敢任事，豪杰自许。然沉深有城府，莫能测也。"如果以今人的眼光来看，张居正仪表堂堂，长须飘飘，敢作敢为，很有思想，城府极深，既帅气又有才华，使人可望而不可即。

明王朝这艘大船历经两百多年的风风雨雨，到了嘉靖年间已是千疮百孔。紫禁城里每日青烟缭绕，幻想长生不死的嘉靖皇帝深居内宫，修仙炼道，设坛修醮，不理朝政；陶醉于《庆云颂》的华丽词藻，闭着眼睛将朝政托付给奸相严嵩。严嵩父子趁机为非作歹，贪赃枉法。隆庆皇帝在位六年，极少审批公文，遇有国家大事，听任群臣争议，像哑巴一样一言不发。

当时不是没有开明人士嗅到危机的味道，重整朝纲，他们也去做了，但都难以奏效。嘉靖末年首辅徐阶下决心改变局面，把激励自己的口号贴在墙上，吃住不离内阁，通宵达旦地处理公务，裁减冗员，平反冤狱，改善士兵生活，但对时局的败坏并无大补，他自己不久即在敌手的攻击中举筹失措，被迫辞职。继任首辅高拱，早有雄心大志，想大干一场，

65

他认为前任的措施不得要领,因此一反徐阶的作为,把平反的诸臣一概报罢,以"识人才"作为"兴治道"的根本方针,选用官吏不问出身、资历,大力提拔年轻官员,规定年满五十的只能授以杂官,不得为州县之长,奖掖优秀,惩治贪惰,务求恪尽职守。他所做的这些都有可取之处,但是他无能通观全局,驾驭左右,不久也被罢职。

徐阶和高拱所做的都只是在不改变整体的情况下的小修小补。平心而论,他们都是十分能干的首辅,他们为巩固明王朝的统治做了不少具体和局部的努力,然而终因缺乏高瞻远瞩的战略眼光和改革弊政的才干与气魄,到张居正继任首辅时,明王朝仍然是危机重重。国家弊病如此之多,就如一个没有一处完好的病人,打点滴,吃点小药,顶多缓缓阵痛,却没办法把他彻底地治好。要想能把国家来个彻底翻身,非大动"手术"不可,还要有缜密的计划。

在这样的时代背景下,平民出身的内阁首辅张居正被推上了历史的前台,书写他传奇的一生。他在帝国官场中游刃有余,最终推行大刀阔斧的改革,以一己之力实现了大明帝国短暂而辉煌的中兴,以其非凡的魄力和智慧,整饬朝纲,巩固国防,推行一条鞭法,使奄奄一息的明王朝重新获得勃勃生机,使万历时期成为明朝最为富庶的时代。张居正也因其巨大的历史功绩而被后世誉为"宰相之杰",在历史上很少有人能得到这么高的赞誉,这也是后人对张居正的极大肯定。

对于改革的成效,清代历史学家张廷玉评论说:"自是,一切不敢饰非,政体为肃。"嘉靖末年国家粮仓不足一年之储,改革前财政空虚,入不敷出,赤字超过三分之一,改革后国家储粮可支十年,国库积银四百万两。《明通鉴》赞誉:"是时,帑藏充盈,国最完备。"

中国历史上的宰相、丞相、首辅一箩筐,能有机会作出一番大事业的不多,能够把握机会并一举实现抱负的就更少了。诸葛亮算是一个,但毕竟只是囿于川蜀一角,功德有限,最后还落了个出师未捷身先死的遗憾。王安石也是宰相中的一个厉害角色,懂得变革,可惜好戏还没开始,舞台先让人拆了,变法失败。数来数去,也就剩下明朝著名宰相张居正了。张居正在中国历史上拥有非同一般的影响,把一个问题百出、千疮百孔的王朝打理得像模像样。明朝著名清廉之吏海瑞曾这样评价张居正,"工于谋国,拙于谋身",一语点到了"救时宰相"的痛处。

拾起烂摊，医治国疾

　　张居正是一个受时代陶熔而同时又想陶熔时代的人物。

　　朱东润在《张居正大传·序》中如是说："中国历史上的伟大人物虽多，但是像居正那样划时代的人物，实在数不上几个。从隆庆六年到万历十年之中，这整整的十年，居正占有政局的全面，再也没有第二个和他比拟的人物。"

　　嘉靖、隆庆年间，在短短六年，内阁争斗愈演愈烈。先是徐阶搞倒严嵩，接着高拱整掉徐阶、李春芳，几乎一年一变。一个首辅倒了，牵连一批官员被贬谪，今朝得势的，来年就可能被赶下台。内阁之中爱恶交攻，吐唾辱骂，甚至大打出手。上梁如此，下梁也好不到哪里去。官衙根本不把法令放在眼里，纷争很多，主钱谷的不明出纳，司刑名的不悉法律，管监察的不行纠劾。人们也慨叹这些年国家纲纪败坏，官风日下。

　　张居正在徐阶与高拱的两强相争中，始终保持了清醒的头脑，既没有对胜利者谄媚巴结，也没有对失败者落井下石，与他们既保持了距离，也维持了不错的友谊。面对官场的混斗，他仍是冷眼观察，以静待变，对当事者都抱以友好的态度。殷士儋被罢官，张居正去信慰问，送他一副对联："山中宰相无官府，天下神仙有子孙。"并在信中写道："前一句公已得之，后一句愿公勉焉。"

　　张居正虽历经嘉靖、隆庆两朝，但真正大展宏图还是在万历年间。张居正在隆庆一朝虽没成为首辅，但一直都是隆庆帝的心腹，深得信任。张居正是万历的师保，作为帝师，应该说张居正是深得万历信服的。但正因为是万历的帝师，万历对张居正是既信任又害怕，这也就为他日后疯狂报复张居正埋下了伏笔。

　　张居正要做上首辅的位子，还要先过高拱一关。张居正曾是高拱知己，后来发生了矛盾。高拱又和权宦冯保不和。隆庆六年，穆宗病殁，年仅十岁的神宗继位。张居正联合冯保，撺掇后妃，以"专政擅权"之罪将高拱打回老家。当然此事显示了张居正在官场斗争中使用权谋的一面，值得商榷。但是反过来，政治斗争从来不讲温情恩义，只认准了矛

盾和利益，张居正如果不先出手，那么等待他的将是高拱的报复。这样，万历初年，张居正成了内阁首辅，从此开始了长达十年之久的辅政之路。

张居正辅佐年仅十岁的万历皇帝，无异于一个年近五十、处于精力和经验巅峰期的中年人带着一个屁大点事也不懂，还在过"儿童节"的小孩。初登皇位的万历能懂什么，能做什么？朝中的大事小事能不由他身边的张居正代行吗？张居正必须一点一点手把手地教会他理政知识，也只有这样才能尽到一个首辅的责任。当然，有些事情就算是一般人也未必能懂，给小孩子解释半天也没有用，所以归结起来，万历基本上可以开心地玩，放心地把事情教给他身边的能相去处理。张居正肩膀上的担子可就不小，事事代皇帝分析、谋划、决断，基本上皇帝该做的都由他干了。

十年辅政，漫漫长路才拉开帷幕。张居正要面对的是一个积弊重重的烂摊子，要医治的是一个庞大的帝国——当时世界上实力数一数二的帝国。少主乳臭未干，张居正责无旁贷，皇帝的全职代理人他是必须当，也当定了。这么一个巨大无比的病人，该从何下手，下多重的手，要医治多大的范围，张居正自嘉靖、隆庆两朝以来就做了很多思考，基本思路都已经成形，现在时机也到来了，是该大展身手的时候了，一番雷厉风行的大胆改革和励精图治由此开始。

入阁以后的张居正并没有为个人的升迁而自鸣得意。这时的明王朝内忧外患，毛病一堆，能蹒跚地走到那时已经是万幸了。内有土地兼并，流民四散，国库空虚，用度匮乏；外则北方鞑靼进兵中原，制造"庚戌之变"，南方土司争权夺利，尤其岑猛叛乱，"两江震骇"。面对这些，张居正无法轻松。

著名历史学家黎东方对张居正有这样的评论："以施政的成绩而论，他不仅是明朝的唯一大政治家，也是至汉朝以来所少有的宰相，诸葛亮和王安石二人，勉强可以与他相比。"诸葛亮的处境比张居正苦闷一些，因为不曾有机会施展其经纶于全中国；王安石虽然富于理想，但拙于实行，有本事获得宋神宗的信任，而没有才干综核僚佐与地方官的名实。居正所处的时期，以前数十年政局混乱，以后数十年政局混乱，只有在其辅政的十年之中，王朝中兴，焕发生机。

张居正清醒地认识到，小修小补已无法挽救明朝的覆亡，只有进行大刀阔斧的全面改革,才能使国家真正走出困境。早在隆庆二年八月,他托《陈六事疏》中就从省议论、振纪纲、重沼令、核名实、固邦本、饬武备等六个方面提出改革政治的方案,其核心就是整饬吏治,富国强兵,明确地把解决国家"财用大匮"作为自己的治国目标。

张居正的政绩显著,在军事方面重用戚继光、李成梁等名将,平定外患;在治水患方面,重用潘季驯,把黄河从水患变成水利,把田地从四百二十二万八千零五十八顷增加到七百零一万三千九百七十六顷;在内政方面,他提出著名的考成法,裁撤了政府机构中的庸员,为政方针是"尊主权,课吏职,行赏罚,一号令"。总之,张居正主政以来的明朝形势是明朝中叶以来最好的时期。

后人对张居正的评价不一,有些争议,对他的性格、用人等方面提出不少批评,却又不得不承认,在张居正执政的十年间,大明王朝生机再现。谷应泰在《明史纪事本末》中描述:"海内肃清,荒外警服,力筹富国,太仓粟可支十年,积金至四百余万。成君德,抑近幸,严考成,核名实,清邮传,核地亩,一时治积炳然。"明朝给张居正最后的盖棺论定是:"故辅居长,肩劳人猿,举废饬驰,弼成万历初年之治。其时中外乂安,海内殷阜,纪纲法度臭不修明。功在社稷,日久论定,人益追思。"

图新改革,随人而逝

刘志琴在《晚明文化与社会》中说:"历史就是这样令人悲欢啼笑,当年诽谤新政的又何尝料到日暮途穷时梦想追回改革的盛景而时不再来呢?唯有一代勇士燃起的点点星火,长留中华民族的星空。历史嘲讽的不是张居正改革,而是断送改革的封建专制主义体制,这是公正的。"

中国的封建专制主义体制从秦汉以来到明末,已经延续了一千六百多年。它本身不仅有创立和完善的过程,而且在不断地加强和削弱的反复震荡中发展。一个又一个王朝的兴衰成败,一次又一次的江山易主,只不过是旧药换新瓶。封建专制主义体制仍然贯穿起一个又一个朝代,愈到封建社会后期,愈益强化。

到了明朝,政治上的集权达到前所未有的强度,连宰相的权力都被

皇帝收入囊中，因此明朝皇帝成为权力的超级集中者。但事情并没有朝皇帝们想象的方向发展，明朝衰败的景象远远超过汉末、唐末和宋末，这样一种权力极度强化和国家极度弱化的势态，共生在同一王朝的始末，是历代王朝从未有过的境遇。看来，体制本身已经疾患缠身，倘若没有及时医治，就要暴病而亡。

张居正的改革是在统治机构近乎解体、财政濒于破产的局面下，自上而下发动的一场自救运动。改革是触动社会体制的变革，这虽然是在同一社会制度下的推陈出新、自我完善，却是"变"字当头，改变某些不合时宜的规章、制度和政策。与渐行渐变不同的是，改革是带有矛盾的集中性、突破性和体制性的改变，集中表现为法制的推陈出新，所以又称为变法运动。

作为一个具有雄才大略的政治家，张居正对明王朝所面临的问题有深刻的认识。针对外患问题，他倚重沿海倭寇的抗倭名将戚继光，抵御了北方鞑靼的入侵，此外，他利用鞑靼首领俺答与其孙把汉那吉之间的暗流涌动说服鞑靼称臣。张居正一面和鞑靼通商往来，一面在边境练兵屯田，加强防备，之后二三十年间，明朝和鞑靼之间一直没有发生战争。他还通过俺答汗同西藏喇嘛教格鲁派首领达赖三世建立了封贡关系，北部边防的巩固使张居正可以把注意力转向国内问题。

《红楼梦》中探春在"惑奸谗抄检大观园"时曾说："可知这样大族人家，若从外头杀来，一时是杀不死的，这是古人曾说的'百足之虫，死而不僵'；必须先从家里自杀自灭起来，才能一败涂地！"家如此，国亦如此，外患是问题，但内忧是根本。

张居正认为当时国力匮乏和盗贼横行都是由于吏治不清造成的。官吏贪污，地主兼并，引起部分人钱包大鼓，公家却是囊中羞涩；加上皇帝太不像样，挥霍无度，百姓因此吃不饱睡不好，无奈之下上山当了草寇。张居正很高明地把了国家的脉象，政不通，社会问题就得不到解决，本来这些年经济就不好，再加上一群不干正事、中饱私囊的贪污蛀虫，不帮百姓解决问题，还搜刮他们的脂膏，国家能不乱吗？因此，张居正决定从"官"开始逐步清除王朝的肿瘤。

万历元年（1573年）十一月，张居正上疏对官员实施绩效考核，即"考成法"，以便明确职责。针对公文传递过程中"上之督之者虽谆谆，而下之听之者恒藐藐"的弊端,张居正上书皇帝提出公文办理的改革,以六科控制六部,再以内阁控制六科。朝廷的六部、都察院,其奏疏凡得到皇帝批准的事项,转行到各衙门,根据事情的轻重缓急、地方的路途远近,限定办理的期限,每月底清点。事情办得怎样,就靠这条线层层监督,一只眼逐级盯下去,评定官员的一个指标就是办事的效率和质量。

张居正在施行考成法时,还将追收逋赋作为考成的标准。万历四年规定,地方官征赋试行不足九成者,一律处罚。同年十二月,据户科给事中奏报,地方官因此而受降级处分的,山东有十七名,河南两名;受革职处分的,山东两名,河南九名。这使惧于降罚的各级官员不敢懈怠,督责户主们把当年税粮完纳。由于改变了拖欠税粮的状况,使国库日益充裕。据万历五年官方统计全国的钱粮数目,年收入达435万余两,比隆庆时同比增长了74%。财政收支相抵,还结余85万余两,扭转了长期财政亏虚的状况。正如张居正自己所说的:"近年来,正赋不亏,府库充实,皆以考成法行,征解如期之故。"

绩效考核直接和头顶的乌纱帽挂钩,捕蝉的螳螂后面有麻雀,官员们都得实打实干。官场上,什么都还可以考虑放 边,但官帽最重,不可懈怠。明朝残坏的管理系统,好像得到了有效整修,运转起来快了许多。

然而,对官吏的管理限制势必损害官僚豪强的利益,当改革与制度碰撞时,失败的往往是前者。正如黄时鉴在《中国大百科全书·中国历史》中所说:"张居正在中国封建社会后期矛盾加剧的情况下,为了挽救明王朝的危亡而从事的改革,只是地主阶级内部的改良运动。但改革对扫除积弊,澄清吏治,抑制豪强,减轻农民痛苦,安定人民生活也有一定的好处。由于清丈土地和一条鞭法的实行,政府收入增加,国家财政状况有很大好转,但改革也受到官僚豪强大地主势力的百般顽强阻挠……居正病卒后,除一条鞭法外,其他改革几乎全行废止。"

果不其然,张居正死后的第十四年,神宗就以疯狂的掠夺,破坏了国家机器的正常运转,给明朝带来了一场空前的灾难。新政被废除以后,国家朝政急遽败落,既有的危机不仅故态复萌,统治机构还出现了自行解体的趋向,各种社会矛盾坏坏相扣,交错而起, 场更为严重的危机

铺天盖地席卷而来。官僚体制被破坏，国家库藏被耗尽，平民百姓生活在水深火热中，终于激发民众起义，此起彼伏多达四十多次，全国各地怨声载道，朝堂动荡不安。

盖棺后的欲加之罪

万历九年（公元1581年），五十七岁的张居正终于劳累病倒。他日理万机，为国事没日没夜奔忙，连十九年未能见面的老父文明去世，他都不能服丧守制。这在注重孝道的中国是难以想象的，不是他不孝，国家实在离不开他，忠孝难两全啊！

万历十年六月二十日，张居正病逝，舍弃了他十六年不忍诀别的朝政，十年来竭诚拥戴的皇帝，撒手人寰。死后，神宗为之辍朝，赠上柱国，谥号"文忠"。他带着平生的抱负长眠江陵，可他哪里知道，自己一生尽心辅政和中兴明朝的功劳，换来的竟是子孙后代的一场大难。张居正改革连同他本人全遭覆灭，恰如明人笔记《野获编》所述："身后一败涂地。"

张居正的盖世功德源自成功的改革，他死后的家族灾难也离不开他的改革。张居正一切的改革着眼于地主阶级的长远利益，因而不得不在某些方面损害一些官僚、大地主的利益。他自己在政策及用人上也存在一些失误，他死后，有些人就开始了肆意的报复和攻击。但这些都不是最主要的，小人能够得逞，在于他们有了可以施展阴谋的空间，正是张居正拥戴的神宗为他们创造了可乘之机。

张廷玉在修著《明史》时写道："张居正通识时变，勇于任事。神宗初政，起衰振隳，不可谓非干济才。而威柄之操，几于震主，卒致祸发身后。《书》曰'臣罔以宠利居成功'，可弗戒哉。"

张居正，对神宗来说，是老师，是宰相，是他背后最强有力的靠山；是解决问题时的最佳顾问，是复兴国家的得力助手。可是，君主变脸之快，让人始料未及，真是"伴君如伴虎"。张居正在位时，他不是一直尊其为师吗？那是出于需要与无奈。他早已对张居正的震主之威有所不满，但形势需要他，国家需要他，皇帝自己需要他。但当张居正站在皇帝背后指导一切的时候，大臣们眼里就只看到了张居正高大的政治背影，皇帝更像个摆设。正如王世贞在《张居正传》中所记载："当居正之进阁，阁臣凡六人……居正最后拜，独谓辅相体当尊重，于朝堂倨见九卿，他亦无所延纳；而间出一语，辄中的，人以是愈畏惮之，重于他相矣。"

张居正当国十年，所揽之权，是神宗的大权，这是他效国的需要，但他的当权便是神宗的失位，他的关系在朝廷盘根错节就是对神宗的威胁。在权力上，他和神宗成为对立面。张居正的效忠国事，独握大权，在神宗的心里便是一种蔑视主上的表现。国家是我的，权力是我的先祖打拼下来的，你只不过是我雇来的臣子，凭什么让你站得比我还高，把国家和皇权的大部分都揽入怀里？那我还当什么皇帝，老子的脸往哪里搁？就算你在忠君爱国，那也不行，我的天威是否还在，这才是我最关心的。这就是帝王的逻辑。

十多年来，张居正的角色从真正的老师逐渐地演变成皇权的笼子，随着神宗日益膨胀的皇权意识，终有一天他要突破难以释怀的郁闷。终于，机会来了。张居正死后，这个已经成年的以享乐和追求财富积累为天性的年轻皇帝，飞出了笼子，平生第一次感到自己变得如此强大，他开始寻找一种复仇的快慰。

张居正逝世后的第四天，御史雷士帧等七名言官弹劾潘晟。潘晟是张居正生前所推荐的官员，他的下台，标志着暴风骤雨的到来。不久，皇帝下了一道诏书称，过去丈量全国的土地，出现过许多不法行为，主要是各地强迫田主多报耕地，或者虚增面积，或者竟把房屋、坟地也列入耕地，两地方富则以此争功。鉴于弊端如此严重，那一次丈量不能作为实事求是的税收依据。年轻的皇帝认为由于自己敏锐的洞察力而实施了一大仁政，给了大下苍生以苏息的机会。他没有想到，这道诏书虽然没有提到张居正的名字，但一经颁布天下，过去按照张居正的指示而严格办理丈量的地方官，已被指斥为佞臣；没有彻底执行丈量的地方官，却被田主颂扬为真正的民之父母。风往哪边吹，树朝哪边倒，反张的运动由此揭开了序幕。

反张运动范围和程度越来越大，参与的人深知政治形势已经大不相同，管他张居正是谁，管他以前对自己有多少恩宠，跟着大势走就万事大吉。他们揭发事实，制造舆论，污蔑丑化张居正。言官把矛头指向张居正，神宗于是下令抄家，并削尽其宫秩，追夺生前所赐玺书、四代诰

命，以罪状示天下，还差点刻棺戮尸。他的家属饿死的饿死，自杀的自杀，流放的流放，逃亡的逃亡，一代能相之家落得如此可悲的下场。

到1582年年底，张居正去世仅仅半年，他已经被盖棺定论，罪状有欺君毒民、接受贿赂、卖官图爵、任用私人、放纵奴仆凌辱豪绅等，也就是结党营私，妄图把持朝廷大权，居心叵测。人亡而政息，居正在位时所用一批官员有的削职，有的弃市。而朝廷所施之政，也一一恢复以前弊端丛生的旧观，朝堂上却没有人敢为居正说句公道话。

为国家操劳一生，鞠躬尽瘁，得来的却是家破人亡的惨剧，一个对国家有卓越贡献的大臣却是如此下场，说起来真让人寒心。寒心不只是就事情本身，更是对皇权无情的感叹。封建王朝的皇权无所谓恩情，它太现实了，只有对臣子有限的需要，你完成了该完成的未必是好，只要触及了皇权的毫毛，功劳再大也敌不过他的轻轻一击。

直到天启二年（公元1622年），明熹宗为激励臣下，才想起昔日的大功臣张居正，予以复官复荫，但一切都晚了，无济于事。所谓面劳瘁于国事，人亡而政息就这么回事。

可怜生前身后名，对于张居正，有人骂，有人捧，但时间总能让历史恢复原貌，彰显公正的一面。正如朱东润所说："'誉之者或过其实，毁之者或失其真'，是一句切实的批评。最善意的评论，比居正为伊周，最恶意的评论，比居正为温莽。有的推为圣人，有的甚至斥为禽兽。其实居正即非伊周，亦非温莽；他固然不是禽兽，但是他也并不志在圣人。"

明之亡，实亡于神宗

掌权欲望和挥霍恶习

清算了张居正的"遗风"，神宗万历终于长长地呼出一口"恶气"。他可算是不用受人摆布了树立了皇帝自己的权威，开始了亲政的日子。

这时的明朝似乎可以用"四海升平"来形容，毕竟张居正改革的优势还在。不过，几位曾经名扬在外的人物逝去，继他们之后便再也没有一个力挽狂澜的人出现，似乎在昭示着这个国家要灭亡。

张居正死了，万历差点没掘他的坟，鞭他的尸。戚继光也死了，威风八面的他晚景无限凄凉，连妻子也把他抛弃了，他只好随海风而逝。狂书生李贽被万历皇帝以"敢倡乱道，惑世诬民"定罪，他那"反孔子"的《焚书》彻底地被皇帝焚毁了，他自己也在狱中割喉，他那惊世骇俗的思想也就成了时代的绝响。

作家夏坚勇说，这个时代的改革夭折了，武事消弭了，思想自刎了，只剩下几个不识相的文臣在那里吵闹着"立国本"，却被皇帝打烂了屁股，又摘了乌纱帽，发配得远远的，至此皇帝就不用上朝了。

对于明朝的皇帝来说，既要亲政，大臣们就应当无为；皇帝既要无为，大臣们就更应当谦逊地表示顺服。这是明代很多帝王的心态，于是前朝才有那么多"臣子恨"的事件，而万历也不例外。从某种意义上来说，从他的祖父那里隔代遗传下来的，除了自大心理之外，还有乾纲独断的心态。

万历皇帝是一个权力欲极重的人，但是他在早期也不是个平庸的君主，毕竟在其当政的早期，他搞定了三大征，即东北、西北、西南边疆几乎同时开展的三次军事行动：平定蒙古鞑靼哱拜叛乱；援朝抗日战争；平定西南杨应龙叛变。神宗对于每一次军事行动，似乎都充分认识到其重要性。而且，在战争过程中对于前线将领的充分信任，对于指挥失误

的将领的坚决撤换,都显示了神宗的胆略。

可是,这样一个本应是好皇帝的君主,怎么就沉沦成后来的浑皇帝呢?不用后人去总结,皇帝当时的臣子就给他列出来了。

大理寺左评事雒于仁上了一疏,疏中批评神宗纵情于酒、色、财、气,并献"四箴"。这一"四箴"可把皇帝气疯了,于是办了雒于仁,但这四箴却恰恰可以形容万历帝的后半生。

万历皇帝在处理了张居正、平定三方之后,彻彻底底不理朝政了,他整天哼哼唧唧,说自己"一时头昏眼黑,力乏不兴"。礼部主事卢洪春还为此特地上疏,指出"肝虚则头晕目眩,肾虚则腰痛精泄"。不久,神宗又自称"腰痛脚软,行立不便",病情加剧,于是真个不再上朝,总是召首辅沈一贯入阁嘱托后事。

其实他的这些毛病正被雒于仁说中,都来源于他的贪酒、贪色、贪财、贪享乐。

万历好酒,一则他自己爱喝,二则明末社会好酒成风。清初的学者张履祥记载了明代晚期朝廷上下好酒之习:明代后期对于酒不实行专卖制度,所以民间可以自己制造酒,又不禁止群饮,饮酒成风。喝酒少的能喝几升,多的无限量,日夜不止,朝野上下都是如此。神宗的好酒,不过是这种饮酒之风的体现罢了。

爱美之心人皆有之,万历自己也承认自己很好色。但他对专宠贵妃郑氏,有自己的说法:"朕好色,偏宠贵妃郑氏。朕只因郑氏勤劳,朕每至一宫,她必相随。朝夕间她独小心侍奉,委的勤劳。"这样一个"勤劳"的妃子,把万历迷住了,万历日日宠幸其,怎能不肾亏?

至于贪财一事,万历在明代诸帝中可谓最有名了。他说:"朕为天子,富有四海之内,普天之下,莫非王土,天下之财皆朕之财。"在他亲政以后,查抄了冯保、张居正的家产,就让太监张诚全部搬入宫中,归自己支配。为了掠夺钱财,他派出矿监、税监,到各地四处搜刮,他把钱当成命根,恨不得钻进金银堆里。

关于"气",万历有说:"人孰无气,且如先生每也有僮仆家人,难道更不责治?"看来他认为惩治那些不听他的大臣,便是一种生气。然而,这个皇帝"气"倒是没有生太多,反正他对朝政爱理不理,但是他好鸦片可是不争的事实。金庸先生说:这个皇帝是明朝诸帝中在位最久的。他死时五十八岁，本来并不算老，可是他却未老先衰，更抽上了鸦片。鸦片可能没有缩短他的寿命，却毒害了他的精神。他的贪婪大概是天生的本性，但匪夷所思的懒惰，一定是出于鸦片的影响。

这酒色财气外加一个鸦片，万历的身体能撑到五十八岁，已经是个奇迹。如此倦怠的脾性，他敢在当政后期近三十年不上朝，也没什么稀奇。黄仁宇先生笑称这万历以帝王的身份向臣僚作长期的消极怠工，在历史上也是一个空前绝后的例子。

确实如此，纵览明朝的十几个皇帝中，将朱见深与朱佑樘的"断头政治"遗传得最彻底的当属万历帝，他既有祖传的愚暴，又有鸦片烟瘾。从一代名臣张居正1581年去世开始，他就很少和大臣见面，直到1589年的元旦，那是天经地义必须跟群臣见面的大典，万历帝却下令取消。而且从那一天之后，万历帝就像被皇宫吞没了似的，不再出现。他这一隐就是26年，1615年，他才因"梃击案事件"勉强到金銮殿上亮了一次相。

那一年，一个名叫张差的男子，闯入太子朱常洛所住的慈庆宫，被警卫发现逮捕。政府官员们对该案的看法分为两派，互相攻击。一派认为张差精神不正常，只是一件偶发的案件。另一派认为它涉及夺嫡的阴谋——万历帝最宠爱的郑贵妃生有一个儿子朱常洵，她企图使自己的儿子继承帝位，所以收买张差行凶。万历帝和太子都不愿涉及郑贵妃，为了向官员们保证绝不更换太子，万历帝才在龟缩了26年之后，走出他的寝宫，到相距咫尺的宝座上，亲自解释。

这一次朝会很是有趣。万历帝出现时，从没有见过面的宰相方从哲和吴道南，率领文武百官恭候御驾。然后万历和他的太子开始向大臣们表示彼此关系的亲密，以及对太子的信任，并询问诸大臣有何意见。当时方从哲除了叩头外，不敢说一句话，吴道南则更不敢说话。两位宰相如此，其他臣僚自没有一人发言。御史刘光复大概想打破这个僵局，开口启奏，可是，一句话没说完，万历帝就大喝一声："拿下。"几个宦官立即把刘光复抓住痛打，然后摔下台阶，在鲜血淋漓的惨号声中，他被锦衣卫的卫士绑到监狱。对这个突变，方从哲还可以支持，吴道南自从做官以来，从没有瞻仰过皇帝仪容，在过度的惊吓下，他栽倒在地，屎尿一齐排泄而出。万历帝缩回他的深宫后，众人把吴道南扶出，他已吓

"明之亡，实亡于神宗"

成了一个木偶,两耳变聋,双目全盲,几日之后方才渐渐恢复。

这就是 26 年之后唯一的一次朝会,没谈国家大事,只有皇帝那声"拿下",让大臣们胆战心惊,且后果惨重。从此又是五年不再出现,五年后,万历帝终一命呜呼。

历朝历代,一旦皇帝不愿处置但又不轻易授权于太监或大臣,整个文官政府的运转就可能陷于停顿,万历皇帝就是这么干的。由于年轻时受到太监冯保和权臣张居正束缚的影响,他对太监和大臣没有任何好感,但他又不愿意理朝政,竟导致朝内官员空缺的现象超常严重。

历史好像是一个"天理循环,天公地道"的过程,宋朝走到晚期时,官吏过多的现象却尤其严重,然而继他之后汉人统治的明朝,在晚年竟出现了缺官的现象,这简直是历史的"怪圈"。

由于缺少官吏的管理,神宗又委顿于上,万历后期政府运作的效率极低。官僚队伍中党派林立,门户之争日盛一日,互相倾轧。东林党、宣党、昆党、齐党、浙党,名目众多。整个政府陷于半瘫痪状态。正如梁启超说的那样,明末的党争,就好像两群冬烘先生打架,打到明朝亡了,便一起拉倒。所以,张廷玉在《明史》中才有对明神宗万历帝的盖棺论定:"明之亡,实亡于神宗。"

万历之征见证明之盛衰

凡是想要作一番事业的人,都很看重身后的名声评价,想要"赢得生前身后名",不枉来人世走一遭。神宗万历皇帝似乎也曾是这种人。在明代历史中,万历经常被过度地描写成一个荒唐、好色、懒散的皇帝,但从万历三大征似乎可以看出,这个皇帝还是想赢得身后名的。

上文已经提到,三大征指的是万历皇帝搞定的三场战争,分别为东北、西北、西南边疆的平定蒙古鞑靼哱拜叛乱、援朝抗日战争和平定西南杨应龙叛变。

万历十七年,蒙古鞑靼部哱拜在谋划多年之后,终于起兵造反。哱拜本是蒙古降将,投降明朝边将郑印,后来官至宁夏副总兵。但他并不甘于屈服在汉人之下,便在私下蓄养了一批奴仆,组成苍头军,趁明军兵马不整的时刻,起兵造反。

哱拜勾结河套的蒙古骑兵，企图联成一气。明朝总督魏学曾一方面切断河套的蒙古骑兵与哱拜之间的通道，一方面围住宁夏。在朝廷李成梁镇守辽东的纪功石坊，神宗命大臣各献平叛之策。当时的兵部尚书石星提出的方案是掘开黄河之堤，以黄河之水灌淹宁夏城，则"一城之人尽为鱼鳖"；御史梅国桢推荐原任总兵李成梁前往平叛；甘肃巡抚叶梦熊请命讨贼。神宗一一接受，命叶梦熊、李成梁出征宁夏。经过几番折腾，明军终于攻进了宁夏，剿灭了哱拜的苍头军和哱拜等党羽，宁夏一役平定。

万历皇帝还没缓过劲来，东北突然传来朝鲜和日本开战的急讯。消息一到京城，神宗立刻有了危机意识。朝鲜作为中国的附属国，与明国直接接壤，如果它被日本打败而亡国，明国将直接受到倭寇的威胁。于是神宗立即做了三项准备：一、令兵部向朝鲜派遣援兵；二、命辽东、山东沿海整顿军备，小心戒备；三、如果朝鲜国王进入明朝境内，择地居之。三项措施接连下达，兵部只好出兵，可是他们竟敢糊弄皇帝，每次到朝鲜助战都逃回来。神宗不禁怒了，一下子派出明朝北方差不多所有的兵力应战日本。

中朝联军与日军僵持了整整六年，终于以东南露梁海面的一场激战作为战争的尾声。明将邓子龙、朝鲜将领李舜臣在此战中指挥军队奋勇杀敌，将日军杀得大败，邓、李二将亦战死海上。这一次援朝之战，虽然耗损巨大，但对于确保明代的海防与东北边疆，意义非常之大。

外患暂时解决完了，但是内忧仍然存在，便是四川播州杨应龙的造反。在援朝之战结束之前，万历就命令还在朝鲜战场的几支部队迅速移往西南，平定杨应龙叛乱。杨应龙本是四川宣慰司杨烈的儿子，生性凶残、阴狠嗜杀。他将四川官军弱不经战的士气看在眼里，早就想占据整个四川，独霸一方；还把自己的居所雕龙饰凤，又擅用阉宦，俨然是一个土皇帝。但是"土老帽"毕竟还是"土老帽"，永远也不可能成为一条龙，万历皇帝不可能让他在西南继续猖狂下去。

此战在李化龙、郭子章的主持下，终赢得胜利，得保四川播州一代平稳。播州之战的重大意义远不止于平定杨应龙，正如当时的官员朱国桢所说，如果不平定播州，四川周边的少数民族就要纷纷效仿杨应龙，那时非但四川不保，云南、贵州也可能不保。后来，瞿九思编《万历武

功录》，称平定杨应龙是"唐宋以来一大伟绩"，大概也是从确保西南版图的效果来说，这无疑也是对神宗万历皇帝的一种赞扬。

这三战赢得都比较漂亮，而神宗皇帝此时的表现，就好像后世清代康熙皇帝平定三藩一般。然而，神宗并没有成为康熙那样的明君，却变成了明代历史数一数二的昏君聩王。

韩愈在《进学解》有曰："业精于勤，荒于嬉；行成于思，毁于随。"神宗万历皇帝平定了国家的军事内忧外患，便牢牢掌握了国家大权，可他却没有勤政爱民，举国家之大业，而是安逸好色、贪婪无比、任性使气、耍弄权术。而就在万历帝把自己的基业一点点地向悬崖边上推去的时候，一个未来明朝的掘墓者诞生了，它就是后金。

后金是女真族的一支，远居东北关外，它一直对明朝虎视眈眈，时而骚扰明朝北方边境，其实是有南下的野心。明朝为了安定辽东，巩固其统治，早日把后金势力镇压下去，决定发动一次大规模进攻后金的战争。然而，由于明末政治腐败，驻守辽东的明军业已腐朽不堪，名义上虽有八万多人，实则能作战的不过一万多人，而且兵备松弛，士气颓靡，不堪一击。所以明朝政府只好"以倾国之兵，云集辽沈，又招合朝鲜、叶赫"，可是，从全国各地征调的军队也和辽东明兵一样腐朽，许多人"伏地哀号"，不愿出关，不少将领"哭而求调"。由此可见，明朝出师并无取胜的把握，只是打一场孤注一掷的冒险战争。

明朝将领杨镐携带这九万军马，外加胁迫征调的一万三千名朝鲜兵，总共有十万余人，却号称四十七万大军，分四路围攻后金军。当时后金之主努尔哈赤掌握了明军的战略部署和行动计划，正确地分析了形势，认为明军是采用分兵合击、声东击西的战术，于是他采取了"凭你几路来，我只一路去"的作战方针，集中八旗兵力，打歼灭战。而当两军打到萨尔浒山附近，努尔哈赤仅仅用5天时间就令明军文武军将死伤大半，史称"萨尔浒之战"。至此明军节节败退，最终，明朝在东北地区的统治全面崩溃。

京城闻得这个消息，"举朝震骇"，饱食终日、万事不理的神宗万历皇帝从醉生梦死中惊坐而起，大叹："辽左覆军陨将，虏势益张，边事十分危急。"

从三大征到萨尔浒之战，一个皇帝一朝臣，前后竟有如此之大的落差，先是嚣张百倍，举国欢庆，歌颂四海升平；而二十年后气势急转，明朝气焰陡然下滑，这等突变既令后人惊愕，又显得如此悲哀。

《正说明朝十六帝》有这样的话："由于他（万历帝）的后期朝政混乱不堪，直接导致了万历末年明朝军队在与努尔哈赤军队的萨尔浒一战中丧师10万，从而失去了明军对后金军队的优势。"确实，经此一役，明与后金的攻守之势发生了逆转。后金这个掘墓人已经举起了他的武器，而明朝则在黑暗的政治中蹒跚前行……

明之亡，实亡于神宗

变起一朝,祸积有素

朱由校只是好木匠

中国历史上有许多不务正业的皇帝,而明朝中叶以后更是为后人提供了许多噱头,其中"木匠皇帝"朱由校便不啻为历史舞台上的一个皇帝丑角。

要说朱由校的木匠故事,还要从一个宦官和一个奶妈说起。蔡东藩在《明史演义》中写道:"自古权阉,莫甚于魏贼;自古乳媪,亦莫甚于客氏……魏阉虽未篡国,实足亡国,百世而下,犹播腥闻,不特为有明罪人已也。"

魏忠贤原名李进忠,出身市井无赖,后为赌债所逼,遂自阉,入宫做太监,在宫中结交太子宫太监王安,得其佑庇。同许多颇有女气的太监不同,魏忠贤"形质丰伟,言辞佞利",擅长唱歌、奏乐、下棋、踢球,或许正是这些使其赢得了皇长孙朱由校奶妈客氏的青睐。

泰昌元年(1620年)朱由校即位,是为熹宗。人生的许多战场都存在着竞争对手,太监们也不例外。《明史纪事本末·魏忠贤乱政》中写道:"上(熹宗)即位数月,一夕,忠贤与朝争拥客氏于乾清宫晓阁,醉詈而嚣,声达御前。时上已寝,漏将丙夜,俱跪御榻前听上会。客氏久厌朝狷薄而喜忠贤憨猛,上逆加之,乃退朝而与忠贤。"魏忠贤倚重"姘头"的力量,打败了一手提拔自己的魏朝,爱情与事业同步青云。目不识丁的魏忠贤则升为司礼秉笔太监,而后更是一路高升成为权倾一时的"九千岁"。

早在万历年间,朱由校的父亲朱常洛便不为神宗所喜,直到神宗病逝,朱由校才被册立为皇太孙,岂料父亲登基一个月就撒手西去,此刻的朱由校虽然已经十六岁,清朝的康熙皇帝在这个年纪已然夺权亲政了,而朱由校一直没有接受任何教育。

泰昌元年九月，朱由校突然成为一国之君，他似乎还没反应过来发生了什么事，在"移宫"事件中扮演着提线木偶的角色。在朱由校统治的七年间，宦官专权达到了极限，魏忠贤一手遮天，而朱由校一面宽慰着自己的乳母，一面热心于自己的木工活，在建造房屋与木工、油漆工艺方面，朱由校显示出极高的天赋与聪明才智，"巧匠不能及"。

史书记载：明代天启年间，匠人所造的床，极其笨重，十几个人才能移动，用料多，样式也极普通。熹宗朱由校便自己琢磨，设计图样，亲自锯木钉板，一年多工夫便造出一张床来，床板可以折叠，携带、移动都很方便，床架上还雕镂有各种花纹，美观大方，为当时的工匠所叹服。他还善用木材做小玩具，他做的小木人，男女老少，俱有神态，五官四肢，无不备具，动作亦惟妙惟肖。朱由校还派内监拿到市面上去出售，市人都以重价购买，皇帝更加高兴，往往干到半夜也不休息，常令身边太监做他的助手。

朱由校尤其爱盖宫殿楼阁，喜弄机巧，常常是殿阁造成后，欢喜异常，兴尽便毁掉重来，从不厌倦。朱由校潜心于制作木器房屋，便把国家公务一概交给了魏忠贤，也正因此，魏忠贤才有可能在朝中专权。魏忠贤的专权，其实不过是代皇帝专权。每次朱由校引绳削墨、玩兴正酣的时候，魏忠贤便会从旁传奏紧急公文，最后博得朱由校一句话："你们用心去做吧，我已知道了。"

朱由校对木工活的痴迷简直到了走火入魔的地步，他专心致志地盖着他的"宫殿"，奸佞们却在悄悄地挖着他的墙脚。柏杨在《中国人史纲》一书中说："魏忠贤当权仅仅七年，但已经足够把明王朝的根基全部挖空。"朱由校是一名出色的工匠，却使大明王朝在他的这双手上摇摇欲坠。他名义上统治了王朝整7年，实际上却是他信任的一个太监在掌控着政治权力与国家机器。魏阉专权，国家受难，皇帝却充耳不闻，唯一可以看到其权力施展的地方便是在魏阉与客氏的诋毁下，他坚决地保护着自己的妻子和弟弟。

同朱由校一样，俄国的彼得一世也从小喜欢摆弄各种匠人工具，成年后更是将木工技术运用得炉火纯青，然而，彼得却将爱好运用于帝国事业之中，是个将爱好与事业完美结合的智者。在他幼时的诸多爱好中，有两个对未来有着重要影响，一是对航海和造船的强烈兴趣，使他制定

了向海洋发展的国策并建立了一支强大的海军；另一个就是玩军事游戏，他的两个少年游戏兵团后来演变成他最得力的两个近卫军团。这样看来，大明王朝最高级的木匠无疑成为一个历史的笑料。最后，只能说，朱由校是个好木匠。

崇拜老太监，东林不屑此

熹宗时期，宦官的专权表现遮蔽了半边天，魏忠贤手中握有的权力其实是皇权的变相。

万明在《中国大百科全书·中国历史》中说："魏忠贤与客氏狼狈为奸，用司礼监太监王体乾及李永贞、石元雅、涂文辅为羽翼，日引熹宗为倡优声伎、狗马射猎之乐，后更增置内操万人，着甲出入宫禁，并与客氏谋杀裕妃张氏，又以计堕皇后胎，所害宫嫔、太监等甚众。忠贤得势后，先以大学士沈为外援，继而引私人魏广微入阁。朝中除东林党外的官僚派别，如齐楚浙党等纷纷投靠其门下，形成阉党。"

由此可见，魏忠贤也并非孤家寡人，他身边也有一帮趋炎附势的爪牙，组建了一个"毒瘤团队"。魏忠贤的权势完全来自君王的宠幸，这种权力放得出也收得回。历代太监才智过人的如凤毛麟角，大多数人来自民间底层，因生活所迫，走投无路而自愿进宫，通常学识浅薄、胸无大志，如果单凭个人，难以兴风作浪，祸国殃民。

那为什么明代太监专权使得全国上下乌烟瘴气、民不聊生呢？原因有二：一是源于太监与外臣之间激烈的权力斗争，二是由于道德崩溃，士风委靡，世风日下，奴性抬头。正如《明史》所言："明代阉宦之祸酷矣，然非诸党人附丽之，羽翼之，张其势而助之攻，虐焰不若是其烈也。"崇祯帝也这样叹息过："忠贤不过一人耳，外廷诸臣附之，遂至于此，其罪何可胜诛！"

樊树志在《读史明世》中这样说："中国历史上宦官专政屡见不鲜，然而晚明史上的'阉党专政'有着十分独特的地方，那就是大大小小的官员们演出了一幕幕魏忠贤个人崇拜的丑剧。"

个人崇拜在历朝历代都会出现，只不过天启年间个人崇拜的对象不是九五之尊的皇帝，而是一个粗鄙的老太监，真是大明王朝的病态现象。

魏忠贤个人崇拜最为突出的表现便是朝廷内外众多的官僚掀起为魏忠贤建造生祠的活动。祠，即祠堂，原本是祭祀死去的祖先或先贤的宗庙，为活着的人建造的祠堂，称为"生祠"，是那个专制时代畸形心理的产物，以满足祭者和被祭者各自的政治功利目的。

就连边防大将袁崇焕在形势的逼迫下，也不得不从众跟风。前方吃紧，魏忠贤这颗毒瘤还在执著地致力于把明朝朝政闹得乌烟瘴气。明朝皇帝不信任武将，怕他们尾大不掉，先是派文官去军中监视，后来把文官提升到总指挥为止，再后来直接派宠信的太监监督军队。因为权力掌握在被阉割了后代的太监手里，皇帝放心。因此，权倾朝野的魏忠贤才是名副其实的大明军队的第一把手。朝权、军权都在手中，魏忠贤安心了，朝臣们低头了。

然而，无论在多么黑暗的时候，总有奋起之人振臂呐喊，此时与阉党死命抗争的便是东林书院的代表人物，即明朝党争中不可不提的东林党。梁启超说过："明末的党争，就好像两群冬烘先生打架，打到明朝亡了，便一起拉倒。"此话不无道理，如果不是朝臣们专注于党同伐异，阉党或许也不会如此嚣张。

万历三十二年（1604年），被革职还乡的顾宪成在常州知府欧阳东凤、无锡知县林宰的资助下，修复宋代杨时讲学的东林书院，与高攀龙、钱一本等人，讲学其中，"讲习之余，往往讽议朝政，裁量人物"，朝士慕其风者，多遥相应和。这种政治性讲学活动，形成了广泛的社会影响。"三吴士绅"、在朝在野的各种政治代表人物、东南城市势力、某些地方实力派等，一时都聚集在以东林书院为中心的东林派周围，时人称之为东林党。东林党人在腐朽的大明针砭时政，颇得民心。

明末党争中，东林党的主要对立面是齐楚浙党。天启帝朱由校时，齐楚浙诸党争相依附魏忠贤的阉党集团，东林党人遭遇血腥镇压。天启四年（1624年），东林党人杨涟因弹劾魏忠贤二十四大罪被捕，与左光斗、黄尊素、周顺昌等人同被杀害。魏忠贤又使人编《三朝要典》，借红丸案、梃击案、移宫案三案为题，摧毁东林书院。魏忠贤还指使党羽制造《东林点将录》，将著名的东林党人分别加以《水浒》一百零八将绰号，企图将其一网打尽。

其实，当初东林党人曾因扶持朱由校即位有功而与大权擦身而过，

当时的首辅刘一景、叶向高，吏部尚书赵南星、礼部尚书孙慎行，兵部尚书熊廷弼，都是东林党人或东林党的支持者，可以说明朝的军事、政治、文化、监察和人事大权全都被东林党掌握，东林党人从在野的清流成为主持朝政的主要力量。然而，他们没有尽快拿出一套行之有效的治国方案，又对阉党缺乏警惕，以"笼络群阉"的一步之错功亏一篑。虽然东林党有着一定的局限性，但他们毕竟给乌烟瘴气的王朝带来了一缕清风。

夏坚勇在《东林悲风》中如是说："对于任何一个人物或群体来说，历史评价总是有时限的，而道德评价却有着相当久远的超越性。一座小小的东林书院算什么呢？它是那么脆弱，战乱和权谋可以让它凋零，皇上一个阴冷的眼色可以使它片瓦无存。书声琅琅，似乎很清雅，那只是出自读书人良好的自我感觉；评时议政，似乎很热闹，也只是书生意气，徒然遭人猜忌。但它又那么倔强地坚守在江南的那条小巷里，并在中国文化史上留下了一个相当醒目的坐标。它留给后人的不是当时当地的是非功过，而是为国为民的道义和良知，是中国知识分子那种积极、高标独立的人格力量。正是这种人格力量在铁血残阳中鞭霆掣电、拔山贯日，支撑起明末清初一大批雄姿英发的伟丈夫。"

"风声、雨声、读书声，声声入耳；家事、国事、天下事，事事关心。"这是东林党首领顾宪成撰写的一副对联，镌刻在东林书院的大门口。同天启年间遍地皆是的魏氏生祠相比，对联透出的是一腔正气，也有满腹悲凉。

战场到刑场，错杀袁崇焕

明天启六年（公元 1626 年）正月，辽东宁远城，临战前的大地绷紧了神经。后金努尔哈赤亲率倾国之师南下，城楼上，袁崇焕泰然自若，坐等十三万铁骑的到来。

宁远城的士气让人很难想象此前明朝的辽东边境发生了一连串变故，明军辽东主将高第犹如避猫鼠，龟缩在关内老巢，西边蒙古自身难保，东边朝鲜提心吊胆。整个关外大地，宁远，一个被明朝丢弃的"小孩"，没有跟上龟缩的大部队，前不着村，后不着店，孤独无助，等着任群狼撕咬。

袁崇焕，祖籍广东东莞，青年时期，正值明朝最黑暗的岁月。袁崇焕自幼好读兵书，学习用兵救国之术，但他没有马上就当兵，中进士后当了福建邵武知县。在此期间，他仍然关心辽东战况，常常同曾经卫戍辽东的老兵畅谈辽境的地理和防御状况。但他的一些想法都只能停留在口头上，没有实践的机会。天启二年（1622年）正月，事情出现转机。袁崇焕奉命入京朝觐，御史侯恂看他有两下子，荐他任兵部职方主事，负责镇守山海关。

一腔热血终于可以挥洒疆场，满心的兴奋激发了袁崇焕超人的工作热情。他抵达山海关的第一个深夜便单骑出关了解地形，回来后便称："予我军马钱谷，我一人足守此。"虽是口出狂言，但这番胆识和勇气，也着实让人佩服。不久，他便被升为山东按察司佥事、山海监军。后有兵部尚书孙承宗的支持，袁崇焕在辽东筑宁远城，恢复锦州、右屯等军事重镇，使大明的边防从宁远向前推进了二百里，基本上收复了天启初年的失地。他又采取以辽土养辽人、以辽人守辽土的政策，鼓励百姓恢复生产，重建家园，还注意整肃军队，号令严明，大大提高了军队的战斗力。由于治边有方，天启三年，袁崇焕被提拔为兵备副使，不久又升为右参政。事实证明，他是继班超之后从笔杆子转业当军人的又一成功案例。

无能的天启皇帝、祸国殃民的魏忠贤、饥饿羸弱的兵马、奇缺的粮饷，加上号称军事天才的努尔哈赤。时局给了袁崇焕一个昏暗的时政背景，一个军事烂摊子，一个强大到令人闻风丧胆的对手。宁远一战最终给出了答案：袁崇焕是好样的！文官掌军制度在生产出大批劣质的军事指挥官后，总算得到了一个能文能武，辞藻与韬略兼具、含金量很高的文人，这是制度的一个偶然。

金庸在《袁崇焕评传》中这样写道："袁崇焕却是真正的英雄，大才豪气，笼盖当世，即使他的缺点，也是英雄式的惊世骇俗。他的性格像是一柄锋锐绝伦、精刚无俦的宝剑。当清和升平的时日，悬在壁上，不免会中夜自啸，跃出剑匣。在天昏地暗的乱世，则屠龙杀虎之后，终于寸寸断折。"

宁远一战是军事天才努尔哈赤自二十五岁征战以来唯一的一次败绩，他败了，上天也没有机会给他报仇。时年袁崇焕43岁，初历战阵；努尔

哈赤已 68 岁，久经沙场。努尔哈赤在宁远遭到用兵 44 年来最严重的惨败，遗憾归天。袁崇焕则一战成名，后来清军也不得不承认"议战守，自崇焕始"。

熬过魏阉乱政，等来崇祯图治，袁崇焕以为自己得到了明主的信任，岂料，千秋家国梦便从此支离破碎。明朝面临的内忧外患、积贫瘠弱、危机四伏、百官昏聩和党争之烈，袁崇焕在多年的官场生涯中深切感受到这些已经到了无以复加、无可救药的地步，尽管在崇祯初年，朱由检的政治才能曾昙花一现般光彩夺目，尽管明朝灭亡的账不能全算在他头上，但他的刚愎自用、急功近利却成全了一个足以改写历史的大将的冤屈。

崇祯帝的多疑、皇太极的离间、袁崇焕的天真，换来的是忠臣良将的凌迟。崇祯三年（1630 年）八月十六日，京城百姓云集起来，去往刑场观看传说中的千刀万剐。这一天受刑的是太子太保、兵部尚书兼右都御史袁崇焕，罪名是谋叛与私通敌军。当袁崇焕被绑上刑场，没等刽子手动手，京城老百姓就扑上去抢着咬他的肉，直咬到内脏，刽子手阻止了他们，然后依照规定，一刀刀将他身上肌肉割下来，众百姓围在旁边，叫骂声铺天盖地，他们出钱买他的肉，买到后咬一口，骂一声："汉奸！"

老百姓的残忍作为成了推翻"群众的眼睛是雪亮的"这个公理的最佳证据。为什么他们会为被魏忠贤陷害的左光斗等人喊冤，为同样被冤杀的统帅熊廷弼大写赞歌，却唯独对袁崇焕那么冷酷无情？说他们失去理性难以服人。国家处于存亡边缘的时刻，也是谣言最有市场的时候。百姓们对袁崇焕寄托着崛起的厚望，期待他能为他们带来安稳的生活。然而当他们看到清兵绕关进逼北京时，开始认为这是袁崇焕的失误。加上朝廷后来的举动，更让他们认定自己的判断没有错，由此助长了舆论的畸形发展。

一百五十年后，袁崇焕的冤屈得以昭雪，后人还给了他一个迟来的公道。《清高宗实录》中记载着乾隆皇帝的一段话，袁崇焕得以正名，"昨披阅《明史》，袁崇焕督师蓟、辽，虽与我朝为难，但尚能忠于所事。彼时主昏政暗，不能罄其忧悃，以致身罹重辟，深可悯恻。"

崇祯理应后悔，他不仅诛杀了一个大臣，也结束了明朝的延续，十四年后明朝被大清取而代之，每一个臣民的脑后从此都留下了一根耻辱的辫子。袁崇焕自己曾说,功高明主眷,心苦后人知。良将未能遇明主,是他的不幸;君王不能用良将,则是时代的悲哀。

千刀万剐的背后是千疮百孔的王朝,刑场上的袁崇焕,只怕伤在身,痛在心。

先走一步,只为他人做嫁衣裳

从闯将到闯王,自称党项族后裔的李自成在农民起义的队伍中脱颖而出,崇祯八年,荥阳大会时分兵定向、四路攻战的方案赢得了各部首领的赞同,声名鹊起的李自成理所当然地成为原闯王高迎祥牺牲后的继任者。如同当年的汉高祖刘邦一样,许多能人志士看好李自成这支潜力股,纷纷下海投资,企图大捞一把,谁知,人算不如天算,李自成是个好首领,却不是个好政治家。

金庸的武侠小说中有不少笔墨着力描写李自成,《碧血剑》一书仿佛是郭沫若《甲申三百年祭》的翻版,金大侠对李自成农民起义的态度,认可中又带着些许惋惜,同情中又有诸多批评。李自成在其笔下生猛鲜活,但又不够大气,只能算个草莽英雄。

"打开大门迎闯王,闯王来了不纳粮"。以百姓代言人的身份将腐朽的大明王朝摧毁,但转身便将自己高高定位在金銮殿上。李自成豪迈爽朗、勇猛磊落,同时又狭隘浅薄、好大喜功,胜利冲昏了他的头脑,权力腐蚀了义军上下。他凭着多年打仗积累的一点军事经验,趁着明朝千疮百孔之机,做了一个先行的破坏者,为身后的另一个王朝作"嫁衣"。

柏杨在《中国人史纲》中点明了这一问题:"顺政府这时正陷于狂欢的追赃行动中,不能冷静下来考虑所面临的一些问题。同时,他们从拷掠第一个贪官起,就重蹈9世纪时变民领袖黄巢所犯过的错误,那些饥民出身的新官僚在使人眼花缭乱的珠宝金银之前,几乎是一霎时就把最初起事的精神,丧失殆尽;在宦官和宫女包围的皇宫中,李自成无法跟往常一样同他的高级干部生活在一起。"

李自成进北京时盛况空前,这得益于他手下有一名有政治头脑的大将李岩在打向北京的一路之上做的舆论工作。当时北京的老百姓们苦于明朝的压榨,颇有改朝换代的愿望,全城上下弥漫着一个新王朝的朝气。

李自成也曾当众立誓：杀一人如杀我父，淫一人如淫我母。

可惜，纸醉金迷中，闯王看花了眼；在欲望的诱惑下，义军迅速腐败。为上者一味在深宫淫乐，为下者肆意在城内妄为。李自成的二把手刘宗敏甚至打了山海关守将吴三桂的父亲吴襄，霸占了吴三桂的爱妾陈圆圆。吴三桂不是个普通人，史称其治军有方，勇冠三军，年轻时曾亲率五十名兵士在皇太极重兵包围下，救出时任山海关总兵的父亲，子代父职之后，牢守山海关，清兵难越雷池一步。

明亡后，吴三桂已经表示要归降李自成，当时如果封吴三桂一个巡抚之类大于明朝的官职，再派人送其老父、爱妾陈圆圆到山海关，吴三桂会死心塌地地为李自成卖命，至少暂时解除了外患。再从内部着手，先约束部队，出榜安民，再用一批有威望的明朝官吏，进一步巩固政权，即使不能打败满清，也是对峙局面。然而，李自成硬是将吴三桂逼入满清的阵营。"痛哭六军俱缟素，冲冠一怒为红颜。"陈圆圆或许是骆驼身上最后的一根稻草，重重逼迫下，吴三桂一直在忍，最终忍无可忍。

此时，北京城内的义军是何种景象呢？士兵烧杀淫掠，将领谋取私利，颇有些政治头脑的李岩渐渐失去了发言权。当吴三桂引清兵入关时，李自成几乎连战将都派不出去，兵无战心，士无斗志，一战崩溃，一败涂地。

李自成由一个距离九五之尊的皇帝之位仅一步之遥的高峰，一下坠入万劫不复的深渊，究其原因，还在他个人身上。摆脱不了的小家子气让他没有想好如何驾驭这个庞大的帝国，身边无谋士，胸中无远虑，看似不起眼的小事加起来，便使得改朝换代的大业功亏一篑。

黄仁宇在《中国大历史》中说："李自成入北京之前，数度劝诱崇祯帝禅让，而由新朝廷给他封王，可是始终没有成功。如果诰天之明命，除旧布新，传到民变的首领头上，有了前朝退位之帝的承诺，则事实显然；可是朱由检宁死而不屈，他的遗嘱在群众心里有如致命武器，它给李自成的打击力量不亚于他自己投缳的绳索。他自杀之后，再也没有一个明代遗民能够臣仕于李自成，而能不感觉廉耻丧尽，良心有亏。"

从某种程度上说，李自成还是有些气短与自卑，希望借崇祯帝朱由检的口给自己一个冠冕堂皇的王朝变更证书，只可惜，刚烈的朱由检偏偏不称他的意。由此看来，求人不如求己，李自成打错了算盘。

末代君王，有心却无力

"高皇帝在九京，不管亡家破鼎，那知他圣子神孙，反不如漂篷断梗。十七年忧国如病，呼不应天灵祖灵，调不来亲兵救兵；白练无情，送君王一命。伤心煞煤山私幸，独殉了社稷苍生。"

这段话是孔尚任《桃花扇》中的一段唱词，是驻扎武昌的左良玉闻听京师陷落、朱由检殉国后的一番感慨。崇祯帝比其他的亡国之君幸运的一点是，后人对他的宽容。

张廷玉在修《明史》时为其辩解说："帝承神、熹之后，慨然有为。即位之初，沉机独断，刈除奸逆，天下想望治平。惜乎大势已倾，积习难挽。在廷则门户纠纷，疆场则将骄卒惰。兵荒四告，流寇蔓延。遂至溃烂而莫可救，可谓不幸也已。"

大明朝如同历史上的一出闹剧，真是怪事年年有，此朝特别多。除了朱元璋、朱棣、朱瞻基、朱祐樘等少数几个明主之外，明朝的许多皇帝仿佛是荒诞剧中的主人公。有几十年不上朝的，有死于红丸的，有热心木工事业的，有微服出行游龙戏凤的，实在是热闹非凡。内有奸宦，王振、曹吉祥、刘瑾、谷大用、魏忠贤、王承恩，相继把持朝政，党争不断；外有边患，蒙古、瓦剌、满州相继而起，战事频仍。

等到朱由检即位时，明朝已然日薄西山，国手亦难回春，但这位新皇帝依然怀有希望，当他雷厉风行地清除了魏忠贤和客氏的势力，肃清阉党之祸后，朝野上下也曾有所期盼。无奈，大明已经病入膏肓，加之崇祯帝着力做个英明之主，却又有个性上的种种缺陷。

柏杨在《中国人史纲》中调侃："明王朝第十七任皇帝朱由检并不是不想把国家治理好，但他没有治理国家的能力，犹如小学生没有写出博士论文的能力一样。他精力充沛，沾沾自喜于自己明智的措施，发脾气的时候不可理喻，而且几乎是一天二十四小时都在发脾气。他对自己的错误永远有动听的掩饰，绝不更正，却喜欢他的部下歌颂他英明。"

或许是因为自幼生活环境很复杂与提心吊胆，直到即位之初，朱由检也一直小心翼翼的，由此决定了他性格多疑、刚愎自用，驭下苛刻而寡恩。他在位十七年中，频繁更迭阁部臣僚，白杀了袁崇焕后，他越发

不信任大臣，多次诛杀督抚大吏。

果真是性格决定命运，虽然他勤于政事，不贪女色，呕心沥血，但他的性格缺陷却又给明朝的统治危机推波助澜。汤纲、南炳文在《明史》陈述了崇祯的三大短板："一是急于求成，导致了'功令太严，吏苦束湿'；二是虚荣而刚愎自用，给奸佞之徒钻了空子；三是不信任百官，寄希望于宦官，加深了政治的混乱。"

因此，对于朱由检，我们只能说他"心有余而力不足"，想做个力挽狂澜的有为君主，但却亡于煤山的清风明月下。同样作为亡国君，比起软弱无能的汉献帝，荒淫无道的陈叔宝，暴虐无常的隋炀帝，人们对于崇祯还是比较宽容的。连他的竞争对手都为他说了不少好话。李自成在《登极诏》中写道："君非甚暗，孤立而炀灶恒多；臣尽行私，比党而公忠绝少。"

孟森先生说："熹宗，亡国之君也，而不遽亡，祖泽犹未尽也。思宗，自以为非亡国之君也，及其将亡，乃曰有君无臣。"的确，比起朱由检，朱由校恐怕更像亡国之君，可他运气好一点，早早地死掉了，把上吊的滋味、亡国的苦痛留给弟弟朱由检品尝，而朱由检也只能在"君非亡国之君，臣皆亡国之臣"的辩护中欷歔一番。

崇祯皇帝自缢时，在衣襟上留下了这样的遗言，一行是：朕自登基十七年，逆贼直逼京师，虽朕薄德藐恭，上干天咎，然皆诸臣之误朕也。朕死无面目见祖宗于地下，去朕冠冕，以发覆面，任贼分裂朕尸，勿伤朕百姓一人。另一行是：百官俱赴东宫行在。

"巍巍万岁山，密密接烟树；中有望帝魂，悲啼不知处。"三百多年的光阴流转，究竟是海棠树，还是古槐背负着罪名，后人已不得而知，但大明王朝已随末代君主的魂飞魄散而走到了尽头。

帝国已逝，独留凄凉背影

弘光政权，残喘的机会

"明朝于洪武元年（1368年）在南京建立，永乐十八年（1420年）迁都北京。崇祯十七年，李自成的大顺军队攻破了北京，一个小皇帝在南京被拥立，一年之后弘光元年（1645年），南京被清军攻破。明朝灭亡了。明朝起于南京，终于南京，首尾共二百七十七年。"毛佩琦教授在他的《细解明朝十七帝》一书中说了这样一段话。

而在世人的传统观念中，明朝在李自成攻占北京，崇祯帝朱由检魂断煤山后，就宣告灭亡了，其实不然，许多史学家与毛佩琦教授都持同一种观点，即明朝的生命走到尽头的时间还要推迟一年。因为，崇祯帝虽然死亡，但淮河以南的地区仍然是明朝的天下。还有一点需要注意，在成祖朱棣迁都北京后，在南京的中央机构并没有撤销，一直很完整地保留着，也就是说明朝自成祖之后一直实行"两京制"，当然，北京政府正常运转时，明朝的南京各府衙只是象征性的虚位部门，可它确确实实又是有形的实体。在南京，不仅六部完整，还有一套都察院班底，有建立一个新政权的条件。

恰好在入关后，清政府一心用在打击李自成等的农民军起义上，暂时没有精力对付明朝的遗老遗少，这给了明朝残余势力一个喘息的机会，南京的明朝官员动作也很快，仅仅十几天工夫，就快速地建立了一个新的政权——弘光政权。

坐上这一政权皇位的是万历帝朱翊钧最宠爱的福王朱常洵的儿子朱由崧，依据血统，他最有资格当皇帝。而且，他与潞王朱常淓近在淮安，立时可至南京。其实，策立新君，有两个人极为重要，一为史可法，二为凤阳总督马士英。二人手中握兵，又是督师文臣，所以说话分量最重。史可法等南京大臣心仪的"贤王"潞王朱常淓，乃明神宗之侄，血统稍远。

但是在马士英、阮大铖以及很多拥有军队的武将的坚持下，史可法还是妥协了，同时也在册立新君时没有占据有利位置，以致最后被排挤出这个小朝廷。

提到朱由崧，不得不提他的父亲朱常洵，就因为这个皇子，神宗朱翊钧伤透了脑筋，因为朱常洵是他最宠爱的郑贵妃所生的儿子，他恨不得将全天下最好的东西都给他，甚至他的天下，但是皇位传长子的制度使他不敢轻易违抗，于是，为了补偿，他把这个皇子安排在河南洛阳，过着奢侈的生活，结果朱常洵把他所有低级趣味的嗜好都传给了他的这个儿子小福王，自己则死在李自成的刀下。

就是这样一个昏庸的皇帝，要想有所作为真的很难。于是所有的"正事"都留给了他手下的大臣们马士英、阮大铖等人，自己则在"万事不如杯在手，今生几次月当头"的观念中终日淫乐。

就是这样一个昏庸的皇帝领导一群只知个人私利的大臣，开始了在南京"半壁江山"的统治，他们商讨出的第一个大计就是"借虏灭寇"的政策，即借清军这一"虏"来灭李自成这一"寇"，为先皇崇祯帝雪耻报仇。这是南明这个小朝廷的失策，他们并没有认清谁是最大的敌人，谁才是真正威胁自己生命的敌人。

弘光小朝廷的大臣们商议了与清朝谈判的原则：（一）不屈膝辱命，要保持天朝体统；（二）山海关外土地割让给清朝；（三）每天赠给清朝岁币银十万两。原则已定，便派人携带金银珠宝与清廷进行接触。结果是南明一头热，清朝扣留了使臣，取江南之心昭然若揭。

可惜弘光朝中大臣却沉浸在内部的党争之中，明史专家顾诚说："在一定意义上可以说，党争是导致明朝灭亡的一个重要原因。"确实直到江南半壁之时，东林-复社与阉党的余党打得一团糟，当时与农民军作战的平贼将军左良玉驻守武昌，有兵数十万，与马士英对立，马士英竟然领兵声讨左良玉。在朝廷内部矛盾四起时，1645年五月初九，清军渡过长江，马士英逃往浙江，朱由崧出奔芜湖，大学士王铎、尚书钱谦益等投降。同年，弘光皇帝朱由崧被属下出卖给清军，被押解到北京，次年被处死。南京这个都城的使命到此结束。

本来，新的南明在政权、经济、政治、军事，还是人心方面，皆有着极其有利的态势。毕竟明末，江南的环境很安定，农业、商业、手工业发展迅速，经济积累丰厚，是明朝得以支撑的最大财赋地区，也是大明帝国最重要的经济基础。明朝军队，在江南地区还保有一百多万，远远超过清军数目。且南京自古形胜之地，虎踞龙盘，又有长江之险，军事地理位置十分独特，且在北京被攻陷后，大批仁人志士都聚集在南京，无论天时、地利、人和，都比赵构君臣初创南宋的时期拥有更多的复明条件。从常理推断，南明新朝廷无论如何也能与清朝划江而治。南明保存个江南半壁，应该不成问题。没想到，短短一年时间，一切灰飞烟灭。明朝的王气在金陵黯然消散，按照毛佩琦教授的说法，明朝至此完！至于后来的抵抗再也没成气候。

"南朝天子爱风流，尽守江山不到头，总是战争收拾得，却因歌舞破除休，尧行道德终无敌，秦把金汤可自由？试问繁华何处有，雨苔烟草古城秋。"（唐·李元甫《上元怀古》）

据说明太祖朱元璋治理国家时，常以这首诗自勉，可惜到了他的子孙后代，正是在这说不尽风流的金陵城，历经一个循环，走向尽头。

外族当前，临死不屈

> 骑鹤楼头，难忘十日；
> 梅花岭畔，共仰千秋。
> ——郭沫若题扬州史可法祠

在扬州城外的梅花岭上，有一座纪念馆，馆内有一个"衣冠墓"。馆内环境优美，银杏树参天，四季花木怡人，游人如织，凭吊着一代英雄史可法。

史可法在弘光朝没有占据有利的政治位置，结果被马士英、阮大铖等朝臣排挤出朝廷，自动请求督师江北，镇守淮、扬两地。

清兵渡过长江之后，迅速向南推进，直至扬州城下，扬州守将逃亡，扬州变成一个不设防的城市，史可法闻之，飞驰赶往扬州，发布文告，巩固城防。亲率一万多名官兵抵御十万清兵。这种情形不禁让人想起了"北京保卫战"的功臣于谦，一座城、一位忠臣、保卫一个国家，但大明朝已是此一时、彼一时。

满清的豫亲王多铎先是派人劝降，史可法坚拒，并写了绝笔书分别

与母亲、岳母、妻子诀别，是以身殉国的决心。多铎见劝降不成，便开始攻城。那是一场惨烈的战斗。多铎不惜一切代价，用满清士兵的生命与鲜血染红了扬州城的城墙，而史可法则在守城无望的情况下，引刀自杀，自杀未成，已是鲜血满襟，最终还是被俘了。

于是，英雄在这一刻以最壮烈的方式迎来了他生命的最后时刻。多铎劝降，以洪承畴为例进行说服，史可法面无畏惧，只求一死以成全自己的殉国忠心，他在临死前，心系扬州几十万百姓，请求保全这些无辜的生命，然后从容就死，时年44岁。

这一年是1645年，20天后朱由崧在南京被俘，南京陷落。

英雄的力量鼓舞了扬州军民，他们奋起抵抗，双方损失惨重。多铎面对这一抵抗的局面，在占领扬州后，竟然下令屠城十日，在屠杀了全城数十万人之后，才"封刀"，史称"扬州十日"。这是中国历史上最黑暗的一页，扬州城几十万平民的生命，化作累累白骨，再加上后来的"嘉定三屠"，大清王朝的开国已经被打上了罪恶的烙印。而史可法的尸体已经难以寻觅，他和自己誓死守卫的扬州城以及百姓们融在了一起，只有英雄的衣冠葬在梅花岭，给后人一个凭吊英雄的去处。

中国自古不缺少这种舍生取义的人，不缺少为了国家鞠躬尽瘁、死而后已的英雄与硬汉，他们正如鲁迅所说，就是中国的脊梁，只要有他们在，天地间就会充满正气，即使国家危急，而民族的精神不会因此灭亡。

就在史可法引头就戮之后的19年后，已经改用清朝的方式来纪年，那是康熙三年（1664年）。在杭州的刑场上，有五个身穿明朝服装的人出现在众人面前，其中为首的在临刑前写下了一首诗：

"不堪百折播孤臣，一望苍茫九死身；独挽龙髯空问鼎，姑留螳臂强当轮。

谋同曹社非无鬼，哭向秦廷那有人！可是红羊刚换劫，黄云白草未曾春？"

诗成之后，刀起头落，无限悲壮。他是南明大臣、诗人张煌言，他这种"螳臂当车"的精神就是中华民族可以薪火相传、永远不朽的秘密武器。他带血的头颅，为明朝的历史涂抹上了最后的浓重一笔。他的这种精神恰好与史可法前后呼应，成为后人读史时不该错过也不能错过的一页。

谢国桢说："我们要明白的是明末清初的几个书呆子、受压迫的民众，他们不怕清兵的铁蹄，就是粉身碎骨，他们都在所不辞。这就是中华民族的国民性，这就是我们中华民族精神不死的地方。中华虽然屡经外族的侵略而能长久存在的精神在此。以往的先烈们看来是失败了，但他们的成功也就在于此。"

帝国已逝，独留凄凉背影

盛京圣地，见证大清荣辱

统一女真，努尔哈赤的第一步

万历四十四年（1616年），蒙古草原。喀尔喀部首领莽古尔岱的宠妾、刚嫁入一年多的叶赫部大龄女青年（史称"叶赫老女"）——东哥病逝，时年34岁。这本是历史长河中微不足道的一滴水，却因为一段征战、一个人，而映射出一片历史洪波。这段征战，是女真族的统一战；这个人，叫爱新觉罗·努尔哈赤。

历史学者阎崇年总结出努尔哈赤的十大贡献中，第一条就是统一女真各部，这是努尔哈赤扩张人生雄图的关键一步。统一女真的标志就是踏平海西女真的最大部落——叶赫，而东哥则是叶赫部落的前首领布斋的女儿、新首领布杨古的妹妹——全名叶赫那拉·布喜娅玛拉。历史的洪流将她推到时代的浪尖上，流溢出古希腊美女海伦般的炫目光华。

努尔哈赤与美女东哥之间没有荡气回肠的英雄气短，没有缠绵悱恻的儿女情长，有的只是一片金戈铁马的喊杀声和诡谲反复的政治手段，两个没有交叉点的人生共同导演了一段波澜壮阔的历史，引领着女真族走向统一。

女真民族在十二世纪的辉煌时期，曾建立金帝国，征服了中国大半土地，还活捉了当时宋王朝的徽钦二帝。金帝国灭亡时，进入中国境内的女真人，大部分被歼灭。只有未入关的若干原始部落存在，他们分为野人女真、海西女真和建州女真三部，其中以建州女真最为强大。努尔哈赤就是建州女真的后裔。

与十一世纪完颜阿骨打统一女真抗辽建国不同，努尔哈赤并非建州女真的首领，起兵时只有祖传的十三副遗甲，因此他的统一战益发艰难，他首先用了十年的时间统一建州女真，"环满洲而居者，皆为削平，国势日胜"。接下来，阻挡他统一脚步的就是海西女真和野人女真。野人女真

实力不足虑，海西女真四部则是一块难啃的骨头，尤以叶赫女真部为最。

努尔哈赤所属的爱新觉罗氏族与叶赫那拉氏族之间的矛盾由来已久。据说早在元末明初时，叶赫那拉氏族与爱新觉罗氏族之间便发生过战争。当时，爱新觉罗家族的头领为了使叶赫那拉氏臣服，指着大地说："我们是大地上最尊贵的金子（爱新觉罗是金子的意思）！"叶赫那拉的首领听了一阵大笑，指着天上的太阳说道："金子算什么，我们姓它（叶赫那拉就是太阳的意思）。"在那场战争中，叶赫那拉氏最后打败了爱新觉罗氏，成为当时女真族最大的部落。

历史的发展难以预见。叶赫那拉氏族和爱新觉罗氏族总是在敌人与朋友之间徘徊，是敌人的时候，难免要兵戎相见；是朋友的时候，便歃血为盟。是战是和，都视当时的情况和利益而定，这次亦不例外。不过，这次笑到最后的主角是努尔哈赤，叶赫那拉氏的东哥只是他扫平海西女真的一件工具而已。

东哥是名扬塞外的美女，据说任何语言都难以形容她的美之万一。她也因此成为叶赫部最具杀伤力的政治武器，而且屡试不爽。

东哥短短的一生中换了七个未婚夫，除去11岁时为父亲夺得海西四部（叶赫、乌拉、哈达和辉发）头把交椅"牺牲"一次外，此后六次许婚都与努尔哈赤有着直接或间接的联系。

首先是海西女真乌拉部首领为其弟布占泰聘娶东哥，东哥的老爹、海西四部首领布斋，为了巩固联盟、组建九部联军攻击努尔哈赤——建州女真的统一让他们倍感威胁——答应了这门亲事。结果，努尔哈赤以少胜多，大败联军，布斋被杀，而以女婿身份参战的布占泰则做了俘虏。

布斋之子布杨古忙祭出将妹妹东哥（此时仅13岁）嫁给努尔哈赤为妻的条件，请求"联姻盟好"。努尔哈赤允诺，取代布占泰成为东哥第三任未婚夫，这也是两个人人生距离最近的一刻。

努尔哈赤的允诺，并非贪恋东哥的美色，他早已经认识到东哥不过是一件可怜的政治工具，既然是工具，就要充分发挥她的作用，更何况这件工具不仅对叶赫部有利，也对努尔哈赤的统一大业有利。叶赫部是海西女真的首领，与它为敌相当于同时向海西四部宣战，这对于刚刚崛起的努尔哈赤来说是极不明智的举动，因此，不如顺水推舟，一方面缓和与海西四部的关系，另一方面则乘机摆平野人女真，壮大自己的势力。

基于以上考虑，他释放了布占泰并与之联姻。

但东哥誓死不嫁杀父仇人努尔哈赤，叶赫悔婚，并以杀死努尔哈赤为条件向各部征婚。

美女的拒绝并没有让努尔哈赤恼羞成怒，他像一只老谋深算的苍鹰，冷静地观察着各部情况，寻觅攻击的时机。阎崇年先生将努尔哈赤的成功因素归结为"四合"，即"天合""地合""人合""己合"。其实，所谓的"天合""地合"也都是努尔哈赤苦心经营，伺机而动的结果。

机会让他等到了。几年后，哈达部发生内讧，叶赫贝勒金台吉趁机率兵将哈达部劫掠一空。哈达部向努尔哈赤求援，请求努尔哈赤出兵。这个消息很快就传到了叶赫。大敌当前，叶赫惊恐之下，又将东哥（芳龄17）推了出来，对哈达首领说如果哈达倒戈击杀努尔哈赤，就将东哥嫁给他。极具诱惑力的东哥不负众望，成功让哈达倒戈。努尔哈赤以此为借口，发兵讨伐哈达部，随即灭之。刚荣升为东哥第四任未婚夫的哈达首领赔了夫人又折兵，还搭上一条小命。

不久，辉发部亦发生内乱，拜音达弑叔自立，众多族人投靠叶赫。拜音达两次请求努尔哈赤出兵向叶赫索要逃众。叶赫仍以东哥（已25岁）为诱饵，将第五任未婚夫的"爵位"赐予拜音达，后者立刻神魂颠倒，当即撕毁盟约，向努尔哈赤宣战。努尔哈赤找到口实，挥师直捣辉发部，灭辉发，杀掉连婚约都未捂热的拜音达。

海西四部仅存乌拉与叶赫两部，而且乌拉部布占泰与努尔哈赤又有联姻，叶赫感到孤立无援恐慌至极，使出最后的杀手锏——东哥（此时已31岁"高龄"），表示要与布占泰重续前缘。痴情的布占泰受宠若惊，马上囚禁建州之妻，并以子女及17寨主之子为质，投向叶赫，唯恐叶赫反悔。色迷心窍的布占泰以为终于搞到了一张登上东哥之舟的旧船票，浑不知握住的是地狱的邀请函。努尔哈赤举兵荡平乌拉部，叶赫以布占泰失国无用，撕掉婚约。身兼第三任和第六任未婚夫两职的布占泰就这样被罢免，眼巴巴地看着近在眼前的美人，郁郁而终。

直到1615年，年已33岁的叶赫那拉氏大龄女青年东哥终于找到自己的"真命天子"，蒙古喀尔喀部首领莽古尔岱——当然也是政治婚姻，叶赫部为了联合蒙古制衡努尔哈赤——结束了长达21年的单身待嫁生活。可惜，红颜薄命，次年就魂断漠北。

经常与红颜薄命提及的还有一个词：红颜祸水。中外历史上，红颜祸水的事不胜枚举，与东哥最相似的就是引发特洛伊战争的美女海伦，但东哥的神奇魅力明显有过之而无不及。海伦不过迷住了两人，摧毁了一座特洛伊城，东哥则让众多的女真英豪先后双手奉上性命和城池，前仆后继"败倒"在其石榴裙下；而且这杯潋滟艳丽的鸩毒远比海伦杀人掠地的速度要快，这才是真正的"倾国倾城"的"绝世"美人啊！

柏杨先生说，任何一个王朝的开国都是一部武力征服的血腥历史，任何一个王朝都是建立在森森白骨之上的。女真的统一过程亦是如此。不同的是，因为有了"叶赫老女"征婚的闹剧，整个过程充满了戏剧效果。

东哥"找婆家"的过程，也是努尔哈逐步扩张的过程，在这个"充满血腥、欺诈、背叛"（张研、牛贯节语）的过程中，看似东哥是叶赫部的最大政治王牌，其实她也是努尔哈赤的"战争工具"，她就像努尔哈赤的前锋，为努尔哈赤敲开进攻的门。她的绣球抛向哪儿，努尔哈赤的兵戈就指向哪儿，战争就蔓延到哪儿。据说第二次世界大战期间，在瑞典某小镇一间住户的窗内，总是悬挂着一副地图，挂哪个国家的地图，希特勒的炮火就打向哪个国家。这只是传说，而近三百年前的东哥则确实成了努尔哈赤战争的风向标。

与那些被东哥摄了魂魄的英豪不同，努尔哈赤对于这个"战争工具"有着清醒的认识，对她的掌控亦是收放自如，一切以取天下为重。因此，被东哥拒婚，他没有像刘备一样"怒而兴兵"，当东哥最终嫁给莽古尔岱时更没有听从手下的怂恿出兵抢亲。他冷静地说："我当事人都不急，你们急什么？"当时明朝为了制约努尔哈赤，开始与叶赫结盟，况且东哥的第七任未婚夫是蒙古族首领，若出面干涉，肯定会影响满蒙之间的关系。这个男人的目光不会在一件政治工具上停留，他眼中看到的，只有天下。他要等待更佳的进攻时机。

四年后，风华绝代、风靡万千女真热血青年的"叶赫老女"东哥早已芳魂归天，蒙古与叶赫的盟姻名存实亡，而明朝经萨尔浒一战后自保尚可，已无余力顾及叶赫。此时，努尔哈赤才摆出"将已聘之女另许他人"的借口，倾全国之师啃掉叶赫这根"硬骨头"。叶赫的做法犹如苏辙在《六国论》中提到的"犹抱薪救火，薪不尽，火不灭"，并最终引火烧身。

关于建州女真与叶赫部的恩怨，蔡东番在《清史演义》中提到努尔哈赤修祠堂时挖出一个碑，上面写着"灭建州者叶赫"。清朝后来果然就灭在叶赫那拉氏手里，慈禧太后是叶赫那拉氏，光绪的皇后也是叶赫那拉氏。当然，这只是为了增加演义效果而制造出来的噱头。不过，叶赫部的征服在努尔哈赤统一的过程中确实是具有里程碑意义的一件事，因此将清朝的兴亡总结为"成也叶赫，亡也叶赫"倒也比较贴切，当然纯属一种历史巧合罢了。

当东哥绚丽的嫁衣终于尘埃落定、湮没在炎炎烈焰中时，她的命运结束了，但以她的名义而起的战争并没有随她离去，依然弥漫在叶赫、建州和明朝的上空。努尔哈赤这只浴火的凤凰已经羽翼丰满，下一步，他将锋芒指向腐朽的大明王朝，擎起了敲响朱氏丧钟的巨杵。

手掌"四合"，前往盛京

天命十一年（1626 年）八月，太子河，华丽的龙舟里，努尔哈赤躺在厚厚的毡毯上，眼望棱窗外的湛蓝天空，身上的毒疽隐隐作痛。"难道这就是天命？"壮志未酬的他心中无限遗憾，虽然完成了女真的统一，却无法见到攻破燕京的那一刻了，而这，恰恰是他起兵反明时的愿景啊。

"胡儿骑马走边关"，努尔哈赤的天下宏图不会只着眼在严寒贫瘠的塞外，在荡平女真的同时，他已经在觊觎富庶的中原了，只是一直无暇顾及。当明朝联合叶赫对抗建州时，努尔哈赤决定与大明撕破脸皮。于是，便有了努尔哈赤的"七大恨"祭天告地，誓师伐明。

与任何一场"师出有名"的战争一样，每位征讨者都是搜罗罪状、寻找借口的高手。"七大恨"中，除去"杀我父祖"的血海深仇外，努尔哈赤又把"叶赫老女"这件过时的政治工具搬了出来，将"援助叶赫，致使我已聘之女转嫁蒙古"列为七大恨之一。难怪柏杨先生说除去第一大恨外，"其他六大恨不过一些微不足道的鸡毛蒜皮小事"。

努尔哈赤的举动很大，"七大恨"激励着女真儿郎们势如破竹，连下抚顺和清河等四城。这下，大明王朝辽东地区门户大开，明廷举朝惊骇，作出了大举剿灭后金的决定。努尔哈赤迎来了人生第二次大考验——萨尔浒大战。

这场大战以努尔哈赤的胜利结束,历史在此发生转折,一举奠定了此后后金与明朝的攻守之势。明朝从此一蹶不振,只有招架之功,再无还手之力。

这场大捷,是阎崇年先生所说的努尔哈赤"天、地、人、己""四合"集于一身的集中体现。

"天合"包括"大天时"和"小天时"。首先,明朝腐败,这是"大天时",努尔哈赤再以"七大恨"巧妙地拨动战争的正义天平。其次,当时是阴历三月初一,东北赫图阿拉附近气候寒冷、冰天雪地,明朝军队多是从南方调来的,行进困难,天寒地冻,人饥马饿;而努尔哈赤的部队土生土长,对寒冷的气候已经适应。这就是所谓的"小天时"。魏源说:"小天时决利钝,大天时决兴亡。"努尔哈赤占尽大小"天时",已经握住了战争的主动权。

"地合"主要指地利。明朝的军队有战车,有炮,适合于攻城和平原远距离作战,萨尔浒山麓道路崎岖,西路几万大军在山沟里无法汇集起来。努尔哈赤就利用这个地势,趁统帅杜松分兵两路的时候,直扑萨尔浒大本营,此其一。其二,北路军在尚间崖、斐芬山和斡珲鄂漠扎营,犯了兵力分散的大忌。其三,努尔哈赤命皇太极等抢占阿布达里岗,利用有利地形伏击东路明军。这些积极主动的战略部署,让他们充分利用了地利因素。

"人合"即人心所向。努尔哈赤平时就很注重对人心的拉拢,尤其是猛士与将才。在他与其他部落打仗时,有两个勇士差点将他射杀,城破被俘后,努尔哈赤不但没有杀他们,反而封他们为官,辖户三百。对待盟友努尔哈赤亦是大方,因此很得手下和盟友的信任。而此战中,明调集11万兵马直扑过来,企图一举消灭后金,民族生死关头,更激发了女真勇士的"誓扫明军不顾身"的决心。这就是《孙子兵法》所说的"民与上同欲也",而"上下同欲者胜"。

"己合"就是心态好,身心合一。面对气势汹汹、号称47万的明军,努尔哈赤没有惊慌失措,而是沉着应战,按照"任它几路来,我只一路去"的作战方针,集中优势兵力,各个击破。

努尔哈赤取得萨尔浒大捷后,明朝已无兴兵之力。但熊廷弼的"固守不浪战"的政策也让伐明之师暂时难以推进,而身后的叶赫仍旧是努尔哈赤的一块心病，于是利用这个空当回师剿之，并使得自己后方无虞。

纵观努尔哈赤一生的征战史，不难发现，在他"天、地、人、己""四合"的后面，隐藏着的是一颗冷静、沉稳、善于等待、利用机会的心。努尔哈赤的策略很灵活，能战则战，不战则或走或和，伺机寻求更有利的进攻机会。

努尔哈赤的耐心又一次得到回报，明王朝一年之内帝位三次更迭，熊廷弼被排挤罢免，新帅变更对敌方针，努尔哈赤抓住时机，突破了明军辽河防线，连克奉集堡、沈阳、辽阳、广宁等，并于天命十年（1625年）迁都沈阳即盛京。

随着努尔哈赤的征战，后金共迁都三次。努尔哈赤起兵时最早的据点是费阿拉，此城狭小简陋，水源不断，于是便在苏子河与嘉哈河的交汇东岸"因山为城，垒土为郭"，筑造赫图阿拉城。十年后，努尔哈赤在此称帝，建立"大金"。此后，随着战争不断推进，又依次迁至界凡城、辽阳，最后迁至沈阳，称为盛京。

努尔哈赤的三次迁都，一方面是从偏僻贫瘠苦寒之地向便利肥沃昌盛之地的迁徙，同时也显示了他不断挺进中原的雄心。

在努尔哈赤决定由辽阳迁都沈阳的时候，他遭遇到与北魏孝文帝迁都时同样的窘境，贝勒大臣一致反对，理由是：东京辽阳宫室已经修建，且年景不好，迁都劳民伤财。努尔哈赤说：沈阳形胜之地，西征明，由都尔鼻渡辽河，路直且近；北征蒙古，二三日可至；南征朝鲜，可由清河路以进；且于浑河、苏克苏浒河之上流，伐木顺流下，以之治宫室、为薪，不可胜用也；时而出猎，山近兽多；河中水族，亦可捕而取之。

努尔哈赤以大战略家的眼光，从政治、军事、民族、物产、形胜、交通上分析了迁都沈阳的有利因素，这种思考方式与"四合"相吻合。但诸贝勒大臣还是反对。努尔哈赤索性懒得理他们，带上手下就去了沈阳，贝勒大臣无奈，只好跟着到沈阳。

努尔哈赤力排众议的迁都行动显示了他像北魏孝文帝一样的决心，而他的到来，也促进了沈阳和辽河流域的开发。努尔哈赤在军事扩张的同时也注重经济的发展，他发展采猎经济，发明人参煮晒法，使部民获厚利。他重视采炼业，开始较大规模地采矿、冶炼，尤为重视手工业的生产，包括军器、造船、纺织、制瓷、煮盐、冶铸、火药等。沈阳经努

尔哈赤和皇太极两代人的开发，经济与社会得到全面迅速的发展，并带动了东北地域经济与文化的发展。沈阳最终成为整个东北的政治、经济、文化、交通中心，这些都是托努尔哈赤的福。

回眸当年盛京的景致，虽然比不上燕京的雍容繁华，也算得上关外的翘楚之居，在遗留至今的沈阳故宫里，依稀能看得到当年"满洲民殷国富"的盛景。

天命十一年，努尔哈赤在宁远遇到了生平第一个劲敌，他首尝败绩，终结了争战43年的不败神话，并身负重伤。更重要的是，一颗高傲的心也在耻辱与遗憾中备受煎熬。

同年八月十一日，努尔哈赤在太子河中的船上，怀着深深的遗憾，带着如同他的年号——"天命"一般的命运离开了。他的人生幕布缓缓落下，但他未竟的事业仍在延续。

满军八旗，初步创立的辉煌

"淑勒昆都仑汗（即努尔哈赤）把聚集的众多国人，都平均划一，三百丁编为一牛录。一牛录设厄真一人。牛录厄真以下设代子二人、章京四人和村领催四人。四名章京分领三百男丁，编成塔旦。"

这是《满文老档》太祖卷四记载的关于八旗制度的雏形——女真传统牛录制。后来努尔哈赤在此基础上，将牛录组编为四个"固山"，即"旗"，创建了后金耕战合一的社会组织：黄、白、红、蓝四旗。后来又增设镶黄、镶白、镶红、镶蓝四旗，合为八旗，正式建立了八旗制度。

努尔哈赤的一生为满族、为中国历史作出了重大贡献，阎崇年先生在《正说清朝十二帝》中总结出努尔哈赤的十大贡献：统一女真各部、统一东北地区、创建八旗制度、制定满洲文字、建立后金政权、促进满族形成、丰富兵坛经验、制定抚蒙政策、进行社会改革、决策迁都沈阳。

努尔哈赤的这十大贡献是一个递进的过程，统一女真部落，进而统一东北地区，出于统治的需要创建八旗制度、制定满洲文字并建立后金政权，这些措施最终促进了满族的形成。而后面的几项则进一步促进了后金的发展，为日后建立清朝、入主燕京奠定了基础。这其中，创建八旗制度，制定满洲文字更具有代表性。

对于八旗制度的性质，有人说是一种进步，有人则说这仅仅是氏族发展的结果，算不上什么进步。这些我们暂且不管，我们根据八旗制度在女真不发展过程中的作用来进行判断。与此前少数民族建立的政权辽、金、元不同，这些少数民族在入主中原后直接接纳了汉族制度的模式，虽然各有不同，但骨子里却是一模一样的，他们直接从氏族部落制度跃至封建制度。而努尔哈赤创立的后金（皇太极时改为清）不同，在接纳汉族封建制度之前，自创了一套颇合自己民族发展的八旗制度。入主中原后的制度也是在此基础上发展起来的，因此钱穆先生称之为清朝特有的"部族政治"。

努尔哈赤去世前创立的八旗是"满洲八旗"，通过八旗这个纽带，努尔哈赤把原来分散的女真人，统一编制起来，形成一个整体。政治、经济、军事、行政、司法以至于家族，统一到一起，把分散的力量形成了一个拳头，来对付外敌。

后来，皇太极又将归附的蒙古、汉人分编为蒙古八旗与汉八旗。八旗制度施行牛录（汉名佐领）、甲喇（汉名参领）和固山（汉名旗）三级管理体制。以三百人为一牛录，五牛录为一甲喇，五甲喇为一旗。

八旗制度反映了女真社会经济结构的发展和变化。当时农业已经成为女真的主要生产部门，铁农具和牛耕的普遍使用、工商业的发展、商品交易的频繁，使得满洲民殷国富。八旗兵丁为各部平民，拥有耕地、牲畜或蓄奴数人，负担兵役力役。（张研、牛贯杰）

八旗中最具特征的是兵民合一制度，平时耕猎为民，战则披甲为兵，每个八旗平民都有出征厮杀的义务。各个时期敛丁披甲的比例不一，有时一牛录出五十甲，有时一牛录一百甲，有时一牛录一百五十甲，大体上是三丁抽一。这样，就建立起一支拥有精兵数万的军队——八旗劲旅。八旗军队纪律严格、组织严密，当时传言女真人不能满万，满万则天下无敌。努尔哈赤八旗军队开始有六万人，后来发展到十万人，更是天下无敌了。所以阎崇年先生不吝赞美之词："可以毫不夸张地说这支八旗的骑兵，是当时中国最强大的一支骑兵，也可以说是当时世界上最强大的最具有战斗力的一支骑兵。"在这支骑兵面前，无论是形同朽木的明军，还是李自成的农民军，都仿若一群乌合之众，这是后金、清能够不断取得胜利，最终定鼎北京、入主中原的一个重要原因。

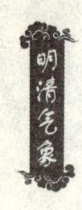

这种以民兵结合、军政结合、耕列结合的制度，具有军事、行政和生产三方面的职能，一方面满足了向外扩张的需要；一方面便于对民众进行统领；另一方面兼顾生产，为战争备足良好的物质与经济基础，恰恰适合了不断扩张的后金政权的战争需要。

张研、牛贯杰认为，努尔哈赤的绝对专权始终以诸贝勒大臣会议为辅助，这既是女真氏族社会民主制的残余，也是努尔哈赤在频繁征战中集思广益而后决策所必需。原则上，八旗的每个旗主互不统属，看似独立，因此有所谓的"八王共治"之说。实际上，这些都是努尔哈赤为各旗主画的一个满足他们参政需求的"大饼"而已。作为后金国汗，努尔哈赤和此后即位的皇太极一直都是八旗的家长和最高统帅，始终将大权握在手中。因为他们清楚，自己对八旗的绝对控制，才是其实行专权统治的重要前提。

所以，无论是后金建立前的与努尔哈赤有着生死之交的"五大臣"，还是其后四位年长子侄组成的"四大贝勒"，议政大权始终集中在努尔哈赤家族手中，并日益向最高权力者聚拢。这是历朝统治者统治之路走向的必然结果。

八旗制度提高了女真人的战斗力，成就了八旗劲旅的功绩，而将这些功绩记载并流传下去则有赖于努尔哈赤的另一项伟创：创制满文。

女真族与前代金朝创制的女真文基本相似，但经过几个世纪的颠沛，女真文已残缺不全，发布政令要么用蒙古文要么用汉语"代言"，使得政令传达诸多不便。努尔哈赤便决定创制满文，于是两位大臣便用蒙古文字与女真语音拼成满文，作为满族统一的文字。有了文字，满族历史才能得以记载，人文社会的资料才能记录下来。此外，满文后来还成为中西文化交流的一个重要桥梁，阎崇年先生感慨"满文的创制是满族历史上一个划时代事件，是中华文化史上一件大事，也是东北亚文明史上一件大事"并非空穴来风。

努尔哈赤25岁起兵，68岁故去，44年的金戈铁马将他的人生磨砺得辉煌灿烂，这种光芒经久不灭，以至于三百多年后依然吸引着众人，尤其是西方人的眼光。西方学者最关注的中国古代杰出的人物是成吉思汗和努尔哈赤。其实在中国灿若星汉的历史人物中，不乏秦皇汉武唐宗宋祖这样的杰出帝王，他们为什么更钟情于成吉思汗与努尔哈赤呢？对于这个问题，阎崇年先生认为："主要原因可能是成吉思汗与努尔哈赤都是少数民族，由少数民族入主中原，统治以汉族为主、人口众多的多民族国家，不能不说是个奇迹。同成吉思汗相比，努尔哈赤的传奇色彩似乎更浓，在中国自秦始皇以下两千多年的历史中，建立过两百年以上大一统皇朝的只有西汉、唐、明、清。大清帝国占据中国历史舞台长达268年，为自秦以降整个中国皇朝历史的八分之一。而汉高祖刘邦、唐高祖李渊、明太祖朱元璋，都是汉族，只有清太祖努尔哈赤是少数民族。"努尔哈赤在中华文明历史上开创了一个时代，由他奠基的大清帝国，到康乾盛世时，成为当时世界上人口最众多、幅员最辽阔、经济富庶、文化繁荣、国力强盛的大帝国。努尔哈赤作为大清帝国的奠基人，作为一个新时代的开创者，对清代历史产生了原生性的影响：既播下'康乾盛世'的种子，也埋下了'光宣衰世'的基因。"

伐木人的"四板斧"

1626年，盛京。天命汗努尔哈赤的葬礼。一位明将的到来引起后金国一阵骚乱。袁崇焕——致死天命汗的仇人竟然来此吊唁！这算不算挑衅？就在大小贝勒们恨不得生食其肉时，后金新君皇太极对杀父仇人则坦然待之，并提出与明议和修好的建议。皇太极害怕了？他究竟在做什么？

谈到皇太极，顺便提到他那个年代另外三颗具有紫微帝气明星：明崇祯帝朱由检、农民起义领袖李自成和蒙古察哈尔部林丹汗。三人代表的三个集团的政治军事角逐中，笑到最后的是皇太极和他的大清集团。阎崇年先生说皇太极成为最大的赢家绝非偶然，无论是文治还是武功，他都显然比对手技高一筹。

向杀父仇人议和修好，这件事就显示了这种技高一筹的战略眼光。皇太极作出这个决定并非怯敌，而是综合考虑各种政治军事因素的结果。

首先，从努尔哈赤与袁崇焕宁远城楼的一战中，皇太极看到了大明王朝虽然内部已经腐如朽木，但外围仍有道坚固的"长城"需要突破，袁崇焕就是其一。即使能够突破，两强相争，损耗极大。而此时，左右两边又有明朝的附国朝鲜和虎视眈眈的蒙古，与明直接以硬撼硬并非明智之举。

其次，努尔哈赤后期，特别是进入辽河平原以后，实行了一些错误政策，如清查粮食、强占田地、满汉合居、杀戮诸生等，使得民族矛盾十分尖锐，有组织的武装暴动此起彼伏，面对辽东汉民的反抗，努尔哈赤继续执行高压政策，结果矛盾进一步激化，人口逃亡、丁壮锐减、田地荒芜、民不果腹、盗寇横行，使得后金的经济大打折扣。所以，必须争取一段修养生息、调整治理的时间。

最后，则是皇太极谋取大明江山的战略问题。皇太极认为明朝已然是一棵败坏腐朽的大树，与其强力伐之，不如待其内部朽蚀，则唾手可得。这从他后期提出的"取燕京如伐大树，须先从两旁斫削，则大树自仆"的理念就可看出，对于取明朝，他早已成竹在胸。

聪明的"伐木人"皇太极利用争取到的宝贵时间，开始他层层递进的"伐大树"行动。

第一斧，皇太极"砍"向内政。他改变对内政策，尤其是对待汉民，"治国之要，莫先安民"，他采取安抚政策，强调满洲、蒙古、汉人之间的关系"譬诸五味，调剂贵得其宜"。他决定：汉人壮丁，分屯别居；汉族降人，编为民户；善待逃人，放宽惩治，从而缓和了民族矛盾，"民皆大悦，逃者皆止"。此外，他明白任何时候人才都是最关键的制胜因素，重视对汉族文人的提拔，让他们入朝为官。

第二斧，皇太极"砍"向朝鲜。后金的左邻朝鲜一直是明朝的附国，对皇太极来说是潜在的威胁，于是，他两次东征朝鲜。第一次，逼迫朝鲜定下"兄弟之盟"；第二次，利用朝鲜使臣搅乱登基大典的借口，一直打到朝鲜的王京汉城，朝鲜王吓得龟缩于南汉山城，向大清臣服，定下"君臣之盟"，这下，彻底断绝了朝鲜与明朝的关系。

第三斧，皇太极"砍"向蒙古。漠南地区察哈尔部林丹汗日渐强盛，逐渐控制了辽河以西的蒙古部落，并时有东进行动，骚扰后金。皇太极继位后，把林丹汗作为主要征讨对象。他三次向西用兵，将林丹汗驱逐至青海，占领了漠南蒙古。

第四斧，皇太极"砍"向杀父仇人袁崇焕。用反间计借敌手将袁碎尸万段，出了心中那口恶气。

皇太极这"四板斧"，斧斧斫实，每一下都砍在明朝外围，却痛在大明心里。对朝鲜与蒙古的征服，一方面为自己扫除威胁，一方面也切断了明朝的左右两翼，相当于砍掉了一个人的左右助手，完全将明朝孤立起来。

皇太极不是程咬金，不止有"四板斧"的武功，还有谋略中原的智慧。一方面砍掉明朝的旁枝，一方面又施展快如闪电的突袭，五次绕过宁远和山海关，直入中原，甚至抵达北京城下，不断向明朝施压，令明朝军民惊恐万分。

这五次长驱直入，如五把利剑，插向明朝心脏，让死水般的明政府也泛起波浪。

一番大刀阔斧的斫砍之后，皇太极率领诸贝勒大臣祭告努尔哈赤说：朝鲜已纳贡，察哈尔等部已归附，今为敌国，唯有明国耳。

凭着技高一筹的谋略，皇太极整顿内政，发展经济，战抚兼用，同时试图联络农民军夹击明朝、拉拢山海关守将判明降清，用他的文治武功扫清了大清的左右旁枝，缓缓举起了斫向明朝的巨斧。

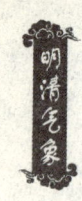

踏过沧桑山海关

山海关下的猛将

清晨,山海关下。刺骨寒风下,千骑矢奔,冰冻的大地几乎被纷乱的马蹄敲融。队伍前面的将领眉头紧锁,透着书生气质的脸上流露出一丝焦急。后金的女真人屡次突破长城防线,这已不足为奇,然而这次他们竟然直抵北京城下,却大大出乎他的意料。念及此,他的内心一阵抽动:宦官当政,朝中腐败,将领们也如此不堪,后金如虎狼般虎视眈眈,我朝险矣!

这位中年将领就是袁崇焕,前两次击退后金军有红衣大炮与宁远城楼为依托,这次长途奔袭,等待他的又会是怎样的命运呢?

明朝的大树已经被孤立,可以动手砍伐了。但无论是努尔哈赤,还是皇太极,他们面临的最大挑战就是袁崇焕。努尔哈赤父子俩与袁崇焕之间的战争一共有四次。前三次直接厮杀,均以失败告终。

第一次遭遇战,对阵双方是努尔哈赤和袁崇焕。征战43年、无战不克的努尔哈赤根本没有将这个白面书生般的"小子"放在眼里。然而,正是这个看似文弱的后生"小子"终结了他的不败神话,并让他身负重伤,以致含恨而终。

袁崇焕的获胜,虽然与其指挥有方、调度得力有关,但更多得益于努尔哈赤的失误。此役,努尔哈赤最大的失误就是骄傲轻敌:自恃统领着十三万屡经沙场的精兵,而宁远一个孤城,区区几万人马,一个名不见经传的后生驻守,不费吹灰之力就能拿下。然而,这一次努尔哈赤有些大意了。

努尔哈赤的轻敌直接导致了第二个错误——攻城战术的错误。由于轻敌,他低估了袁崇焕的鼓舞士气能力和军事指挥才华,也忽视了宁远城中的11门红夷大炮的作用,采取了类似之前攻城掠地的闪电战术,企图速战速决。然而,红夷大炮的名号不是盖的,女真勇士尚未接近城门,就已经被"红夷大炮"轰得人仰马翻、尸横遍野。

这时,努尔哈赤的轻敌又导致他犯了第三个错误:以为只要接近敌人,避开大炮的轰击,就能攻上城楼,于是依然指挥军队拼死猛攻。但袁崇焕准备充分,指挥全城军民沉着迎战,你会钻墙,我会补洞。鏖战三日,女真人始终无法攻入城内。进不到城内,女真骑兵再多、再勇猛也发挥不了作用,只能成为明军的靶子。

如果努尔哈赤此时撤兵,驻扎在红夷大炮射程以外,围困袁崇焕,拖上个一年半载,宁远城孤立无援,明朝政府也无力拨来更多的军兵解围,那么,胜利者就是努尔哈赤了。但老年努尔哈赤刚愎自用的性格和女真骑兵来去如风的战术,决定了他不可能采取这种持久战术,更何况,老天也没有给他这个机会——他被飞来的炮石击中,身受重伤。后金匆匆收兵。

第一次交手,袁崇焕凭借三分努力和六分对手失误,外加一分的运气,取得胜利。

第二次交手时,袁崇焕的对手换成了皇太极。皇太极很有自知之明,他吸取老爸兵败的教训,采用围魏救赵的方法,围困锦州,企图引诱袁崇焕出击,再发挥女真骑兵的战斗力歼灭之。不料,辽东明军经过袁崇焕半年多的整治,已今非昔比,皇太极的围困战术不仅引来了宁远的援兵,也将山海关、昌平、宣府各路守军的援兵招了过来,围城者反有被围之势。

匆忙之下,皇太极转攻宁远,虽然在途中成功歼灭了几路援军,但女真勇士也伤亡惨重,皇太极错以为宁远城已无主力,增兵再攻,结果依然攻不下。皇太极明智地选择了撤军。

此番宁锦大战的胜利,袁崇焕的能力才充分显示出来。当然,失败的皇太极并非没有收获,他清醒地认识到对袁崇焕不能力敌,只能智取。这正是皇太极高人一等的地方,即使失败,也要输得明明白白。这正是阎崇年先生评价皇太极"善于学习,长于谋略"的充分体现,在接下来的筹划与实施将袁崇焕这颗眼中钉拔掉的行动中更是发挥得淋漓尽致。

皇太极熟读《三国演义》和《孙子兵法》,他活学活用,为袁崇焕奉上了两部大戏。

首先上演的是围魏救赵。皇太极学乖了,不再管什么宁远、锦州这些孤城,也不进攻重兵把守的山海关,而是绕过他们,从薄弱处撕破明朝防线。明朝守兵还没反应过来,皇太极已经到达北京城下,这下,慌了手脚的崇祯皇帝连忙调袁崇焕回援,于是便有了开头那一段。袁崇焕狂奔四百多公里赶到北京城下,已是疲惫至极,但仍在广渠门外击退数倍于己的后金军。第三次交手,袁崇焕依然是胜者。但这个胜利是有水分的。

与上次交手相比,这次皇太极准备充分、谋划得当,而袁崇焕则是仓促迎战,而且是在狂奔四百余里、人马交困的状态下。既然如此,那么皇太极为什么还会失败呢?这里有两种可能。

第一种可能,皇太极可能因为前两次失利的影响,对袁崇焕的进攻心有余悸,见他们奋不顾身地直扑过来,首先在心理上就输了几分。而且由于对袁崇焕的兵力部署不了解,为了防止前后被夹击,只好暂且后退。

第二种可能,皇太极是故意败给袁崇焕的。因为此时即使倾尽全力也未必能将袁崇焕杀死,而且后金的伤亡也会很大,这样就达不到他们此行的最终目的——除掉袁崇焕。所以,才故意被袁崇焕击"退"而非击"溃"。这样做的好处有二:

其一,增加袁崇焕的功绩,使其被佞臣所妒。

其二,造成袁崇焕以少胜多的假象,为施展下一步计划做铺垫。

皇太极的下一步计划是什么呢?他为袁崇焕奉献了一场最新版的"蒋干盗书"。借两名太监之口传达袁崇焕与皇太极内外勾结,让崇祯皇帝信以为真,将袁崇焕下狱。达到目的的皇太极围攻北京数日无果后,全军撤退。

有人可能质疑皇太极为什么要花费如此周折,目的只是为了拔掉袁崇焕这颗钉子?之所以会有这种疑问,是不了解当时的情况,不了解袁崇焕对大明朝的重要作用。

袁崇焕两次挫败后金的大举进军计划,大大鼓舞明军士气,也坚定了对昏庸腐败的朝廷失去信心的边关诸将,因此,袁崇焕已不啻为明朝的一道无形的长城。更何况,当时的袁崇焕已经是辽东督师,相当于辽东军区总司令,如若让他长期负责辽东防务,大明的防线将会越来越难以攻破。一个袁崇焕的存在相当于两道阻拦后金入主中原的万里长城，这是皇太极最不想看到的情景。更何况，一旦待明朝喘过气来反扑，形势就更为不利。所以，为谋中原，必先除去袁崇焕。

但是袁崇焕难以力战，只能智取。智取无外乎收买与反间，前者皇太极碰了钉子，只能采用后者。可袁崇焕如今位高权重，且远离京都，"将在外，军令有所不受"，无论是施展反间还是反间的效果都会大打折扣，最好的办法就是将其诱至京城再实施反间。

因此，他们之间的第三场战争胜败无关紧要，最重要的是第四场看不见的"战争"——反间战，而由于皇太极的谋划与明政府的昏庸，袁崇焕必败无疑！

其实，无论针对范增的反间，针对苏秦的反间，针对乐毅的反间，还是蒋干盗书中针对蔡瑁、张允的反间，就其本质而言，都算不上高明，是经不起推敲的，甚至如皇太极这个反间计一般，幼稚得可笑，但就是这样漏洞百出的反间却屡试不爽，为什么？因为这些反间计招招都打在中计者的软肋上。

在皇太极这个反间计中，关键的一点，就是袁崇焕的功劳太大，他深得军心，而且就在皇帝家门口，这时他对崇祯越重要，意味着他对崇祯的威胁越大，这也是为什么崇祯不让他进北京城的原因。

中反间计的人一般会很快从敌人的误导中清醒过来，苏秦被反间，连纵被瓦解，六国很快就明白自己被骗了；曹操中反间计，杀掉蔡瑁、张允的一刻也明白过来，但为时已晚；项羽从没有意识到自己中计，因为他的智商不够。崇祯的中计当然与皇太极的撤军让他更加确信情报的准确有关，但袁崇焕是在第二年八月才处斩，中间有半年多的时间让崇祯来仔细推敲反省，而崇祯最终仍未从皇太极设下的圈子里跳出来，则是他手下那帮"闲臣"——因为无事可做，只有落井下石的朝廷权贵，阉党余孽——的功劳。因此，皇太极最终能除掉袁崇焕，崇祯皇帝和他们都居功甚伟。

逮捕袁崇焕的负面效应不可估量：总兵祖大寿见统帅无故下狱，便率万余人抛弃京城，亏了孙承宗调度有方，才拉住了这支力量。处斩袁崇焕的影响更是巨大，《明史·袁崇焕传》说："自袁崇焕死，边事益无人，明亡征决矣。"明朝瞬间自毁两道长城，直接暴露在虎狼一般觊觎北

京的皇太极面前。

拔掉了袁崇焕这颗眼中钉,皇太极笑了。少了这个心腹大患,虽然战争会变得很乏味,但扫围打合的目的已经达到,明朝已经彻底成为一株孤立中空、辅根皆断、旁枝尽削的朽木,他可以放手收拾面前的这盘残局了。

松锦之战,招降洪承畴

炮声雷动,铁蹄翻飞,锦州附近的官道上驶来一队人马,为首者手中竟然托着一只碗,碗中承接的是自鼻中流出的鲜血,被疾驶的马颠簸得洒满胸甲。他就是皇太极,正在以风驰电掣的速度赶往战事吃紧的锦州。当时是1641年七月,清明两军松锦大战鏖战正酣。

松锦大战是明军与清军之间的最后一场无论从装备还是兵力上都势均力敌的战争,结果清军"计斩杀敌众五万三千七百八十三,获马七千四百四十四、骆驼六十六、甲胄九千三百四十六副。明兵自杏山,南至塔山,赴海死者甚众,所弃马匹、甲胄以数万计。海中浮尸漂荡,多如雁鹜"。从此以后,明军不仅毫无还手之力,亦无招架之功,更无法集合出十几万兵马。可以说,松锦之战后的明朝犹如大清砧板上待宰的鱼肉,只有引颈受戮的分。

早期的几次战争,清军的人数占优,但装备落后,如宁远之战、宁锦之战,努尔哈赤和皇太极都吃到了"红夷大炮"的苦头,努尔哈赤还因此受重伤去世。皇太极非常生气,他说:"昔太祖皇帝攻宁远不克,今我攻宁锦又未克,似此野战之兵,尚不能胜,其何以张我国威耶?"生气归生气,皇太极从战败当中总结出一条经验:我们的装备不够先进,明军有红夷大炮,我们没有。于是他下令自主研制红夷大炮——因为明朝的红夷大炮主要通过澳门从国外进口的,他没有这个条件。女真工匠真是争气,只用五年的时间,就成功仿造出红夷大炮,皇太极带着这批红夷大炮围城打援,发挥了巨大威力。松锦之战时,清军共配备红夷大炮40余门,数量上与明军基本持平。

兵力与装备投入均等,实力确不同。清军铁骑骁勇善战,明军士兵单兵作战能力有所不及,所以野战对清军有利,但明军志在守不在攻,深谙兵法的大将洪承畴运用"且战且守"战术打的就是防守反击，这样稳扎稳打、步步为营，大大限制了清军实力的发挥。因此，在综合实力上也是势均力敌的。

双方综合实力势均力敌，那决胜的关键就在于指挥者的谋略与决策了。

洪承畴一直在国内镇压农民起义，作战经验丰富，亦颇有谋略，这从其前期制定的稳扎稳打的战术上就可以看出。然而，他虽为明军的指挥者，决策却受到后方"大头"们的干扰，兵部尚书陈新甲等京官因"兵多饷艰"力主洪承畴速战速决，这与稳扎稳打的战术是完全相悖的，却恰合清军的胃口。不谙前方战况的后方上司这帮"狗头军师"成了清军的"第五纵队"，促成了松锦大战明军的失利。

更何况皇太极的谋略丝毫不逊于对手，而且他是绝对的"一把手"，没人能左右他的决策。于是，他充分施展军事才华，连施四计，和对手共同奉献了一场经典战役，当然，清军是绝对主角。

第一计是"围城打援"。当时山海关外，明朝就剩下锦州、宁远和松山三座孤城。皇太极指挥军队围困锦州，他颇有耐心，在锦州周围筑城屯种，建立围困锦州的基地。而后三月一期，轮番包围锦州，但就是不发起总攻，抽空打你两炮，增加明军的压力。等待和前来救援明军进行野战，这叫弃短取长，充分发挥优势。果然，锦州被围，崇祯皇帝急拨洪承畴做帅，八个总兵、十三万军队、四万匹战马来救，皇太极成功钓到大鱼。

第二计是"断敌粮道"。为了逼迫对手速战速决，皇太极派人把他们的粮草重地给端了。明军的粮道一断，13万军队人吃不上饭，马吃不上草，官兵意志涣散，加之后路被断，更加恐慌。洪承畴的突围令更使得恐慌大爆发，明军瞬时失去控制，各部纷纷夺路狂奔，正落入皇太极第三计中。

第三计是"巧设埋伏"。皇太极料定明军必退，提前在退路上设下埋伏，痛击明军。一时间，"明兵窜走，弥山遍野，自杏山以南沿海至塔山一路，赴海者不可胜计，海中浮尸多如雁鹜"。吴三桂总兵逃到宁远时身边只剩二十个人，狼狈之极，可见一斑。

第四计是"瓮中捉鳖"。洪承畴仅剩万余兵马，退守到松山城。皇太

极立即移营松山城下,挖战壕围困。松山地形中凹,像一个盆地,松山城正处于盆底。洪承畴在皇太极眼中,正好比瓮中闷鳖、釜中游鱼。但他围而不攻,坐待明军自乱。果然,有人叛乱投诚,皇太极里应外合端下松山城,洪承畴成为俘虏,并最终降清。

关于洪承畴降清的过程,有多种说法,有的说是皇太极亲自劝降,以诚动之,有的说皇太极运用美人计,无论哪个说法,都说明了皇太极的计谋和对人才的爱惜。

洪承畴这个人,到崇祯朝时才得到重用,被俘之初,可能也抱着像文天祥一样必死的决心,然而,忠臣不是那么好做的。忽必烈对文天祥的态度绝对不比皇太极对洪承畴的态度差,而文天祥终是不降,洪承畴却降了。这只能说洪承畴自己的决心不大,是个珍惜自己小命的人。关于此点,曾劝降洪承畴的范文程一针见血地指出"(洪承畴)衣服脏了,尚且顾及,何况命乎",所以他的投降是性格所决定的。

当初汉代名将李陵投降突厥时,是抱有与汉里应外合的诈降之心的,可惜汉武帝太心急,一怒之下诛了李家九族,李陵无奈,只好留在突厥。洪承畴不同,明崇祯帝以为他必以死殉国,对他进行风光大葬,又是追悼会又是全国表彰大会,可以说是隆重之极,而洪承畴终是死心塌地效忠了清朝,为清朝问鼎北京扫清障碍,他用自己的行动结结实实地扇了崇祯一个大耳光。

阎崇年先生认为洪承畴之所以投降是在内心做了番比较的。他在牢里头前思后想,把皇太极和崇祯帝以及农民军做了个比较,他认为皇太极可以算是真命天子,将来会有一番作为。洪承畴一直和农民军打仗,很清楚他们将来不可能统一天下;明朝他也了解,他是三边总督,对明朝的腐败心知肚明,这种腐败之势难以挽回;清朝的情况通过打仗,以及在囚所里所见所闻,也有一些了解,他判断清朝有可能继续发展,进入中原。人性中都有趋利避害的一面,在自身性格和政治权衡的共同作用下,洪承畴才做了投降清朝的决定。

阎崇年先生曾夸张地说实现皇太极入主中原这个宏伟志愿的是洪承畴。他将皇太极和崇祯皇帝做了个对比:崇祯皇帝把自己的忠臣、蓟辽督师、著名英雄袁崇焕视同敌人,处以磔刑,自毁长城;皇太极对自己的敌人,千方百计地劝说让你投降,化成自己的力量,然后再用洪承畴等这些降人再攻打明朝。一个是把自己的人变成敌人，杀了；一个是把自己的敌人降服，变成自己的力量，成为对手的掘墓人，就这点来说，皇太极比崇祯皇帝高明。

自努尔哈赤兴兵以来，清军与明军有过三次大战。第一次是萨尔浒大战，清军大胜，明军由军事进攻变成退守防御，努尔哈赤则开始施行军事进攻。第二次是沈辽大战，努尔哈赤占领了沈阳和辽阳，标志着明朝在辽东统治的结束。第三次就是松锦大战，标志着明朝在辽东防御体系的完全崩溃，清朝在辽西统治的确立。现在，在盛京与燕京之间，就只剩下一座山海关了。

迎来清军，吴三桂的一搏

鼎湖当日弃人间，破敌收京下玉关。
恸哭六军俱缟素，冲冠一怒为红颜。
红颜流落非吾恋，逆贼天亡自荒宴。
……

吴梅村一首《圆圆曲》在当时家家传诵，尴尬得吴三桂无地自容。据说他曾经派人送黄金一千两让作者将"恸哭六军俱缟素，冲冠一怒为红颜"删掉或予以修正，吴梅村断然拒绝："天下皆知，改又何益？"此后，这两句就成为吴藩王的标准评价，永远钉在历史的耻辱柱上，成为后人的笑柄。吴三桂的降清真的是因为"红颜"之怒吗？

柏杨先生在《中国人史纲》中提到，吴三桂得到李自成即位的消息，决定投降。他父亲吴襄正好也派遣仆人到军前劝他入朝。但经过下列一段对话后，吴三桂的态度立刻转变。他问他父亲的情形，仆人说："已被逮捕。"吴三桂说："我到北京后，就会释放。"又问他的财产，仆人说："已经没收。"吴三桂说："我到北京后，就会发还。"又问他美丽的爱妾陈圆圆，仆人说："已被宰相刘宗敏抢去了。"吴三桂火冒三丈，下令他的军队为死去的皇帝朱由检穿上白色丧服，誓言为朱由检报仇。在答复他父亲的信上，他慷慨激昂地说："父亲既不能当忠臣，儿子自不能当孝子。"于是，转过脸来，向昨天还是敌人的清帝国投降，请求清帝国派遣军队入关，联合剿匪。似乎真的是为了陈圆圆而冲天一怒，引兵倒戈。

其实,吴三桂开始似乎是很忠于明的。当时在山海关外,明朝只剩下宁远一座孤城的情况下,吴三桂还能不为清廷的百般劝诱所惑而降,这毫无疑问是他忠于明朝的表现。而等到他退守山海关,南北驿道上羽书往还,信使星驰,两大军事集团都在争取吴三桂。皇太极曾手谕并指使早已降清的吴三凤、祖大寿、祖可法以兄长、母舅名义招降吴三桂,许以"功名富贵""分茅列土之封",吴三桂的反应是"答书不从"。李自成也曾派明降将唐通、王则尧等人前往辽东劝降,皆被吴三桂拒绝。

如此看来,吴三桂似乎是抱定效忠明朝的决心了,果真如此吗?

李自成进攻北京前,崇祯帝曾封吴三桂为平西伯,命其火速入京护驾。吴三桂倒是有所行动,但他以宁远民众恐遭鞑靼屠戮为借口,徙宁远兵民数十万人入关,军民混杂,还有护送老幼,这样的行军速度,能"火速入京护驾"吗?相比之前袁崇焕狂奔四百多公里由宁远至京护驾,我们吴总兵的速度是不是太慢了呢?

果然,军民缓缓行至丰润,北京城就被李自成攻陷了,吴三桂遂引兵北返,退居山海关,坐观时局变化。正是这一举动,让他成为一位在大顺和大清之间举足轻重的人物。

大明灭亡了,属于明军的吴三桂立刻成为"自由人",他驻守在南北咽喉要冲的山海关,向内,他可以外拒清军铁骑;向外,他可以打开中原的入口,引清军直捣燕京。吴三桂在窃喜:这正是他想要的结果。

吴三桂这个人,精明机敏,城府极深,遇事很有主张。他在任何场合都能游刃有余,和任何人都能迅速建立起亲密的关系。虽然是名门之后,可他身上见不到一点纨绔之气,和任何人交往都是一派和颜悦色,彬彬有礼,从无疾言遽色。对于那些身居高位、于他的前途大有关碍的人物,他更是善于攀附,于不显山不露水之中赢得他人的好感。天启年间,高起潜代皇帝总监辽东兵马,初出茅庐的吴三桂就认这位位高权重的太监做了义父;大学士方一藻巡抚辽东以后,吴三桂很快和其子方光琛成了结拜兄弟;洪承畴经略辽东之后,他又和洪的亲信幕僚谢四新结为至交,所以历任边关大吏无不对他宠眷有加。这样一个左右逢源的人物身处乱世,是不可能没有点自己的想法的。

经过松锦一战后,吴三桂对形势有了更清醒的认识,在这点上他和洪承畴是一样的,明廷的腐朽他心知肚明,清军的强悍他也是亲身经历过的，但是，瘦死的骆驼比马大，究竟谁胜谁负，一时间吴三桂还不敢妄下定论，更何况还有一股势力——李自成的起义军也在迅速壮大中，而且实力也不容小觑。吴三桂想得更远，他要让时间证明谁才是更值得他选择的，所以，无论对于李自成的劝降还是皇太极的利诱都拒绝了。这并不代表他对明朝是忠心的，不然他肯定也会像袁崇焕一样在崇祯遇到危难时狂奔至皇帝脚下。

　　他在耐心地等待，等待三方势力厮杀将要分出个胜负的时候，等待自己能够把握更大筹码的时候，再决定橄榄枝的抛向。当然，他的内心肯定也有一种野心：说不准还能渔翁得利，乘势做个皇帝呢！

　　当崇祯皇帝召他火速入京护驾时，直觉告诉他机会来了。他决定赌一把，拿自己的前途和命运赌大明的必败，赌自己能够取得更重的筹码。他把眼光聚焦在山海关——南北咽喉要地上。于是才有了迁徙宁远居民缓缓而行，当大队人马途径山海关时，他曾一度认为自己赌输了，当北京城陷的消息终于传来时，吴三桂长出一口气：李自成你真给哥们争气！立刻调转马头，退居山海关，静观时局变化，坐等机会上门。

　　李自成这任新太子容不得眼皮底下存在这样的威胁，而清朝自皇太极去世、幼主福临即位后，摄政王多尔衮决定会师南下，实现"问鼎中原"的目标。两股分别来自北京、盛京的铁流，南北相向，汇向山海关。

　　吴三桂，手握四五万兵力的自由兵团，瞬间成为可以左右战局的炙手可热的人物。他的作用，可媲美楚汉相争时的韩信。当时韩信"为汉则汉胜，与楚则楚胜"，而吴三桂则"为顺则顺胜，为清则清胜"。手握如此重要的筹码，待价而沽的吴三桂知道自己可以卖个好价钱了。

　　从民族感情上讲，吴三桂可能更倾向于大顺，毕竟同为汉人，而清军是异族野蛮人，投向他们很可能前途叵测。可惜，这些好感都被李自成及其手下的所作所为冲散殆尽。与韩信本身属于汉集团不同，吴三桂其时不属于任何集团，是独立于顺与清之外的，李自成不仅对他没有"解衣推食"之情，反倒有"扣父夺妾"之恨。所以，吴三桂迎清军入关的决定也不武断。何况，吴三桂还有自己的打算，起初，他打算效仿申包胥忍辱负重、求秦复楚，他与多尔衮的书信屡次提到"求助于大清"，而清兵入京后亦宣称是来帮助驱逐"流寇"的，虽然清兵打出这样的口号可能出于诸多政治因素考虑，但也从侧面证明了此点。

然而,时代毕竟不同,他不是申包胥,清军也不是秦军,历史的洪流是不能阻挡的。清兵接下来的表现却让吴三桂大失所望。用柏杨先生的话说,"流寇"已经被驱逐,应该把房子归还原主人了。可是这位正义凛然的大侠客,不但不把房子归还,反而把自己的家搬过来,坚持说他们就是主人。

这样,吴三桂的请兵之举立刻变质为"降军"之举。

吴三桂此时对自己的前途肯定也是忐忑不安的,所幸此刻多尔衮一方面为了保存实力,一方面为了削弱吴三桂的兵力,催促他向南扫平起义军。吴三桂也知道,自己与洪承畴、祖大寿他们不同,自己拥有一支独立统率的部队,清朝对自己虽然外示优宠,但内存疑忌,并未授之以事权,留在北京附近只会使自己死得更早,不如乘势南下,一面确立战功,一面扩张自己的势力。最终他的目的达到了,他成为藩王,坐拥一方,恍若土皇帝。当然,代价也是惨重的:除了陈圆圆,他一家包括父亲吴襄在内共38口都被李自成所杀,他本人则成为"冲冠一怒为红颜"助满人夺取汉人江山的"汉奸"。

吉林大学的李书源教授,在评价这一段历史时叹道:历史评价有时候真是悖论,清兵入关,建立清王朝,如同公元5世纪日耳曼人入侵西罗马帝国一样,给衰败的中国社会注入新的活力,因而受到人们肯定。但引清兵入关的吴三桂却成为千古罪人,钉在了历史的耻辱柱上。所以如此,是由于存在着两种评价标准:一是以历史的发展为尺度,一是以道德为尺度。离开道德尺度,成王败寇,历史失于涵育人文的作用,而离开了历史发展的尺度,历史则又成了难辨是非的一团乱麻。

著名历史学家李治亭先生提出了他自己的评价标准:是否符合历史发展方向,即大一统的标准。正如清朝的大一统是值得我们肯定的一样,对大一统有利的人或事也应该为我们所肯定。当然这只是大方向的把握,在具体问题上还要具体分析。但有一条还是永恒不变的:功者功之,罪者罪之。正如阎崇年先生在谈到正说历史时讲的那样,只是需要将历史的真正面貌呈现出来,功罪自有人评说。

大清王朝，进驻紫禁之巅

千年古都，两易其主

燕京，煤山，寿皇亭旁的古槐下。东方未明，一个太监打扮的人扔掉手中的笔，捧着写满字迹的衣服，站起身来。侧耳倾听，大顺士兵搜索的声音渐渐逼近。时间不多了，他整好衣冠，仰天长叹。手握树上垂下的三尺套索，突然有一种解脱的感觉。

古树无语，光秃秃的枝头晃了几晃，又渐渐趋于平静。其时是1644年3月19日，崇祯自缢，明朝灭亡。

在中国历史上，1644年是一个非常特殊的年份，崇祯十七年、永昌元年、顺治元年，北京这座千年古都在43天内两易其主，一年之中，紫禁城的龙椅上坐过三个皇帝。三百六十多年中后人对那一年发生在北京的历史，以及对中国的影响的探讨经久不衰。

紫禁城的三位主人依次是大明崇祯帝朱由检、大顺皇帝李自成和大清顺治帝爱新觉罗·福临，三人的更替是有其历史必然的。

范文澜先生说，明朝崇祯帝即位后，诛灭客、魏，一时颇有振兴朝纲、挽救危亡之势。但是，魏忠贤败后，阉党仍企图操纵朝政，长期延续的党争并没有消除。加之崇祯帝专擅自用，对文臣多有猜疑，对武将任意杀戮，屡斩败将，臣下为保住脑袋多求避祸，少有建言。统治集团长期动荡，上下官员贪贿风行，军兵日益虚溃。

柏杨先生更是一针见血地指出，朱由检（崇祯皇帝）惯用的伎俩就是用小动作掩人耳目，他最勇敢的事是杀人。他发脾气时，像一头挣脱了锁链的疯狗，人性和理性全失。一个城市沦陷，就把守城的将领杀掉。

他对饥饿的武装群众也恨入骨髓，坚决地指控只是一撮奸邪份子煽动起来的，有人向他提及饥馑和官员乡绅贪暴，他就发怒，发怒的原因是他无法解决，所以他不愿听到。不过他却相信小动作可以帮助他，确

信仅虚心假意地表演一下就能掩盖天下人的耳目，所以他不断地宣布"避殿""减膳""撤乐"，不断地声言流寇也是他最亲爱的赤子，不断地下令政府官员自我检讨。有一次还把宰相们请到金銮殿上，向他们作揖行礼，说："谢谢各位先生帮助我治理国家。"然而不久就大发雷霆，把被他谢过的"各位先生"杀掉了。

朱由检的急躁性格，使他好大喜功，并且认为重刑是促使他部下创造奇迹的动力。但有才干的部下又使他如芒刺在背，他只能用宦官型的恭谨无能之辈，只有在这种人面前，他才心情愉快。朱由检常叹息他无缘得到岳飞那样的将领，其实，恰恰相反，他已得到了一位"岳飞"，那就是袁崇焕，结果却用冤狱酷刑对待他。

即使他在死之前都不忘记用点小伎俩掩人耳目，他在自缢之前留下这样一份遗书："朕凉德藐躬，上干天咎，然皆诸臣误朕。朕死无面目见祖宗，自去冠冕，以发覆面。任贼分裂，无伤百姓一人！"

意思是说：虽然由于我品德不好，上天才降下亡国惩罚，但也是群臣误我。我死无面目见祖宗于地下，请去掉我的帽子衣服，把头发披到我脸上。任凭逆贼割裂我的尸体，不要杀伤人民一人。

柏杨先生分析说：这份遗书可能是后人伪造的，但也可能是真的，因为它充分显示了朱由检用小动作掩人耳目的伎俩。他把失败的责任一股脑儿推到别人身上，自己责备自己品德不足，并不是真心地承认错误，而只是用以烘托群臣的罪恶。问题是，群臣中没有一个人出于民选或由老天爷派下来的，全部由朱由检任用，中国那时有六千余万人口，不知道他为什么专挑选一些"误他"的人当他的政府官员。朱由检要求"逆贼"不要伤害人民，他也知道"逆贼"不会听他的，这种廉价的文章，不过企图留下他非常慈悲的印象罢了。那些在安塞县荒郊哭泣爸爸妈妈和蹲在地上吃粪土的孩子，以及被明政府军屠杀的难民饥民，恐怕不会相信朱由检有此悲天悯人的胸襟。

相比之下，大顺皇帝李自成倒是颇受穷苦百姓的拥护，他打出的"高筑墙、广积粮、缓称王"和"迎闯王、不纳粮"的口号，群众基础良好。同时，他也有一定的政治头脑，身边既有像牛金星、李岩这样的智囊，又有如刘宗敏、李过这样的二流将领。而且李自成的为人还算不错，由于清军的连续攻击，大大削减了明军的兵力，当他进攻北京时，守城宦官又大开城门，兵不血刃即进入北京。他可谓占据天时和人和。

然而，自从进入北京，坐上皇帝的宝座，被胜利冲昏头脑的他对形势缺乏清醒的判断，以致作出一系列错误决策。

首先，对外部形势估计错误。大顺攻占北京后取代明朝，此时其处于四面受敌的被动地位，特别是北面的清军和江南的明室残余，构成了夹击大顺的严重形势。但这些并未引起大顺军的领导者们足够的警惕，他们骄躁轻敌，甚至认为山海关是弹丸之地，"不足当京师一角，用脚尖踢倒耳"；江南地区，不需重兵，即可"传檄而下"。强敌压境，大顺政府却忙于筹备李自成做皇帝的登基大典，军士们则竞相"追赃"积财，准备还乡。

其次，内部措施失当。由刘宗敏、李过等向官员、富户"追赃助饷"。明朝官员除被录用外，均交刘宗敏发落，勒令献出金银。勋戚大臣献银不足，即加拷掠追逼，被夹者多至数百人。明外戚周奎（周皇后之父）献银五十万两，仍被夹死。巨商大贾甚至当铺、饭馆，均被搜掠。徽商被拷掠者多至千人。被捆绑追索的人，不绝于道，京城一片恐怖。

对于这些举动，郭沫若先生在《甲申三百年祭》中认为是起义军变质了，范文澜先生则认为起义军并没有变质，而是农民军继承自发起义的朴素传统这一弱点，对内、对外都缺乏有效的措施的结果。

这些错误估计和措施导致大顺军心涣散，而且完全丧失了地主阶级的信任——这也是影响吴三桂开关迎清兵的一个因素，失败已在所难免。

再看看清军的举措。其实这场"真命天子"争夺战与其说是福临的胜利，不如说是皇太极及其事业继承者多尔衮的胜利。皇太极的前期经营，围绕"取燕京如伐大树，须先从两旁斫削"的方针，将清朝完全孤立，为谋取中原奠定了基础。

在对形势的估计上，相对于明朝政府的耳目塞听、掩耳盗铃和大顺政府的盲目乐观，清朝政府则要高明得多，早在多尔衮进军中原前，清政府首席文臣范文程说："我国虽与明争天下，实与流寇角也。"提出争夺中原的主要敌手是大顺农民军。清醒的认识让他们能够有针对性地采取适当策略实施行动。

在人才的笼络上，皇太极和多尔衮软硬皆施，要么诱之以利，如吴三桂等，要么动之以情，如洪承畴等，实在无法拉拢的才用计除去，如

袁崇焕等。而且在用人上,疑人不用,用人不疑,所以麾下一帮骁勇之将和智谋之臣如洪承畴、范文程等均死心塌地地为之效命。相比专擅猜忌的崇祯和旗下无大将的李自成,皇太极和多尔衮在用人策略和人才上就占据优势。

在战争的正义性上,清军又打出替明朝"驱逐流寇",为明朝子民报君父之仇的口号,俨然一副大侠风范。进入北京城内,清军采取的一系列措施也充分体现了这一点。如殡葬崇祯皇帝和皇后,官民戴孝三天等,以示对亡明的尊重;宣布"官来归者复其官",降清的汉族文武官员,都升级任用;宣布"民来归者复其业",即恢复汉族地主的田产;宣布按照明朝会计簿租税额,征收地亩钱粮。如宣布文官衣冠,暂用明制。这些政策对争取汉族地主阶级的支持,取得一定效果。顺天巡抚宋权就对他的部下说:"我封疆臣,国亡无所属,复故主仇者,即吾主也。"

清朝的这些措施的制定有赖于汉官范文程的贡献,他认为战胜农民起义军的办法"当申严纪律,秋毫无犯","官仍其职,民复其业",维护汉地原有的封建秩序。无论是皇太极还是多尔衮都相当倚重范文程,对他的建议也能做到欣然采纳。相比之下,专擅的崇祯差得太远了,而李自成也好不到哪里去,在他要亲率大军讨伐吴三桂时,谋臣宋献策曾劝阻他:"皇爷去,皇爷不利;三桂来,三桂不利。"李自成不听,终致失败。

历史的发展有其偶然性,更有其必然性。明朝的灭亡是必然的,紫禁城43天内两易其主是偶然的。偶然的发生,则是许多必然因素不断积聚所致。阎崇年先生指出,清朝的百年大计是清太祖、清太宗定的,把这个事情变成现实的人是多尔衮,而实施者则是他手下的精兵强将,享用者是幼主福临。所谓的"真命天子",其实还是由人决定的,没有了太祖、太宗的积累,没有了多尔衮的辅政,没有了手下文臣武将的效忠,"天子"终归要如天边的流云般被历史的罡风吹得烟消云散,不知所踪。

血腥开拓,十日屠城

"清淮流,鞠城下。顾见穹庐张四野,谁言法公真死者!反复覆,城当复;我买刀,趋卖犊。"这是清代吴炎、潘柽章合著的《今乐府》中的

《芜城叹》一诗，此诗题为"悲维扬也"，控诉了清兵攻占扬州城后，屠城十日的暴行。

北京的明朝政府被推翻后，陪都南京的文武大臣立福王为新君，是为南明政府，图谋复明。新入中原的清军一路杀来，无论是农民军还是南明军，一概杀之。

1645年4月，清军进攻南明，兵围扬州。史可法正在扬州督师，固守孤城，急命各镇赴援，但各镇抗令拒不发兵。清军乘机诱降，史可法严词拒绝。清军主帅多铎先后五次致书，史可法都不启封缄。清军攻城，史可法率军民浴血而战，历七昼夜。25日城破，军民逐巷奋战，大部分壮烈牺牲。清军纵兵屠戮，"十日不封刀"。满洲人烧杀淫掠，无所不为，繁华都市顿成废墟。

据《扬州十日记》记载，屠城时"诸妇女长索系颈，累累如贯珠，一步一跌，遍身泥土；满地皆婴儿，或衬马蹄，或藉人足，肝脑涂地，泣声盈野"，"初四日，天始霁。道路积尸既经积雨暴涨，而青皮如蒙鼓，血肉内溃。秽臭逼人，复经日炙，其气愈甚。前后左右，处处焚灼。室中氤氲，结成如雾，腥闻百里"。后来，由城内僧人收殓的尸体就超过了80万具。

在清军挥师南下征服汉族的过程中，不仅是在扬州、江阴、大同、湘潭、汾城、广州等都遭到了一定程度的屠戮，这还不包括此后因剃发令遭拒引起的大屠杀。

在中国历史上，由少数民族入主中原并最终一统天下的朝代只有元朝与清朝。这些被汉族称之为异族的"羌胡"之民，每征服一处，都是建立在无数无辜人民的白骨之上的。

世界历史亦是如此，古罗马的圣火被野蛮人用血腥泼灭之前，克里特文明与迈锡尼文明也被灭绝，只有少许线型文字供后人猜测。这些都"归功于"灭绝人性的种族大屠杀。

相比之下，蒙古与满清的铁蹄与屠刀还算是比较"钝"的，起码汉族的文明保留了下来，汉族也才得以不断地延续下去。也幸亏如此，不然，中国可能也像克里特文明与迈锡尼文明那样成为消失的文明了。

在13世纪，蒙古大军的铁蹄在亚洲纵横驰骋时，不论是对待汉族，还是对待其他民族，烧杀抢掠的变相屠城对他们来说都是家常便饭。为

了逼敌人投降,蒙古军会以屠城胁迫,不投降的,一旦城破则必进行大肆屠戮。即便是投降的城池,有时也难逃屠城的厄运。据《多桑蒙古史》记载,在望风而降后依然遭到蒙古人屠城的大城市就不下五十座,小村庄更不计其数。成吉思汗甚至提出将汉人之地夷为草原牧场,幸亏大臣耶律楚材一番巧言化解,才让汉族化险为夷。满洲军无疑也秉承了蒙古大军的"杀戮"本性,面对无辜的居民,一次次举起带血的屠刀。其实,满清进入北京时,采取的一系列政策都是安抚民心的,没有丝毫的屠戮趋向,为何一旦南下,就露出狰狞的面目呢?

有人将之视为民族冲突,但是,民族冲突的高峰是在少数民族统治时期,而不是开始统治时期。为什么在尚未开始统治时就大肆屠戮呢?此时实施屠杀又有什么目的呢?

首先,屠城是一种野蛮的心理发泄。人潜意识中都希望一切按自己的意志行事,一旦受到阻拦,难免要心生恼怒,怒而成愤,这是人性。清军在攻城过程中受到阻拦,恼羞成怒,城破之日屠戮居民,以泄心中之愤,这是一种赤裸裸的原始人性的体现。

其次,以战养战,补充补给和提高士气。通过屠城抢掠,将居民财物据为己有,从而达到以战养战的目的,当然,财富的聚集是以文明和经济的破坏为代价的。同时,通过屠戮毫无反抗能力的居民获得暂时的心理安慰,从而保持旺盛的斗志。

屠城还能起到一种威慑作用。汉族向来就有"夷夏之防",对少数民族颇为不屑,从对他们的称呼"南蛮、北狄、东夷、西羌"上就能看出这种蔑视态度。而众多的少数民族一开始却是处于汉族建立政权的压迫之下,难免对汉族心怀怨恨,所以用这种血腥的屠戮来压迫反抗者的神经,提醒他们:你们有什么了不起的,还不照样被我们像捏死蚂蚁那样轻易杀死。从而让他们在这种威慑之下乖乖就范,匍匐于自己脚下。

范文澜先生指出,历史上的战争和大屠杀多为民族斗争,在这段时期内,"残酷斗争是一方面,但还有民族融合的一面,斗争与融合同时并进,斗争完了的时候也就是融合完成了,汉族因增添了新鲜血液而进一步发展。从远古传说的炎黄之战和黄帝与九黎蚩尤之战,一直到满洲入主中国,几乎无例外地说明民族斗争是民族融合的必然过程。

由此看来,在统治开始之前实行异族屠戮多少为民族融合贡献了一点力量。用屠杀的威慑力来增强本民族的影响力，提高本民族的地位，只有两个民族基本持平了，才有融合的可能。虽然效果未必好，但多少能起到作用。而对于统治者来说，这点作用已经足够了。

当然，我们不是在为屠戮者开脱罪名，这些罪恶是不容找借口推托的，更何况，他们屠杀的目的并非如此，只是一种由此衍生出来的影响而已。而且，屠城之举也未必都是少数民族所为，未必都是在异族之间发生。

东汉建国时期，那些所谓的大将，各个都是名震当世的屠杀狂。其中名声最为浪籍的莫过于大屠成都的吴汉，他打败公孙述入成都之后纵兵大掠大杀，其累累暴行只能用令人发指来形容。不过从数量上来讲，吴汉远远比不上耿弇。"弇为将，凡所平郡四十六，屠城三百，未尝挫折焉。"东汉建国初期，天下共设十二州，而每州设六到八郡，每郡中县城亦不过七八，笼统计算也就只有七百多城而已。耿弇一个人就屠了将近一半的城市。当然三百可能只是虚指，但肯定为数不少，这点是毋庸置疑的。

与此同时，汉族地主阶级在血腥镇压农民起义时，他们的残忍与刀下冤魂的数量丝毫不逊色于王朝统一前的屠杀。因此，无论是怎样的屠杀，最无辜、受伤害最大的还是广大的劳动人民，最有资格批判这些罪行的也是他们，然而，在封建统治之下，哪里有他们说话的份啊。

扬州十日屠戮，无辜居民的鲜血换来了统治者的满足，血腥的疆土开拓暂时让反抗者忍气吞声，但是，很快，清朝统治者的贪欲挑起了新一轮的反抗。

嘉定三屠，剃刀蕴藏的冲突

1645年5月的一天，金銮殿上发生了一件趣事。早朝时候，满汉两班大臣依次入列。忽然，满班大臣中一片骚乱。原来是一位汉朝官员——明朝降臣孙之獬，不知何时竟然剃发易服混入满族大臣队列，被满族大臣发现，驱逐出来。众满族大臣轻蔑地撇着嘴：小样儿，别以为你扎个小辫、穿个马甲就认不出你来了！

孙之獬悻悻地回归汉臣队列，不料又被赶了出来：数典忘祖的家伙，

别跟我们站一边!

尴尬的孙之獬羞得满脸通红,愤然上奏道:"陛下平定中国,万事鼎新,而衣冠束发之制犹存汉旧。此乃陛下从中国,非中国从陛下!"

孙之獬不知道,他这一"愤然",导致江南百万生灵尽膏锋刃。

蒙元统治中国,衣冠服制仍沿汉俗,并无改变。清军初入北京,采取了一系列安抚民心的措施,"民来归者复其业""官来归者复其官",许多制度依循明制。对于衣冠、发式的改变也比较谨慎,以致多铎进入南京之时,还曾颁布告示:"剃头一事,本朝相沿成俗。今大兵所到,剃武不剃文,剃兵不剃民,尔等毋得不道法度,自行剃之。前有无耻官先剃求见,本国已经唾骂。特示。"由此可见,最初对于剃头一事,不仅不强迫,而且不允许擅自剃,颇有认为"汉民"不配之意。所以明臣仍冠服如旧,上朝时分为满汉两班。

然而,多铎发布告示还不到一个月,这项政策却发生了180度转变:清政府颁布"留头不留发,留发不留头"的强行剃发令,全体官民,"尽令薙发,遵依者为我国之民,迟疑者向逆命之寇,必责重罪","其衣帽装束,许从容更易,悉从本朝制度,不得违异"。

是什么原因导致清王朝改变主意,转而强令民众剃发易服呢?真的是因为孙之獬的"愤然"一奏吗?

张研、牛贯杰认为,多尔衮拿下南京后,以为高枕无忧,转而以征服者姿态实行民族高压政策,于是向全国颁布剃发、易衣冠令。

这确实是原因之一,当时清军挥师南下征讨时,竟然出人意料地进展迅速,如狂风扫落叶般,不到一年的时间,江南半壁臣服,除了东南、西南,满清基本已控制了整个中原。这大大出乎多尔衮他们的意料,用柏杨先生的话说,"满洲民族大为惊奇,惊奇他们自己的满洲兵团竟是如此的英勇,也惊奇汉民族竟是如此糟透了的懦弱",这让清政府更加肆无忌惮。

此外,还有一个原因,就是汉人官员的推波助澜,通过上面多铎颁布的告示,不难发现,像孙之獬之类剃发易服以讨好清王朝的大有人在,这帮归顺的官员别的不会,拍马屁倒是颇见功力,主子换了,立刻入乡随俗,不仅自动剃发,以示忠贞不贰,而且上书建议,以媚上谋取赏识。比如孙之獬那番慷慨陈词,"此乃陛下从中国,非中国从陛下"! 多么愤慨，多么掷地有声啊！再配合一把鼻涕一把泪的诚恳表情，俨然魏征在世，寇准重生。

这样，一方面，清朝的安抚之策已达到目的；另一方面，汉人的懦弱，汉官员的吹捧，让清政府感觉名正言顺地入主中国的时机已成熟，疑虑之心尽消，即使没有孙之獬的奏折，剃发易衣冠也是早晚的事，孙之獬之属不过是引发剃发令的导火索罢了。

然而，清政府高估了汉族人的忍受力，低估了汉民族的伦理观。它以为懦弱的汉人连砍头都那么配合，剃个头发、换身衣服有什么大不了的。偏偏是这个大不了的决定把事情闹大了！

柏杨在《中国人史纲》中说道："（剃发令）一下子触发起疲惫不堪的汉人的民族情愫，原来对砍头都驯服得像一群羔羊，忽然间只因为要剃掉他们头上一部分头发而怒吼如虎。"一位西洋的传教士马丁尼在他的《鞑靼战争记》一书中也写出了他的惊讶：

"鞑靼军发现没有任何抵抗，顺利地占领绍兴。浙江省南部各县，也很容易地予以征服。鞑靼这时候下令，强迫新近归降的汉人剃发，于是所有汉人，无论士兵和市民，都愤怒起来，手执武器向鞑靼反抗。他们对国家和皇帝都没有这种热爱，为了保护自己的头发，却舍生命去抵抗强大的敌人。"

汉人的强烈反抗令清政府出乎意料，在嘉定，平民组成的"乡军"与清军展开了激烈的争斗，清军接连屠杀三次，杀人20万，才强行镇压下去。在江阴，典吏阎应元率民众浴血奋战，整整固守了80日，外无援军，内无粮草，又遇暴雨城崩，清军才得以攻入城中，江阴人或战死或自尽，无一降者。这就是最具典型性的激烈反抗"嘉定三屠"和"江阴三月"。汉人的激烈反抗是有原因的。

剃发对当时的汉人而言，心理上是难以承受的。"身体发肤授之父母，不可损伤"，这是千年以来的伦理观，也是一种根深蒂固的思维方式。这些根深蒂固的观念不仅主宰着传统知识分子，而且在千年的岁月里也在下层民众心中扎下深根。

其实在剃发令颁布之前，与当时江南很多城镇一样，南京投降后，嘉定也曾"结彩于路，出城迎之"，且还用黄纸书"大清顺民"四字贴于门。老百姓对于谁做皇帝，倒是不太计较，反正谁做皇帝都是一样完粮

纳税,跟自己本身利益都没有什么利害冲突,你清政府一切按明制进行,我该怎么过还怎么过,至于外面说的清军杀人的事,只要不砍我的头就行,老百姓的思维就是这么简单。

然而,剃发易衣冠令一颁布,事情就大不一样了。在他们看来,易衣冠倒无所谓,换身衣服没啥大不了的,关键是这个剃发,简直是欺人太甚!"身体发肤授之父母,不可损伤",剃发不仅有违传统,而且是一种侮辱,对自己父母、祖宗的侮辱。这可是涉及到每个人的切身利益啊!骂皇帝、杀皇帝都无所谓,但你侮辱我的祖宗就不行了。民众被激怒了,于是,本已逐渐平静的江南又骚动起来。各地地方官和民众纷纷揭竿而起,逐走清政府派来的县令,占据了城市,喊出"宁为束发鬼,不作剃头人"的口号,摆出一副与清政府决一死战的架势。

所以这场反抗,看似是对"剃头"的反抗,实际上是根深蒂固的汉族文化和异族文化两者之间的对抗。随着清军对反抗的血腥镇压,又进一步升级为民族矛盾。刚刚扫平的江南各部,又举起了"反清复明"的大旗,南明鲁王监国政府、隆武政府、绍武政府、永历政府,降清的明军将领、农民大顺军、大西军余部,海上郑成功等,他们之间交错联合,相互呼应,掀起了波澜起伏的抗清斗争。这些接连不断的抗清斗争,曾一度使新立的清政府几乎面临灭顶之灾。年幼的顺治帝惊慌失措,甚至想退回关外,被孝庄皇后严厉申斥了一番。

"乡军"虽声势浩大,人数众多,但毕竟是平民百姓,纯属乌合之众,毫无纪律,更谈不上组织和战斗力了,所以根本无法与装备精良、训练有素的满洲铁骑抗衡。野蛮的血腥很快就压制住了激烈的反抗,"远近始剃发,称大清顺民云"。然而,由此引发的民族矛盾,"反清复明"的势力,清军用了长达二十余年的时间才基本肃清。

张研、牛贯杰在谈到这段历史时说,这是一个被中原汉族政权长期以民族高压政策欺压的边疆民族反过来夺取中原政权的过程。这一过程,又因其以民族高压政策欺压汉族而举步维艰。

值得一提的是,无论是"扬州十日"还是"嘉定三屠",施暴者中都不乏汉人的身影,尤其是在"嘉定三屠"中,"主刀"的将领就是汉人李成栋,这些所谓的"汉奸"成了清朝统治者的得力助手。柏杨先生因此颇有感慨地说:"回溯十二世纪的往事,金帝国以雷霆万钧之力南侵,却只能推进到淮河为止。而它的后裔清帝国,却迅速地把全部中国并吞,主要的原因是,金帝国在开始时便缺少得力的汉奸和汉奸兵团的帮助,以致完颜兀术虽然渡过长江,仍是一支盲目的孤军。而清帝国入关时,已豢养了不少强有力的汉奸和汉奸兵团,吴三桂更是摇着尾巴送上门的狗。很多重大战役,往往不是满洲人攻击汉人,而是汉奸攻击汉人。"

"剃头"一事告一段落,与此事相关的孙之獬也在这场轰轰烈烈的斗争中"归位"了,他在原籍时遭谢迁之变,城陷,身加三木,至以针穿缝两唇,祖孙五人都被杀死。这么"富有创意"的死法,也算是对他一句话导致江南百万生灵涂炭的一种"回应"吧。

大清王朝,进驻紫禁之巅

康熙大帝，畅春园里听风雨

小儿即位，铲除拦路虎

1661年，顺治帝出天花，病重即将不治，孝庄太后急忙召开会议，主持讨论子嗣继承问题。顺治帝本人意欲立皇二子福全。突然，有人用蹩脚的中文提出一条建议："为了避免圣上出天花不治的悲剧重演，应该挑选一名出过天花的皇子即位。"

这句话切中肯綮，孝庄太后心头一凛，决定采纳。托那位德国传教士、钦天监监正汤若望的福，已出过天花的玄烨即位。他，就是历史上赫赫有名的康熙大帝。

康熙即位，子承父业，他不仅继承了顺治的帝位，也继承了顺治登基后的状况。

顺治6岁登基，14岁亲政，康熙8岁登基，也是14岁亲政，但直到16岁除去鳌拜后才真正把大权握在手中。父子俩不仅登基年龄相若，亲政年龄相同，而且在他人摄政的情况下，受窝囊气的时间也基本相等。只不过，摄政之人不同罢了。

父子俩亲政路上的拦路虎分别是"叔父摄政王"多尔衮和辅政大臣鳌拜。

打开中国历史长卷，纵览历代帝王的所作所为，有一个共同的亮点，那就是在帝位的继承上的不断摸索，除去那些暴卒和白痴皇帝，帝王们，尤其是那些经过激烈斗争始登帝位的帝王，在帝位继承上都很会总结经验，尽量为自己的继承者扫平道路。

宋太宗赵光义，弟承兄位，还捏造出一个"金匮之盟"来。但他下面还有一个弟弟，若按"金匮之盟"他只能传位给兄弟，弟弟哪有儿子亲啊，他当然不干，于是提前动手，找个岔子就让赵光美去陪兄长赵匡胤了。顺治即位前，虽然皇太极生前颇宠爱他，但毕竟没有明确表示立他为太子，他帝位的继承是为避免两大派相争而拣的便宜，为了防止出现这种不确定的事情，他才在去世前委托太后主持召开"子嗣继承讨论会"，要在离世前亲手敲定继承者。

顺治即位时，年龄尚幼，摄政王多尔衮辅政。在多尔衮辅政的八年里，顺治形同傀儡，过得都是忍气吞声的日子，他是不允许儿子受老爹这份苦的。然而，继承帝位的儿子玄烨年龄亦幼，根本不能处理政务，必须有人辅政。怎么办？顺治思来想去，觉得多尔衮之所以把自己当木偶一样架空，是因为他是宗室亲王，有恃无恐。因此，一定不能把辅政大权交给宗室亲王，而且不能交给一人，必须由几人共同辅政，一来防止权力过分集中，二来也可让他们相互牵制。于是，顺治特命内大臣索尼、苏克萨哈、遏必隆、鳌拜四位异姓，也是他特别信任的大臣辅佐皇帝执政。并规定凡事需由四人协商一致，然后请示皇帝和太皇太后批准，四人中的任何一位，都不得私自上疏或朝见皇帝，不得私自决策大事。

这些规定，都是为了防止顺治帝年幼时辅政悲剧的重演。做完这一切，顺治以为都为小康熙安排无忧了，安然辞世。

然而，历史的发展总是出人意料的，康熙同样遭遇与父亲一样的境况。这个一手砸碎顺治帝自认为"无虞安排"的人，正是他视为心腹重臣的鳌拜。

鳌拜出身将门，精通骑射，从其青年时代起就效力军中，屡立大功。他曾跟随清太宗皇太极攻察哈尔部、征朝鲜，均有战绩。皇太极死后，在继承帝位问题上，他与两黄旗将领坚决主张拥立先皇（皇太极）之子，并不惜以武力相威胁，促进了顺治的登基。此后又忠心效忠顺治帝，屡受多尔衮的打击。顺治亲政后，重用鳌拜，鳌拜亦不负圣望，忠心事主，始终不渝。所以才被顺治钦点为四辅政大臣之一。

四辅臣中，索尼位居首位，他是四朝元老，位高望隆，但已年老多病，畏事避祸，在很多事情上往往疏于过问。苏克萨哈属正白旗，原本依附多尔衮。多尔衮死后，朝局一变，苏克萨哈出来告发刚刚死去的多尔衮，因此受到顺治重用，在四辅臣中名列第二。正由于苏克萨哈是从多尔衮那边分化出来的，索尼等人都瞧不起他。鳌拜与苏克萨哈虽是姻亲，二人却常常因政见不合而发生争论，宛如仇敌。列名第三的遏必隆出自名门，但为人庸懦，遇事无主见，又属镶黄旗，常常附和鳌拜。鳌

拜虽然屈居第四,但由于资格老,功高,常常以气势夺人。在这种情况下,鳌拜虽居四辅臣之末位,却得以擅权自重,日益骄横,开始走上专权的道路。

这样,顺治帝本以为替康熙准备了一个好开局,然而洗来洗去,发到康熙手中的,还是当初老爹登基时的那手牌。历史把他们父子俩拉到同一个起点上,而他们的人生长跑的成绩却迥然不同:一个英年早逝,一个则成为历史上在位时间最长的皇帝,开创出一代盛世。

父子同命不同运,开局相同,结局却大相径庭。这里面,除去各种外界因素外,最主要的是两人自身的努力,与父亲顺治相比,在奔赴亲政的路途上,康熙更幸运,表现得也更积极、更主动。

首先在学习上,顺治帝本身"先天不足",他曾说:"朕极不幸,五岁时先太宗早已宴驾,皇太后生朕一人,又极娇养,无人教训,坐此失学。"以致十四岁亲政时,"阅诸臣章奏,茫然不解"。而康熙则要幸运得多,他身受了三种文化的影响,他的家庭说满语,他的满族师傅教给他说满语,学满文,教给他骑射,他的汉族师傅给他讲"四书五经",他又受到儒家文化的教育,所以他既受到满洲骑射文化的影响,又受到蒙古草原文化的熏陶,还受到汉族儒家文化的影响。而且康熙的学习从四周岁开始,每天早上到上书房学习,晚上很晚才回来。更重要的是他很自觉、主动地学习知识,无论是严寒酷暑,没有一天中断,"早晚读书年无间日",累得吐血了,仍然坚持学习。相比之下,顺治就显得逊色了,顺治幼时贪玩,因此受到孝庄太后的严厉管教,并直接导致了母子二人关系不融洽。

其次在心态上。同样是被辅政者专权,同样是孤立无援、仰人鼻息,留给顺治的是巨大的心理阴影,这从他在多尔衮死后,追加罪名,挖坟掘墓、毁尸泄愤可以看出来。董鄂妃死后顺治几欲自杀,这也是心态不好的延续,后来崇佛谈禅,心态比以前好了,却矫枉过正,滑入空虚的旋涡。而康熙则要"阳光"得多,鳌拜的专权虽然给他造成很大的心理压力,也令他极为愤怒,然而,康熙能够制怒,而且把愤怒转化成动力,不动声色地与鳌拜周旋。

一次,鳌拜称病不朝,康熙亲自到鳌拜府中探望。他径直来到鳌拜榻前,发现席子底下藏有利刃。对此事他不但不加责怪,反而安抚说:

"满洲勇士,身不离刃,乃是本色。"

正如张研、牛贯杰所说,决定康熙优良品质和卓越才能的基础,是他在汉文化氛围中,自信为"天子"、唯我独尊的心理状态。就这样,良好的心态使得康熙表面上对鳌拜言听计从,实际上却韬光养晦,不露锋芒,暗地里发奋经营自己的势力。

最后在除去摄政者的战略战术上,顺治帝对除去摄政王多尔衮一直没有什么想法,一方面是多尔衮权倾当朝,功高震主,威赫一时,另一方面,也是年幼、怯懦而倔强的顺治一直没有主动去思考这个问题,也想不出解决问题的办法。如果不是多尔衮在壮年暴卒,顺治的傀儡生涯不知到何时才能结束。康熙则不同,其实他亲政时的年龄与顺治相同,都是十四岁,而且当时鳌拜权势正隆,很难对付。康熙没有被吓倒,他制定了良好的战略战术。战略就是上面提到的韬光养晦,不露锋芒,麻痹鳌拜,以免打草惊蛇。战术上则充分贯彻战略思想,以与同龄贵族子弟嬉戏为幌子,暗中筹划并练习制伏鳌拜的办法。结果,在他的精心筹备下,兵不血刃,一举拿下鳌拜,并迅速处理,短短十天之内"声色不动而除巨蠹",权力更迭而不株连,将影响降到最低,波澜不惊地将大权过渡到自己手中。

不可否认,康熙与顺治的不同结局与其所处的环境及外界其他因素关系密切,但最终决定他们成败的是自身因素。

阎崇年先生说,康熙作为清定都北京后的第二位皇帝,在清朝前六代皇帝中承上启下,处于十分重要的地位。当时的大清朝虽立而国未盛、民未安,守成和创业同等重要。上继父祖鸿业,下开后世太平,实现民众康宁、国家熙盛,是康熙帝面临的时代课题。

事实证明,康熙承担起了这样艰巨的历史使命。从其成功夺回大权这件事上,就已经表现出了卓越不凡的才智和决断力。而此后康熙的所作所为,更是他成功担当历史使命的佐证。

三藩战争,迈进成熟的帝王

除掉鳌拜,少年天子康熙开始了他对国家治理的思考。这一日,康熙在乾清宫内批阅奏章,几封奏章下来,眉头紧锁,他站起身来,在殿

内踱来踱去。良久，他拿起笔，在殿内的柱子上写下三件必须解决的事情，第一件，就是——三藩。

三藩是指三个在清初立下战功的汉王：平西王吴三桂，驻昆明，辖云南、贵州两省，镇守西南边陲；平南王尚可喜，驻广州，辖广东，镇守南国大门；靖南王耿精忠，驻福州，辖福建，防备在台湾的郑成功反清势力。三藩拥兵自重、割据一方，形成了尾大不掉的独立王国。经济上铸钱煮盐，贩洋开矿，横政暴敛；政治上挟制地方都抚，结党营私。朝廷也授予他们很大的权力，如三藩王"用人，吏、兵二部不得掣肘；用财，户部不得稽迟。"例如势力最大的吴三桂，他任命，甚至向全国选派的文官武将，吏、兵二部"不得掣肘"，称为"西选"，以至于"西选之官几遍天下"。他们并借口"边疆未靖"，要挟军需，致使"天下财赋半耗于三藩"。

藩镇割据的危害，汉、唐两代最有发言权，实力雄厚的藩王或称雄一方的将领颇让帝王们费了一番脑筋和手脚来治理。看到这种情况，宋代从太祖开始就实行中央集权，通过强干弱枝的一系列措施，极大削弱了地方政府的兵力与实力。此后自作聪明的朱元璋却故技重演，又将分封藩王从祖宗口袋里倒腾出来使用，结果却要了明惠帝朱允炆的小命。

有了这些前车之鉴，清政府当然不会重蹈覆辙。柏杨先生说，清政府有一项最进步的措施，皇帝的儿子不一定加封亲王，加封亲王后也不能取得采邑土地，也没有政治性的王府组织。而这三个非皇族的汉奸藩王，却各据一方，成为半独立的局面，显然不是正常状态。连三大汉奸都感觉到，削藩不可避免。

事实确是如此，随着康熙的执政，藩镇割据与中央集权的矛盾不断激化，他将三藩作为亟待解决的三大心病之一，书于柱上，"夙夜廑念"。

阎崇年先生将康熙处理朝政的态度总结为"勤"和"慎"。康熙"夙夜廑念"正是"勤"政、"慎"政的体现。熟读汉族经史的康熙清楚藩镇割据危害严重，必须除去，必须实行中央集权。不过，他也知道削藩之事不可轻举妄动，必须谨慎处理。因为"中国历史显示的现象是，每一次削藩，都要引起一次激烈的反抗"。（柏杨语）

清朝之前，历史上比较典型"著名"的——因失败而名载史册——的削藩行动有两起：汉景帝时晁错提出的削藩，结果引发七王之乱，晁错被腰斩也没能平息战端，最终还是靠武力艰难取胜，勉强挽回些帝王的面子；还有就是前面提到的明惠帝朱允炆的削藩行动，结果藩没削成，反将自己的帝位削没了，是一次彻头彻尾的失败。

康熙的削藩行动怎样呢？也很著名，不过不是因失败著名，而是因成功削藩而著名。对比三起削藩行动，康熙的胜利是有其内在根据的。

宋朝的苏东坡写了一篇《晁错论》，指出了汉景帝削藩失败的原因。他认为，削藩这件事情是正确的，但是，汉景帝的削藩却犯了三个错误：一是选错了削藩的时间；二是选错了削藩的人；三是选错了削藩的方法。他认为要想使此事成功，必须"前知其当然，事至不惧，而徐为之图"。

在削藩时间上，无论是汉景帝还是明惠帝，都是在即位不久提出的，俗话说"新官上任三把火"，何况是"新君"即位。他们都想好好放把火烧烧，以壮君威，藩镇割据的危害又是那么的刺眼，再加上谋臣在旁边的阿谀奉承，更觉老子天下第一，削你个破藩王有何难？于是脑瓜一热，大笔一挥：削藩。

辛弃疾的《菩萨蛮·书江西造口壁》词末句是"江晚正愁余，山深闻鹧鸪"，这句话送给上面两位仁兄最合适，为什么？传说鹧鸪的鸣声似乎在说"行不得也哥哥"，咋就行不得呢？因为新君上任，站脚未稳，政治基础不扎实，削藩引起的激烈反抗会对他们的地位造成极大的冲击。

再来看看康熙是怎么办的。对于三藩问题，在十四岁亲政时，颇有心计的康熙就已注意到这个问题，等到真正执政后，更是立即提上日程，将这件事书到柱子上作为"柱右铭"，时时提醒自己，因此，到1673年削藩时，看似康熙才执政四年，实际上已筹备了四年以上，可谓成竹在胸。而且此时，经过康熙四年的治理，清廷上下也大有改善，虽然此前也对三藩的权力进行了一些限制，但没有触动他们的根本，三藩依然我行我素，严重影响了经济、政治的发展，如若让他们继续壮大，治理起来会更困难。就在康熙寻找下手的机会时，机会却自动送上门来。

平南王尚可喜疏请"归老辽东"，以其子尚之信留守广东。康熙抓住这一有利机会，顺水推舟，批准尚可喜退休，但以"藩王见存，子无承袭"的律例，否定了尚之信继承爵位。这就等于说我要削你的"藩"。吴、耿二藩立刻上书试探虚实。康熙认为"撤亦反，不撤亦反，不若先发制人"，果断下令三藩齐撤。在时间与机会的把握上，康熙做得相当到

位。当初晁错主张削藩时也曾提出"削之亦反,不削亦反"的口号,但却忽略了削藩时机的把握。这就是苏东坡所说的选错了削藩时间。

在用人上,汉景帝选择的是提出削藩口号的晁错。然而晁错此人,若论见识,确实超出了一般的大臣,但晁错在政治上很不成熟,一方面孤僻强硬,缺乏与朝中大臣的沟通,遭到很多官员的反对。另一方面,当七国叛乱,大军压境时反倒提出让景帝御驾亲征,自己留守都城的建议,这一举措又惹恼了景帝。诸侯王造反均打着"清君侧,诛晁错"的名义起兵,而很多大臣主张杀晁错安抚诸王,景帝也就顺水推舟牺牲了晁错。明朝朱棣面对削藩,也是打着类似"清君侧,诛晁错"的旗号兴兵的。明惠帝的手下人才"寂寂"——能臣强将都被朱元璋杀光了,不败才怪呢!

而康熙呢,撤藩的决定是他深思熟虑,筹备许久后作出的,不是大臣们撺掇的,甚至有些亲信重臣如索额图等反对三藩并撤,康熙是力排众议才作出这个决定的。因此这个政策也是贯穿始终的,不会因此轻易改变。当初,七王叛乱,慌了手脚的汉景帝听了众臣的建议杀死提出削藩的晁错,以换取众王罢兵,结果如意算盘打空了。当吴三桂叛乱伊始,索额图等人也建议将坚持撤藩的人处死,康熙对此的态度是斥责!这就稳住了朝中坚持撤藩的众臣,坚定了他们的信心,让他们可以放开手脚地准备撤藩的相关事宜。这正是康熙的高明之处。

在削藩采取的方法上,汉景帝频频出击,抓住机会就削藩,而且居然以为这样就能达到目的,完全没有料到众藩王会联合造反。由于对形势发展预料严重不足,以致慌了手脚,幸亏朝内大将济济,不然,如果像明惠帝那样"蜀中无大将,廖化作先锋",景帝可能也被七王给"削"了。

康熙则不同,提前的思考与筹备让他"知其当然",他知道最坏的结果就是用武力解决。但如果能不战就解决问题更好。所以首先,他是先礼后兵,撤藩只是对你的试探,如果你接受,正合我意,撤藩的准备工作早已做了周密的安排,自有人为你善后;如果你不接受,那你就只能起兵造反,我也有了动用武力的理由。

其次,康熙发兵不忘先造势,处死留京为质的吴三桂长子额驸吴应雄及其子吴世霖,以"寒老贼之胆""绝群臣之望""激励三军之心"。

在战略安排上，以江西、浙江为东线，分兵驻守江宁、杭州、南昌等重镇，一方面保卫江南富庶之地，一方面阻止叛军打通江西、浙江通道。各个战场既相互呼应，又将叛军分割开来。在战术上，正面派主力针锋相对，并伺机迂回江西，袭取长沙，断敌粮道。同时，"剿抚并用"，大力对叛军进行分化瓦解。如下令停撤平南、靖南二藩，招降耿精忠、尚之信、王辅臣等，对投降的叛军"悉赦以往，不复究治""恩养安插"，彻底孤立了吴三桂。

不仅在削藩的时间选择上，在削藩的用人上、削藩的策略上，康熙都做得很到位，更重要的一点，就是他心态好，对削藩战争的难度有心理准备。他清醒地认识到：若以为三藩为"摧枯拉朽，容易成功，则辞过其实"，显示了他的良好心态，正合了苏东坡分析的"徐为之图"那句话。

但吴三桂打出的"反清复明"旗帜得到了许多原明降官降将、遗老遗少和农民的响应，因为当时正在剃发令之后，汉人的民族感情沉重而蓬勃，吴三桂的振臂一呼颇能引起他们的民族情愫，于是全国各地人民纷纷割掉辫子响应。清军节节后退，后退到黄河一带，仍不断遭到失败。这还是出乎了康熙的预料。

柏杨先生谈到此处指出，有两个重大的因素使形势不久即行倒转，一是吴三桂的汉奸招牌太过于响亮，不能发出明确的政治号召和建立坚强的领导中心，他既引导满洲鞑靼入关，又杀掉朱由榔全家，使他不能利用明王朝的惯性影响力。二是吴三桂老了，有老年人最容易有的过度小心保守的心理，不敢采取冒险行动。他要求绝对的安全，但世界上根本没有绝对安全的革命和叛变。此外还有另一个重要因素是，吴三桂的对手是康熙大帝，中国历史上最英明的君主之一。

不错，康熙就是康熙，即使战争出于他的预料，他也能镇定自若、冷静指挥。这就是苏东坡所说的"事至不惧"。他不断对战争中暴露出的问题进行思考并采取措施补救。比如为什么天经地义铲除割据势力的正义之师，却在朝野上下、全国各地遭到了如此顽强的抵抗？哦，原来是明朝遗老还没有彻底融入到我大清统治中来。

想通了这些，康熙帝迅速调整统治政策，重用汉族官员，提升他们的地位，如特旨选送汉官张英、高士奇等人值内廷南书房，如在"三藩"

平叛、戎马倥偬之际召开的"博学鸿儒科",亲试博学鸿儒,网罗汉族文人。即使未中、未试者也被特赐内阁中书衔,以示恩宠。同时,又网罗大批明朝遗老遗少参与纂修《明史》《古今图书集成》等大型图书。一时间,汉族士子纷纷出仕入馆,"遗民自此不世袭"。他的这一措施既为朝廷网罗了人才,又大大赢得了汉族知识分子的心,促进了满汉两族的交融。

不难看出,康熙对苏东坡的思想领会最深。他在平三藩的过程中,充分运用了这三条策略,首先筹划了五年左右,想到了所有可能发生的结果,然后从最弱的藩王尚可喜打开突破口,徐徐图之。最后面临吴三桂势如破竹的造反,不慌不忙,御驾亲征,在内忧外患的情况下取得了圆满的结果。

三藩战争整整打了八年,康熙在这八年中越来越成熟,无论是在政治上,还是在军事上。他一面与大臣共同讨论作战方略,一面抓内政,安抚人心,为取得三藩战争的胜利奠定了良好的经济、政治基础,也为此后的收复台湾、两战雅克萨积累了战争经验,更为此后国家的治理,以至开创一代盛世打开了一扇门。

跨过海峡,收复台湾岛

"春愁难遣强看山,往事惊心泪欲潸。四万万人同一哭,去年今日割台湾。"这首诗是台湾诗人丘逢甲在《马关条约》签订一周年时写的,表达了对清政府割掉台湾的无比悲愤之情。一介书生的丘逢甲尚且如此,不知道拱手让出台湾的清政府心中是否感觉到愧对祖宗基业,要知道当年,他们的圣祖可是费了很大的功夫才拿下台湾的。

台湾自古就是中国的领土,明末清初之际,郑成功跨海远征驱逐了荷兰殖民者,不久郑成功病故,其子郑经继位后,着力推行反清抗清的政策,封锁海疆,从而中断了台湾与大陆的往来。

台湾的战略位置也很重要,柏杨先生把它和海南岛比做两只巨拳,保卫着中国的海疆。郑氏后人的这种分裂行为,影响了康熙的统一大业,也大大威胁着清政府东南沿海的安全。因此,从康熙二年到康熙二十年,清政府多次晓以大义,招抚台湾,不料郑氏后人却始终坚持分裂的立场,公然提出"如琉球，朝鲜例"，想将台湾变成属国关系，当18年的招抚均告失败后，康熙即下令用武力收复台湾。战争只持续了一个多月，就顺利收复了台湾。

这一个多月的战争，看似简单，实际上是数十年不断努力的结果。为结束分裂局面，消除东南沿海的长期威胁，实现国家的统一和安定，清政府对台湾郑氏集团从政治、军事、经济等方面采取了一系列战略和策略。这些战略、策略随着两岸形势和关系的变化而不断调整，促使台湾郑氏集团放弃武力顽抗的企图，接受清政府的招抚，最终实现了对台湾的统一。

清政府统一台湾的战略、策略凝聚了上自康熙皇帝，下至满汉军政大臣们的群体智慧和不懈努力，作为清政府的"一把手"，康熙的决策更是起着主导作用。

起初，对于台湾问题的解决，清政府一直谋求和平解决台湾问题的途径，力争通过谈判方式实现统一，这是清政府统一台湾的基本策略之一。为此，从康熙三年（1664年）到康熙二十二年（1683年）清政府收复台湾，清政府就和平统一的问题，与台湾郑氏先后进行了10次和谈，前9次都失败了，最后一次清政府使用了武力手段，大兵压境，以战逼和，使和谈取得了成功。

其实以战迫和的手段是清政府惯用的，早在他们未入中原以前，对待明政府他们采取的就是这种策略，皇太极及其部下数次突破长城，长驱直入，甚至攻至燕京城下，以此逼迫明政府承认后金政府的存在，从而达成和解。当然，由于皇太极不肯接受作为明朝的藩属，而且要求将长城以外三个据点割让给他，这场和解注定不能达成。没想到三十年后，这种情况竟惊人般的重现，不过，这次清政府位置换了，由挑战者变为招抚者，对手也换了，由明朝变成了台湾的郑氏集团。

谈判桌上的讨价还价取决于你手中掌握多重的筹码。与当时清朝要求与明朝处于同等地位不同，台湾当然不可能要求与清政府同等地位，但它要求像"朝鲜、琉球"一样只是作为清政府的属国，而不并入清朝版图，甚至向外发布舆论"非属（中国）版图之中"，这超出了清政府谈判的底线，谈判只能以失败告终。

此后的数次谈判中，清政府屡次放宽，作出重大让步，但对方却得

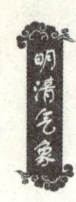

寸进尺，继而向清政府讨要沿海几个地区，面对这种没有诚意的对手，康熙决定动用武力，以战迫和。

其实，康熙先文后武的策略是很严谨的，与当时清政府所处的大背景是相符合的。

康熙初即位时，国家刚将各地的民族暴动压制下去，由于长年的战争，无论是经济还是政治上都很虚弱，处于战后百废待兴的建设阶段。更何况清军是陆上骑兵，尚没有形成自己的水师力量，对海峡对面的台湾，只能望洋兴叹。这时，采用和谈是最明智的方法。

等康熙从鳌拜手中夺过执政大权，又忙于平定大陆地区的"三藩"之乱，无暇顾及对台湾用兵，因此也只能用和谈拖着。虽然当时郑氏集团也曾串通沿海的耿精忠在三藩战争中窜上岸来，但随着三藩的失败，只能灰溜溜地回去。

清政府为和谈付出了艰辛的努力，显示了充分的诚意，也作出过重大让步，但前9次和谈都失败了，没有取得任何成果。究其原因，除了郑氏集团的坚持分裂、反对统一的客观因素之外，从清政府主观上讲，主要失误在于其和谈策略缺乏足以对郑氏集团形成致命威胁的军事实力和战争手段做后盾。清政府与郑氏集团之间的矛盾，是尖锐对立的对抗性矛盾。面对这样的对手，要实现统一，武力行动应置于主导地位。但清政府不但没有及早地、迅速地建立起一支占据优势地位、能够威胁郑氏集团生存的水师部队，反而一度在军事上采取消极保守的防御方针，裁撤水师、焚烧战船、收缩防线、搁置武力。在没有必要的军事压力和有效的军事打击能力的情况下，清政府寄希望于通过和谈使郑氏集团放弃对抗与分裂的立场，当然是达不到目的的。

认识到这一点，康熙迅速调整和谈方针，和谈还是要进行的，但同时必须组建自己强大的水师力量，以战迫和，在战争上越是占据主动，谈判的筹码越大，胜利的天平就会向自己倾斜。这就是康熙的"因剿于抚"、武力统一台湾的军事策略的本质。

"闻鼙鼓而思良将"。康熙皇帝下定以武力统一台湾的决心之后，就开始考虑清军水师主将的人选问题。台湾四面环海，必须依仗水师才能攻入。满清将士虽然弓马娴熟，但不习水战，当时水师提督万正色虽然擅长海战，战功卓著，但他是武力统一台湾的坚决反对者，无法正确地贯彻康熙皇帝的战略思想，所以必须另选将帅，训练士卒。姚启圣与李光地极力推荐施琅，康熙经过了深思熟虑，接受了他们的推荐，任命施琅为福建水师。

起用施琅，是这场战争的关键一招。他的确是攻台主将的合适人选。

首先，施琅生长在海边，自幼随父从事海上贸易活动，精通航海，对海疆的气候、地理等方面的情况了如指掌。从军后，转战东南沿海，有丰富的海战经验。其次，施琅通晓兵法、战阵，并一贯主张以武力统一台湾，所以多年来精心谋划对台用兵方略，提出"因剿于抚"的战略方针及一整套实施方案，不但周密完备，而且是切实可行的。再次，施琅是从郑氏军营中反叛出来的，他熟悉台湾郑氏集团内情，他的智勇韬略也一向为郑军官兵所畏惧。他在郑氏集团中的故旧很多，为他争取内应和情报工作提供了便利条件。最后，施琅不但是武力统一的坚决拥护者，而且对统一充满信心。他指出，清政府对郑氏集团有三个必胜条件，一是"新平三藩"，政治稳定；二是凭借"天下之财赋"，有雄厚的经济基础；三是"以我之众百倍于彼"，军事实力占压倒性优势。这是相当有见地的。

施琅上任以后，积极训练水师，督造战船，选拔将领，全力筹备攻台行动。他提出的尽量避免在台湾本岛作战的方略，建议先取澎湖，逼降台湾，这和康熙"因剿于抚"、以战迫和的策略不谋而合。此时，台湾郑氏集团发生内乱，实力削弱，清政府看到统一台湾的契机，立即行动。康熙对自己不善海战是很有自知之明的，为了不贻误军机，颁旨授予施琅"相机自动征剿"的自主权。

施琅没有辜负康熙的厚望。凭借多年海疆活动积累的丰富经验和对海峡季风规律的掌握，他决定把渡海时机选在夏季的六月。因为冬季北风刚硬强劲，不利于船队的航行和停泊。澎湖之战，未必能一战而胜，一旦舰船被海风吹散，就很难迅速集结，发起二次进攻。夏季的西南季风则比较柔和，海上风轻浪平，清军船队可编队航行，官兵可免除晕眩之苦，也有利于船队集中停泊，实施下一步作战行动。同时，由于夏季多台风，按常规此季节不宜渡海，所以敌人防备定然松懈。此时，发动攻击，可使敌猝不及防，取得兵法所说的"出其不意，攻其无备"的奇效。为避开台风袭击，施琅选定夏至前后20余日为最佳渡海和作战时

机,他凭着多年的航海经验判断,这段时间中风浪最平和,台风发生的可能性较小。

在进攻路线的选择上,施琅根据风向和敌方防御情况的情报,决定清军船队从铜山(今福建东山岛)起航,乘六月的西南季风向东穿越台湾海峡,首先夺取地处澎湖主岛以南、郑军防守薄弱的八罩岛。这样就可获得船队的锚泊地和进攻的出发地,占据风向上流的有利位置,向澎湖发起攻击。攻下澎湖后,扼敌咽喉,然后兵锋直指台湾,可顺利实施"因剿于抚"的战略方针。实战证明,施琅对渡海时机和进攻路线的选择都是正确的。

当施琅率领着三百多艘舰船,雄赳赳地开入澎湖时,在台湾的郑氏家族怎么也没有料到施琅竟然不会害怕台风,仓促应战,很快就败下阵来。

在清军和郑军最后进行决战时,施琅将舰队每50艘左右编排成一组,分若干组向郑军进攻。战斗从早上7点开始,一直打到下午4点,炮火纷飞犹如雨点,樯橹灰飞蔽日,杀声震天……康熙在紫禁城中焦急地等待着台湾的消息,终于等到了前方的加急文书:清军大胜。在此次战役中,清军击沉敌舰两百多艘,击毙敌军军官三百余人、士兵一万两千余人,郑军主力尽失,无法再和清军对抗,残余部队自行散去。郑氏家族终于俯首称臣。

康熙二十二年(1683年)农历8月14,施琅踏上了台湾的土地,接受郑氏家族的投降,几天之后,施琅又当着台湾百姓的面,宣读了康熙的诏书。康熙保证,只要那些对抗清廷的台湾人能真心悔过,大清既往不咎,一定会好好安排他们归降后的生活。

施琅深谙康熙的"仁政"思想,登岸后即率人到郑成功的庙前进行祭祀,一如康熙到金陵拜谒明孝陵。事实上,施琅的父弟子侄都为郑氏所杀,郑氏归降之初,曾对施琅满怀戒心,认为施琅定会杀害郑氏一门,鞭尸泄愤。施琅用实际行动一次次地告诉郑氏家族,自己不会为了个人恩怨,不顾大局。在告祭完郑成功庙后,施琅命人护送郑氏家族上船,一路予以优待,同时又禁止官兵骚扰民众,宣布免除台湾人三年徭役,减去十分之四的租谷。在施琅的努力下,台湾的生产很快恢复,施琅不单收复了台湾,还代表康熙赢得了台湾的民心。

如果说平定"三藩"之战，显示了康熙的坚决、果敢与智慧，那么在这场收复台湾的战争中，则充分显示了康熙知人善用、用人不疑的宽大胸襟和用人策略，所以柏杨先生才感慨道：这个中国历史上最英明的君主之一，年轻气壮，有刘邦豁达大度的胸襟和李世民知人善任的智慧。

台湾收复了，事情却还没有结束，紫禁城内在如何治理台湾上发生了争执。有的大臣认为，台湾面积狭小，没有让清朝的版图扩大多少，不如将台湾居民迁往内陆，仅将澎湖一地作为东南屏障，派人留守。有的认为台湾根本不需要布重兵防守，其四周都是大海，大海就是最好的屏障。有的担心台湾发展好了，当地人难免萌生夜郎自大之心，割据一方，与其这样，还不如放弃台湾。大学士李光地甚至荒唐地认为，干脆就把台湾给荷兰人算了，让荷兰人定时上贡，既能播撒国威，又能获得好处。幸亏康熙皇帝斥责了放弃台湾的言论，不然，台湾早在《马关条约》110年前就已经拱手让人了。不过，清朝官员对台湾的不重视态度显然为后世埋下了隐患。

执斝斟酒，千叟宴上话辉煌

> 抽秘无须更骋妍，惟将实事纪耆筵。
> 追思侍陛髫垂日，讶至当轩手赐年。
> 君酢臣酬九重会，天恩国庆万春延。
> 祖孙两举千叟宴，史策饶他莫并肩。
>
> ——《圣制千叟宴恭依皇祖原韵乙巳》

这是乾隆五十年召开千叟宴时当场题就的诗，其志得意满之情跃然纸上。"祖孙两举千叟宴"一句，透露出他大摆"千叟宴"的举动是从祖父康熙帝那里学来的。夹在祖孙两代的千叟宴之间的，则是被后人称道的"康乾盛世"。

柏杨先生将这个盛世称为中国历史上的第三个黄金时代（第一个黄金时代在春秋末期与战国初期，第二个黄金时代在唐代）。康熙是这个黄金时代的开创者，千叟宴则是康熙盛世的巅峰体现。

康熙是大清建国以来的第二任皇帝，他继位时年仅8岁，距清建国仅17年。当时的大清，朝虽立而国未盛、民未安，守成和创业同等重

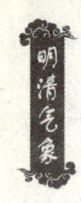

要。政治上,大权为鳌拜所控制,国内有吴三桂、耿精忠、尚可喜等三藩势力拥兵割据一方,台湾和广大边疆地区也没有统一;文化上,满人还未融入汉族,汉人反满情绪强烈;经济上,历经战争,农商凋零,百废待兴,对外厉行海禁,闭国自守,无论哪一方面都困难重重。用阎崇年先生的话说:上继父祖鸿业,下开后世太平,实现民众康宁、国家熙盛,是康熙帝面临的时代课题。

年轻的康熙雄才大略,胆量过人,勇敢坚毅地担当起这个重担。他16岁时就设计智擒鳌拜,收回作为皇帝至高无上的大权,确立了自己的君王地位。随后,整顿议政王大臣会议制度,撤三藩特权,并平定三藩叛乱,收复台湾。同时,康熙一面注重发展经济,任用、拉拢汉族地主,实行满汉融合;另一方面,开放海禁,开设了广州、漳州、宁波、云台山四个海关与外国通商,进出口贸易空前活跃。康熙三十五年、三十六年,康熙帝三次亲征噶尔丹,加强了对北部边疆民族地区的管辖和治理。在他的苦心经营下,清朝开始走上盛世之路。到千叟宴时,康熙已经将那个时代课题研究透彻,完成了一份含金量颇高的毕业论文。

千叟宴不是康熙自我邀功举办的,而是群众贺寿引起的。康熙五十二年三月十八日,康熙六旬华诞,各省百姓及退休官员纷纷赶来京师祝寿皇帝寿辰。康熙一向主张各种庆典不事铺张,一切从简,但被臣民的赤诚而感动,下谕"今岁天下老人为朕六旬大庆,皆从数千里匍匐而来,如何令其空归?欲赐伊等筵宴,然后遣回"。于是便在畅春园宴请诸位老人,诸皇子率皇孙及宗室子弟50余人,亲执爵觞为老人倒茶,并颁发礼物,以答谢臣民对他的爱戴,并彰显"养老尊贤之至意",以此进行社会教化。此次宴会行动,也显示了康熙的自豪之情。

康熙确有值得自豪的地方。在位61年,他文治武功样样出色,武功方面,他剿抚并用,为中国开拓了广袤的疆土,这些增加的领土,几乎是从明王朝承袭来的中国领土的四倍,被柏杨先生称为"第三个黄金时代最伟大的成就";文治方面,他尊孔重道,笼络人才,治河防汛,调整经济政策,发展农业生产,无论是政治、经济还是文化上都取得了巨大成就,初显盛世繁华。可谓是施武略四海归心,展文韬盛世似锦。

前面提到,康熙在宫中柱子上写下三件事,第一件是三藩,第二件是河务,第三件是漕运。河务和漕运实际上是一件事情,即治河。因此,三藩平定后，康熙重点抓的就是治河。他亲自派侍卫赴黄河而上，一直到黄河源头星宿海，往返行程两万里，绘制了黄河全图，这是中国历史上第一次经过实际踏勘绘制成的黄河图。这样把黄河的来龙去脉搞清楚了，治理起来才能知其然，亦知其所以然。

治河的目的，一是防止洪水泛滥，二是发展水利，以利农业。为使百姓生活安定，康熙在农业治理上，一方面调整政策，减轻徭役，另一方面推广新品种、新技术，增加农业收成，同时鼓励各地从实际出发，因地制宜，多方面发展经济。临洮、巩昌等地多水草，当地百姓效仿蒙古牧养，虽不可耕种，但亦可维持生计。康熙在张家口、保安、古北口巡行时看到人们开渠引水浇田，有所感悟，遂将宁夏等地"取能引水者数人"，派到多旱的蒙古地区传授技术。敖汉、奈曼盛产谷米，兴安等处的百姓就近贩卖，"均有裨益"。

康熙还积极推进农业经营方式朝着商品化方向转变，如此一来，农民越来越深地投身于市场，市镇进入快速发展时期。以江浙为例，棉花种植和棉纺织业发达是构成江南商品经济的重要因素，棉市的兴衰决定了市镇本身的繁荣与否。明清两代仅松江、太仓两地先后兴起的棉业市镇即达四十余个，其中不少在清初保持着繁荣景况，枫泾镇、洙泾镇、新泾镇等都是如此。江苏苏州府和浙西的杭州、嘉兴、湖州府是明清时代蚕桑业基地，因丝织而兴起的市镇有二十多个，其中多是康熙年间发展起来的，也有的市镇明代已经形成，至康熙朝更趋繁华，如南浔、盛泽等镇即是。浙江乌程县南浔镇"烟火万家，苕水流碧，舟船辐辏"。从市镇总数和市镇居民人数的增长来看，松江府正德年间有44个市镇，康熙年间已增至79个。许多市镇是由乡村聚落快速发展成为地方贸易中心，并且往往成为拥有数千以至上万户人口的大市镇。

农业的这种商业化经营，无形中促进了商业的发展，加之康熙采取恤商政策，商业、手工业在康熙中后期也蓬勃发展起来。传统丝织业中心苏州，在康熙初期"六门紧闭，城中死者相枕籍""机工星散，机户凋零"。到康熙中期，苏州已经面貌一新："郡城之户，十万烟火。""阊内外居货山堆，行人流水。"汉口"舟车辐辏，百货所聚，商贾云屯"。有一首诗言当时丝市之盛："初过小满梅正黄，市头丝肆咸开张。临衢高揭纸一幅，大书京广丝经行。区区浔地虽褊小，客船大贾来行商。乡人卖

丝别粗细,广庄不合还京庄。"即使在边远地区的东北宁古塔亦"商贾大集""街肆充溢""货物商贾络绎不绝"。

商业、贸易的发展,吸引了西方商人,他们的涌入也促进了西方科技的传入。康熙时期尚未实行海禁,西方科技随着商人和传教士的涌入逐渐进入中国,并取得长足发展。康熙对西方先进的科学知识有着浓厚的兴趣,带头钻研学习,由此在中国士大夫阶层中形成一股学习西学的新风气。在这一时期,天文、地理、数学尤为突出。在康熙时期,著名的数学家有梅文鼎、陈厚耀、何国宗、年希尧、明安图等。康熙采纳陈厚耀的建议,组织编纂了《数理精蕴》。这本书基本上吸收了当时所知的全部数学成就,是对中西初等数学的一个全面总结。在天文方面,朝廷于康熙二十三年开始颁用时宪历。这意味着在中国历史上第一次抛弃传统法数,而采用西洋天文学体系并按照中国民用历体例编成历法,作为官方历法首次发生体系变化。此外,它还是中国历史上第一次在民用历中采用定气注历,以太阳在黄道上的实际运行位置决定节气时刻。我国地理学融合西方一些进步因素,在诸如地图、测量、自然地理等方面得到进一步发展。

科技的发展促进了文化的繁荣,《康熙字典》代表了编纂书籍的最高成就,《聊斋志异》《桃花扇》《长生殿》等作品也初显盛世文学的风采。

《康熙字典》是中国历史上第一部用皇帝年号命名的字典,也是首部由官方组织编纂的字典,全书42卷,47000余字。它是朝廷于康熙四十九年召集张玉书、陈廷敬等30位学者集体编撰的,历经6年,于康熙五十五年成书,是《说文》系字书中集大成之作。《康熙字典》吸收了历代字书编纂的经验,大规模集中了传统字书的编纂整理工作,加上是御敕纂修,问世后影响巨大,其体例亦成后出字书的蓝本。

"姑妄言之姑听之,豆棚瓜架雨如丝,料应厌作人间语,爱听秋坟鬼唱时",王渔洋的这首诗道出了蒲松龄的《聊斋志异》的影响力。《聊斋志异》是康熙年间的优秀短篇小说集。作者蒲松龄一生悲苦,对社会的黑暗面认识深刻,他运用丰富的想象力,构思奇妙,刻画了许多栩栩如生的人物,为读者展示了一个个神奇瑰丽的迷人境界。《聊斋志异》创造性地运用了古典文学语言,同时又大量融入了当时的民间语言,形成雅俗共赏的语言风格,不愧为我国古代短篇小说的瑰宝,对后世文言短篇小说产生巨大影响。

在以使人们"知三百年之基业,隳于何人?败于何事?消于何年?歇于何地?不独为观者感慨涕零,亦可惩创人心,为末世之一救矣"为目的写就的《桃花扇》中,作者孔尚任借明末复社文人侯方域和秦淮名妓李香君的故事,抒写了对南明弘光朝代历史兴亡的感慨。在艺术结构上,他把"离合之情"和"兴亡之感"有机地结合起来,既宏伟,又细腻严谨。作者还摆脱了生旦团圆的俗套,以张道士撕扇,侯、李二人入道的爱情悲剧,来衬托国破家亡的严酷现实。

当然,这些文化成就是无法与历史上文化蓬勃发展时期的贡献相比的。正如柏杨先生所说,这个黄金时代,带给中国的不是第一个黄金时代那种澎湃的学术思潮,也不是第二个黄金时代那种英雄们气吞山河的气概,而仅仅是一百年的和平与秩序。这本是人民最低的要求和政府最低的能力,但它在中国已绝迹了很久,比起明王朝和更早的蒙古帝国统治时期,这一百年间的中国人民,好像活在天堂。

康熙六十一年,康熙又举办了一次以缅怀往事为主的"千叟宴",12岁的弘历(乾隆皇帝)以皇孙身份参加,为各位老人执觞斟酒,此次盛况给他留下了深刻印象。73年后,志得意满的乾隆效仿祖父,也举办了一次"千叟宴"。

康熙大帝,畅春园里听风雨

微光照亮雍和宫，
勤奋身影批奏折

同根相煎，雍正脱颖

"煮豆燃豆萁，豆在釜中泣。本是同根生，相煎何太急？"三国时曹魏的朝堂上，才子曹植面对哥哥曹丕的屠刀，痛苦地发出了这样的疑问。这种手足相残的悲剧，他们不是开始，也不是结束，当权力泯灭了人性，兄弟注定要变成死敌。

唐太宗一生英明神武，攻城拔寨，但他直到临死，对武德九年那场屠杀还耿耿于怀，以至于他一直担心史官究竟会如何记录那场事变，毕竟，那次，他的刀砍向的是自己的手足兄弟。当时他的父亲李渊召他们弟兄三人进宫以调节他们之间的矛盾，建成、元吉进宫途经玄武门时遭到李世民及秦王府精兵伏击，两人被杀，这就是"玄武门之变"。

人非圣贤，孰能无过？同样英明神武的康熙虽然自己没有在继承皇位问题上费太大的周章，但他却使其儿子们为争皇位而陷入激烈的争斗。公元1722年11月13日，康熙皇帝突然辞世。由于他在垂暮之年并没有指定皇位的继承人选，因而皇位继承问题就成为他身后亟待解决的问题。此后雍正的继位，虽然结束了纠葛于皇室内部和众朝臣之间争夺储位的政治斗争，但他的继位却成为困扰着后世的一个历史疑团。

关于雍正的继位问题，无数的野史版本传得沸沸扬扬。雍正究竟是合法继位还是篡夺皇位？他是否真的篡改遗诏成就自己的野心？这些成为后世对雍正继位疑案争议的焦点。

阎崇年在《清十二帝疑案》中说过：到了康熙晚年，储位未定，康熙预感到，他身后他的儿子之间要有一场厮杀。康熙自己说：将来我百年之后，把我放在乾清宫那儿，"尔等束甲相争耳"。

康熙一生的败笔就是他在立储上的不坚定。康熙22岁时立皇二子胤初为太子。后来皇太子骄横跋扈，挥霍无度，并在朝廷里结成太子党，对皇权构成威胁。所以康熙四十七年，康熙第一次废太子。当时，康熙用四句话十七个字来谴责太子，康熙说这个太子"不法祖德，不遵朕训，惟肆恶虐众，暴戾淫乱"。史书记载康熙在宣布这个谕旨时"且谕且泣"，宣谕完了之后，由于他心情十分难过，连续七天七夜不思寝食。

康熙本来想借废太子给其他儿子一个警示，但他终究算错了一着，太子位置的空出，恰似把一只羔羊投到饥饿的狼群中，引起了更激烈的争夺。废太子后，皇子们争夺太子位的斗争愈演愈烈。这对康熙的打击很大。废太子后的第二个月，康熙甚至用哀求的口气跟儿子们说，十八阿哥刚死，胤礽的事情又让我伤心不已，身患重病。我现在已经老了，心存畏惧，只盼着能平平安安得终天年。众阿哥当思我为君父，我如何降旨，你们就如何遵行，安分守己，这才是做子臣的正理。要是你们争斗不休的话，等到哪天我死了，你们还不把我的尸体放在乾清宫，然后又像齐桓公的五个儿子一样，到时候你们"束甲相争耳"！

康熙也曾经考虑过是不是立八阿哥做皇太子，有一次康熙征询大臣们的意思，大臣们立刻附和，后来在征询儿子们的意见时，大阿哥说，要是立八阿哥做皇太子的话，我会尽心辅助。康熙一听大怒，这不是除了一个太子党，又出来一个八阿哥党，于是怒斥大阿哥，要把他囚禁起来。后来在众阿哥的苦苦哀求之下，这才作罢。为了制止更激烈的宫廷争斗，第二年不得不重新立胤礽为皇太子。但三年后，由于太子党的威胁，康熙再废太子，并倾向于从其他皇子中选继承人。

康熙说他所找的这个人的标准是一个"坚固可托之人"，说明康熙对谁继位已心中有数。而众皇子中，雍正性格坚毅，治理国家的能力有目共睹。

康熙六十年，康熙谕令胤禛清查京通各仓，并明确表示：若派其他人不一定能办成。随后，康熙又指定胤禛代他去行祭天大典，这就不难看出康熙对胤禛的器重和信赖了。康熙曾多次说胤禛"诚孝"，说明他对这位皇子的人品也十分嘉许。

面对康熙的青睐和激烈的兄弟竞争，雍正并没有束手待毙，而是作了精心的准备。阎崇年说：雍亲王根据他自己的理念，根据兄弟之间争夺皇位斗争的教训，根据幕僚们的意见，他总结了四条准则。

第一，诚孝皇父。将来雍正是不是继承皇位，他可以不可以做皇太子，关键是他父亲，得讨好他父亲，怎么讨好父亲？两个字，诚、孝。对父亲要忠诚，要孝顺。果然，这一招很灵，因为雍亲王一直实行诚孝皇父这个策略，深得他父亲的喜欢。

第二，友爱兄弟。雍亲王的兄弟很多，得罪了哪一个，兄弟到他父皇那儿给他奏一本，他也吃不消。他的原则就是友爱兄弟，讨好各个兄弟。

第三，勤慎敬业。父亲教给他很多事情要办，第一，要勤，认真来做。第二，要慎，谨慎来做。别做坏了，珍惜每一件事情，都做成功、做好，让他父亲满意。

第四，戒急用忍。雍正这个人，喜怒无常，脾气暴躁，康熙多次批评他，雍正就想法来陶冶自己的性格，约束自己的脾气。雍正把父亲教导的话作为自己的座右铭。总之，雍正对他父皇讲诚孝，对兄弟讲友爱，对工作讲勤慎，对自己要戒急用忍。他的真实意图是不声不响一步一步地夺取皇位。

康熙所谓的坚固可托不仅仅是能够托付江山社稷，而且能够托付儿子。在太子选择的标准上，治国的能力固然重要，但更重要的在于这个将来的皇帝能够给其他兄弟一条活路。虽然在激烈的皇位争夺中，兄弟之间已经成了仇敌，但对于父亲来讲，儿子还都是儿子。手心手背都是肉。

李世民对这一点有深刻的理解。李世民最初立长子李承乾为太子，后来又偏爱第四子魏王李泰，由此助长了李泰的狂妄，李承乾由此产生了夺嗣之惧，企图发动政变，没有成功，被废为庶人。后来魏王李泰、吴王李恪又为太子之位明争暗斗，加上以前齐王李祐的造反，李世民为防止身后发生兄弟仇杀的悲剧，改立第九子晋王李治为太子，即以后的唐高宗。

为什么选择李治为太子？李世民也给了大臣们明确的回答：李治不结党营私，这对于维护朝廷的和谐与团结至关重要。实际上至关重要的原则是他不大可能对自己的兄弟下手。

在这一点上，雍正当时的表现正合乎这个要求。虽然雍正登上皇帝宝座之前和之后，在对兄弟和近臣的态度上，表现出两种性格，两张面孔和两副心肠，但这已经超出康熙的意料范围了。

康熙儿子们之间的争斗并没有因为他的死亡和雍正的继位而告终。雍正继承皇位之日，就面临着兄弟们的不满和挑战。康熙崩逝的噩耗传出，京城九门关闭6天，诸王非得令旨不得进入大内。箭在弦上，形势紧张。后来雍正逐渐巩固了自己的皇位后，开始了大规模的清算。

当时大阿哥已成为一只不见天日的死老虎，不足为虑。对于二阿哥即废太子，则命令在山西祁县郑家庄盖房驻兵，将他移居幽禁。三阿哥、十阿哥、十二阿哥、十五阿哥，分别受到牵连，被削爵或幽禁。八阿哥是雍正眼中钉、肉中刺，后削王爵，高墙圈禁，改其名为"阿其那"，意思为"不要脸"，允幽禁多年，受尽折磨，终被害死。九阿哥也同八阿哥落了同样的下场，后来被定28条罪状，送往保定，加以械锁，备受折磨后以"腹疾卒于幽所"，传说是被毒死的。境遇比较好的有三人：就是其十三弟允祥、十六弟允禄和十七弟允礼。雍正继位，即封允祥为怡亲王，格外信用。允禄被封为果郡王，再晋为亲王，先掌管理藩院事，继任宗人府宗令，管户部。

也许是康熙的儿子们太优秀，或许是因为康熙作为皇阿玛的仁慈，康熙朝皇储的争夺最终还是酿成了兄弟相残的惨剧。就像唐太宗在玄武门事变中负有不可推卸的责任一样，康熙在其儿子的争斗中也严重失职。人无完人，把责任推给康熙或许有求全之虞。所谓"清官难断家务事"，在治国上英明神武的康熙，最终还是被家事弄得焦头烂额。令大清朝臣庆幸的是，在王朝的初期虽然在皇位的承继上经历了这样的腥风血雨，但宫廷争斗的惨剧没有继续，以后清朝皇位的传递终于能够风平浪静地进行了。

登上皇位，神秘的四阿哥

雍正帝是怎么死的？他的尸体上没有头吗？

这种说法似乎有些荒谬，一代帝王的尸体上怎么会没有头？这就要说到雍正的死因，而这也是历年来困扰史学家的一个问题。

有人说他是被人砍掉头死的，那敢砍他头的人是谁呢？是一个叫吕四娘的女人。这个女人怎么会如此胆大包天，她与雍正有什么血海深仇

吗？按照传说来看，的确是。众所周知，清朝历代皇帝都非常注重思想控制，大兴文字狱。雍正时期曾经有一个吕留良的文字案，雍正将他满门抄斩了。可是，万有一疏，吕留良的女儿，也有说是孙女，她逃跑了，没有被杀，这个人就是吕四娘。侥幸逃生的吕四娘在外面拜了师，学了一身好武艺，然后想方设法进了宫，伺机杀了雍正，报了家仇。传说中还说，雍正帝没了头，发丧时是做了一个金头放上的，这个金头就埋在了雍正的泰陵。这些当然都是民间传说，专家学者并不赞同这种说法，他们分析：按照当时清朝的严格制度，吕四娘是不可能逃跑的，即使逃跑了，也不可能混进皇宫杀了皇帝。

虽然专家们否定了这种说法，但雍正皇帝确实死得有些蹊跷。他一生没有得过重病，死前三四天还在处理国家事务，并没有什么征兆，却突然在一天深夜召见皇子和近臣，当时已经不能说话了，又过了一两个时辰就去世了，时年58岁。按照当时的情形看，雍正似乎是暴病而亡，但是他生前并无重病，更令人疑惑的是，史书上没有任何关于雍正当时病症、病情的记录，这也是不合常规的，难怪有人要对雍正的死因做各种猜测了。

还有一种民间传说，也很离奇，说雍正是被曹雪芹的恋人竺香玉杀死的。竺香玉原本与曹雪芹相恋，但因为长得漂亮，就被雍正收进宫里。雍正夺人所爱，曹雪芹非常憎恨他，秘密与竺香玉联系，找机会把雍正杀了。这种说法出自野史，没有什么真实依据，不足为信。

也有学者经考证说雍正是中风而死，但究竟是怎样中风的，中风到了什么程度都不知道，只能看做是一家之言。

目前大家都比较认同的说法是：雍正帝是长期服用丹药中毒导致死亡的。很多帝王为求长生不死，都会请道士炼制丹药。雍正信道教，他就曾请了两个比较有名的道士进宫传授他道术，也帮他炼丹药。据记载，雍正死前的12天派人送炼丹的黑铅达200斤。雍正长期吃丹药，其中含有铅、汞等一些有毒的重金属，最终导致了他的死。这种说法是比较符合实际、比较科学的，但也不是定论。

2005年金恒源在其出版的《正本清源说雍正》一书中，又对雍正死因一事给出了新的解释，他认为：雍正帝在位期间，独断专行、排除异己，使自己处于众叛亲离、孤家寡人的境地。执政七年后，雍正的政敌基本上都被铲除了，这时候的雍正帝就比较清闲，于是开始贪图女色。金先生还援引了一条朝鲜使者在给国王报告中的说法，"雍正晚年贪图女色，病入膏肓，自腰以下不能运用者久矣"。"概括起来，雍正之死同他多年勤政之累的体力透支有很大关系；同他心神长期不得安宁、夜不能寝、精神不能贯注、惧怕报应有很大关系；更同他长期以来不断服用丹药、体力大量积毒有关；他晚年为求长生加大剂量服用丹药，乃至乱服春药更是导致他最终猝死的直接原因。"这是金恒源先生的最终结论，也是关于雍正死因的最新说法，即服春药导致了雍正的死。

　　但金先生的论述中为什么会说雍正长期心神不安、惧怕报应呢？这就要说到康熙末年的继位之争。之所以出现继位之争，康熙帝难逃其咎。这位一世英明的君主，在皇位继承人的问题上却有些举棋不定、反复无常。不过，这也是康熙帝的一片苦心，他只是想为自己留下的大好河山寻找一位合适的管理者。最初的人选是允礽，他是康熙皇帝唯一的嫡子，康熙对他十分疼爱。但是，康熙做了61年的皇帝，允礽就当了30多年的太子，他不耐烦了。一年夏天，康熙出巡塞外时，发现太子允礽竟每晚都在自己的帐篷外转悠，窥视他的动静。康熙大怒，废掉了允礽。

　　太子被废，其他有条件的皇子就开始行动起来。康熙皇帝一共生了35个皇子，除去夭折的15个也还有20个，这就注定这场争斗会异常残酷。最早行动的是大阿哥允禔。当康熙派他看守允礽时，他非常忠于职守。这倒没什么，但是这样他还不放心，他想把太子置于死地，彻底消除这个威胁。于是，允禔买通了一个喇嘛施行巫术，诅咒允礽。后来，康熙知道了这件事，革去了允禔的爵位，将他圈禁起来。在这场斗争中大阿哥刚出手就失败了。

　　其实，所有皇子中最有希望的是八皇子允禩。允禩非常有才学，而且为人谦和仁爱，朝中大臣都对他印象很好。但是，这些优点并没有帮了他的忙。当康熙帝得知朝中大臣都在举荐允禩时，认为八皇子是在私结党派，扬言谁再敢说允禩一个好字，"朕即斩之"。允禩也没有希望了。

　　在这种激烈的竞争中，四皇子胤禛却很低调。他对整个形势作了分析，对自己的定位也非常准确。知道自己没有什么优势，所以不如不争，免得落个搬起石头砸自己脚的下场。但是，在康熙面前他还是尽力表现的仁义、孝顺，并且把康熙交给他的每一件事都做得很漂亮。这种超然

物外的态度得到了康熙的赞赏,他曾表扬胤禛说"四阿哥性量过人,深知大义",并对胤禛越来越信任。在登极六十年大庆时,甚至派胤禛代替自己到盛京三大陵主持祭祀。祭祀先祖是皇室的一件大事,表明了胤禛在康熙心中的重要地位。这就是胤禛成为皇位继承人的先兆了。

显然康熙帝在位时有种种迹象,胤禛将成为皇室继承人,但是后世对雍正皇帝的继位仍然有种种猜疑,认为他的皇位来路不正。正如易中天先生说:"胤禛在康熙的精心安排下当上了大清帝国的第五任皇帝,是为雍正。但他的悲剧性命运也就由此注定:没有康熙的精心安排,他当不了这个皇帝;正因为康熙的安排如此精心,他这个皇帝当得十分别扭。"以至于在他即位之初,他继承人的身份就备受人猜疑。

有人说他是篡改了康熙的遗诏。因为康熙临终前曾三次召见雍亲王,也就是后来的雍正皇帝,在这三次见面中,康熙都没有向雍正透露他将来会是皇位继承人,这是不合常理的。

而且康熙五十四年的时候,曾颁布一个诏书,这就是后来的康熙遗诏。遗诏的最后是这样一句话:"皇四子胤禛,人品贵重,深肖朕躬,必能克承大统,著继朕登极,即皇帝位。"这个遗诏是在康熙死后的第三天才拿出来的,有人认为雍正在这中间做了手脚,后面那句话是他自己加上去的。

另外,雍正即位以后,极力排除异己,很快处理了他的几个兄弟,后来还把帮助他登位的年羹尧和隆科多都杀了,就是要灭口,以免留下对自己不利的证据,这也说明他有问题。

还有人说雍正的陵墓之所以没有随着他的父亲建在东陵,而另外寻址,就是因为他心里有鬼,死了之后的灵魂愧对他的祖父顺治和他的父亲康熙。

以上说法并没有十分有力的证据,只是一种揣测。但是,不管雍正帝皇位的得来是否合法,他作为一个帝王是合格的。雍正在位虽然只有13年,比他的父亲和儿子都要短,但是他的勤政、他的功绩都是不可否认的。况且,历代皇位继承中出现的纷争和杀戮都是不可避免的,也是历史发展中的客观现象。关于雍正帝的这些纷争并不妨碍他成为一个有作为的君主。

朝乾夕惕，宵衣旰食

在距北京450公里的满、蒙自治区有世界上最大的皇家猎场——木兰围场，自康熙以来的历代帝王都要到此巡秋，即木兰秋，也称狝秋大典。但雍正帝在位13年，一次也没有到过围场，这是为什么呢？因为他忙。

且不谈雍正的皇位是怎么来的，他又是怎么死的，只说他的勤勉，这是任何专家学者都无法否认的。雍正曾经说自己是"以勤先天下"，这不是自夸。形容雍正勤政的有两个词：朝乾夕惕，宵衣旰食。意思是说：清早就穿衣服起床了，很晚才吃点东西，说明他整天都是很勤奋地工作。

这样的工作态度不要说皇帝，就是普通人也很难做到。而且，皇帝的事情是没有人督促的，做与不做全凭自觉，而且雍正不是一天这样做，他这样做了13年，坚持不懈，这就是他的可贵之处。13年间，雍正共处置了六部及各省题本192000余件，每年平均达14700件之多。每日览题本在40件以上，光是在这些题本上的朱批就有8000余字。还有奏折，雍正期间亲手批阅的奏折大约在23000~35000本之间，可见工作之繁重。

除此之外，雍正还要处理各种军国政务，官吏任免、人民生活、农业工商，等等，雍正都要亲自过问。而且以他多疑、敏感的个性又不会找人代劳，只有繁累自己。易中天先生在谈到雍正的勤勉时曾经举过一个例子：雍正五年四月十六日，一天之内，将官员31人，分成11批召见，决定任免补授。而出版的三十册《清代官员履历档案履历全编》中，仅雍正朝就占了四分之一！有记载说，雍正期间引见文武官员多达7200多人，而且部分官员还被多次引见。

虽然雍正帝的在位时间比康熙和乾隆都短，但是他把有限的时间都用在了治理国家上，使他这短短的十三年变得无限丰盈。

雍正不仅是一个勤勉之帝，还是一个厉行改革的皇帝。樊树志先生说："用人和理财有方，雍正时期进入了清朝最富庶的阶段。"这是有根据的。雍正刚刚即位时，由于康熙晚年管理不利，官员贪污腐败，国库亏空多达800万两白银。"新官上任三把火"，雍正的第一把火就是惩治官员腐败。一个月内，13道谕旨，一级一级向下传，中央查地方、后任查前任，就连老百姓也被牵涉近来，雍正告诉他们谁也不许借钱给地方

官员抵挡亏空，如此强大的力量和周全的措施，古未有之。《清史稿·食货志》曾记载："雍正初，整理财政，收入颇增。"这就说明雍正的整治很有效果。

整治腐败还有一项政策就是耗羡归公。"耗羡"是征税时附加的货币损耗费，这也是官员贪污的一个重要来源。雍正规定耗羡归公就是把征收的这一部分附加税归国库所有，作为"养廉银"，用来奖励清廉的、有政绩的官员，是吏治的一大进步。

再就是强化了皇帝集权，创立军机处，这是属于皇帝的秘书班子，内设军机大臣，具体处理各部事务。雍正还推广了密折制度，就是奏折可以直接呈送皇帝本人，类似于现在的意见箱、公开电话等，也是一种广开言路的做法。这样，雍正可以很及时地了解下情，也可以使官员之间互相监督，而且避免了偏听偏信、冤假错案的产生。

针对人口增多的情况，雍正取消了人头税，改为摊丁入亩，即将人丁税摊入地亩，地多者多纳，地少者少纳，无地者不纳。这项措施有效地减轻了农民负担，受到了百姓的拥护。但是这在康熙帝"盛世滋生人丁，永不加赋"的基础上，又刺激了人口的增长，到乾隆时期，清朝人口已达三亿，加重了社会负担，为盛世的衰落埋下了伏笔。

雍正为百姓做的另外一件大事是废除了贱籍。这种制度是从宋朝流传下来的，分军籍、民籍和贱籍，民籍是士农工商。贱籍就是贱民，他们的地位非常低下，不能读书，不能参加科举考试，这种身份还世代相传。雍正下令取消贱籍，把原来的贱民编为民籍，社会上就只有军籍和民籍，直到现在我们国家还是有军民之分，不过这已经不代表身份的高低了。这是从雍正时期延续下来的。取消贱籍，毋庸置疑，这是一种进步，无论从观念还是从社会现实来说，这都是一种进步。

雍正处在承上启下的关键阶段，康熙晚期已经出现了一些问题，如果他让这些问题继续恶化，清朝的末日也许会来得更早。但是，雍正做得很好。有人说，是因为雍正继位后，很多人不服气。他是为了向别人证明自己是有资格做这个皇帝的，所以才如此努力。或许有这方面的原因，总之，雍正作为一代帝王来说，他为国家、为百姓做了很多实在的事情。他的努力也为后来乾隆的统治打好了基础，使乾隆可以坐享半个多世纪的太平盛世。

高度集权，唯我独尊

雍正时期曾有一宠臣年羹尧，此人曾为雍正争得皇位立下汗马功劳。雍正十分清楚年羹尧对于他的意义，为笼络年羹尧，他曾经说过这样的话："我二人作个千古君臣知遇榜样，另天下后世钦慕流涎就是矣。朕实实心畅神怡，感天地神明赐佑之至。"即使为真情实感，这类话出现在军臣之间也不免让人感觉肉麻。或许是年羹尧相信了雍正的话，他开始有恃无恐、贪污受贿、违法乱纪，无所不用其极。雍正最终忍无可忍，遂找借口撤了他的大将军之职，又将他拘捕进京，令其自裁。

年羹尧真是低估了雍正，或许到死他都不明白，那么宠爱他的皇帝怎么会舍得对他下杀手。学者张研、牛贯杰所著《清史十五讲》中谈到此事，认为：雍正不顾前后偌大反差，横下杀手，是因为他从天子、释主的地位出发，坚信自己有权翻手为云覆手为雨，行使"天杀之权"。其实，不仅是雍正，历代帝王都对自己手中生杀予夺的权力非常自信，俗话说"伴君如伴虎"，就是这个道理。特别是清代政治制度中皇权专制的加强，更强化了君主维护自己统治权力的意识。

清代的中枢机构中最有特色的军机处的设立，这是雍正的首创。军机处是皇帝为保持军事机密，越过内阁，径由南书房发出的谕旨。后来，政府的重要政令，就都不再内阁发，而直接转到军机处了。军机处中设军机大臣，人数不定，一般5~7人，由皇帝亲自从内阁大臣中选定。军机处没有正式的衙门，军机大臣经常是陪在皇帝左右，按皇帝的意思拟写机要文书。从军机处发出的上谕均由朝廷直接寄出，然后经各兵部驿站递传，不仅迅速而且极为机密。这样"军机处分割了内阁处理机要政务的职权，而具有皇帝秘书班子的色彩，使其无法形成指挥百官的独立权力"（张研、牛贯杰）。清代之所以如此限制宰相的权力应该是吸取了明朝的经验，使内阁手中不再拥有实权。尽管如此，很多烦琐的例行公事还要由内阁办理，经过内阁的题本量还是很大。但皇帝对经过内阁的题本还要审阅，制度非常严格。

军机处是清朝的中央决策机构，与之相对应的执行机构就是六部、理藩院、翰林院等。

六部即吏部、户部、礼部、兵部、刑部、工部等，从名称中可以看出各部职责。清朝六部的官员实行"双轨制"，即尚书、侍郎等职位，满汉各占一半。清代的六部尚书制度同样是从明朝沿袭下来的，但清朝的六部也打下了皇帝专权的烙印。因为皇帝的上谕由军机处直接下传，不经六部，所以六部已经没有权力直接向下发布命令，就失去了其原本作为管理机关的职能，而成为单纯执行皇帝意旨的机构。

理藩院负责少数民族、藩部事务和对外交涉等。翰林院则掌管撰拟祝祭册诰文、编修书籍、经筵日讲及部分科举考试事务等。这些机构及其中下级机构的官吏任免均由皇帝一人认定，而且大小官员任命后都要进见皇帝才可上任，体现了清代政权的高度集中。

另外还有管理宫廷事务的内务府和掌管皇族事务的宗人府。内务府的官员主要由宦官（太监）担任。鉴于明朝宦官专权的教训，清朝的宦官数量减少了很多，管理制度也非常严格，规定太监最高不能过四品，不能结交外臣，不得干预朝政。顺治时期曾为太监立了一块铁牌，牌上写着："明朝太监，专擅威权，干预朝政，开厂辑事，枉杀无辜，出镇典兵，流毒边境，甚至谋为不轨，陷害忠良，煽引党类，称功颂德，以致国事日非，覆败相寻，足为鉴诫。"这就明确指出了宦官的危害，要后世子孙引以为戒。

清朝中枢机构以下分直隶、省、东北、边疆少数民族、八旗等行政机构。省以下为府、县。省级最高长官为总督、巡抚，总督辖多省，一般不超过3个，巡抚只辖一省。总督巡抚互不统属，前者管军事、后者管民事。省级行政机构还设布政司、按察史，主管民政、财政和刑事等。阎崇年先生总结了清朝省级官员的特点是：总督和巡抚军政合一。这就使得地方官吏可以互相牵制，不易形成地方分裂势力。

省的下一级为府，府的最高长官为太守；其次是县，县级长官为知县。知县既是行政长官，又是司法审判人员。阎崇年说，这是因为皇帝是一元化的，皇帝既是国家元首，又是国家最高行政长官，还是国家最高军事统帅，还是国家最高的祭祀者。所以，清代的皇帝如此，清朝的官员亦如此，但是这并不意味着一县之令可以为所欲为。学者钱穆在《中国历代政治得失》中这样评价雍正帝"在当时，全国各地地方长官的一切活动他都知道，大概全国各地，都有他私派的特务人员的。"因此，有些事可能自己还不知道，皇帝就已经知道了，在清朝做官员也并不轻松。即便如此，清朝官员中营私舞弊者比比皆是，所谓"上有政策，下有对策"，皇帝精力如何旺盛也不可能面面俱到，何况中国历来人情网甚密，就连最不讲情面的雍正帝都无可奈何。

　　学者张研、牛贯杰还谈到一位清史专家的观点，他说雍正后定型的中枢机构及其运行机制提供了"以皇帝个人之力独揽国家一切繁剧军政事务"的条件，"达到了机构精简、迅捷高效、机密严谨、运转和谐这历史上前所未有的境界，中国古代专制主义中央集权政治体制到这时候才可以说达到完备程度"。这种集权在清朝初期，对于满族人巩固统治地位可能起到了积极作用，但是，这种高度集权对皇帝来说，进一步强化了其"唯我独尊"的意识，帝王一个人的行为很快会对整个国家产生影响。"遇明君则国兴旺，遇昏君则国衰败"，这就对统治者提出了更高的要求。遗憾的是，雍正以后的清朝皇帝都做得不够好。

微光照亮雍和宫，勤奋身影批奏折

踏上江南,图将好景

小桥流水,留下帝王的脚印

江南好,
风景旧曾谙。
日出江花红胜火,
春来江水绿如蓝。
能不忆江南?

——白居易《忆江南》

　　白居易的文字可谓简练之至,仅一句"日出江花红胜火,春来江水绿如蓝"就写尽了江南的美。的确,温婉柔和的江南总是文人笔下的宠儿,品她的小桥流水,赞她的娴静幽雅,这一切都使江南烟雨中多了一种浓厚的文化气息。文才武功俱佳的乾隆皇帝也曾多次为嘉兴南湖的烟雨楼赋诗,表达他对这江南美景的眷恋之情。

　　但是,江南水乡不全是温润的一面,当失去控制的水决堤而出,产生的便只有灾难。所以,对于历代统治者来说,治理黄河水患都是一个很重要的问题,为此康熙与乾隆都曾六次巡视江南。康熙南巡的主要目的是为了解决"黄淮冲决为患"的问题,每次南巡,他都会亲临治河工地,看望百姓,并对工程给予指导。在皇帝的直接支持下,治河工程历时数十年,终于取得了显著效果,有效遏止了黄河水患,并疏导了运河,促进了当地经济的发展,人民生活得以稳定。

　　到乾隆时期,他自称为了解江南军事、政治、河务、海防情形及百姓疾苦,同时想感受一下皇祖康熙南巡时百姓夹道欢迎的盛况,决定效法先帝,也协同皇太后进行了六次南巡。但乾隆南巡除了上述两个原因,还有一个很重要的目的,就是要与皇太后一起饱览大好河山。范文澜先生就说过:(乾隆)六次南巡均在苏杭之间,"为问民风"显然不足以为

"自娱"作辩解。他所体察的民情也只是"有秋无弊病"一类的谀词。乾隆帝为粉饰的升平而陶醉,而自炫,直到晚年退位后才多少有所醒悟,说他在位六十年,"惟六次南巡,劳民伤财,作无益,害有益"。

康熙南巡时主要走水路,沿运河而下,经直隶(今河北)、山东、江浙,最远到苏杭。途中,康熙一向大多住在地方官员的官邸,只在扬州、杭州等地,建造了少量行宫。而乾隆南巡时,自北京到杭州建造了三十个行宫。康熙帝南巡时"简约仪从,卤簿不设,扈从者仅三百余人","一切需用之物,皆从节俭",且不可向百姓派取,只由衙门照价采买供给;他下令地方官员不许与扈从官员以戚友送礼,违者"以军法从事";巡行所经之处,百姓应照常生活,一旦发现随从人员有横行扰民者,从重治罪。康熙还派人把这些措施以张贴告示的方式明示民间,便于百姓监督。六次南巡中,康熙在一地地方的停留时间不会超过三天,惟恐叨扰百姓。

但巡幸加重百姓负担的情况还是不可避免,一些官员借修建行宫之机敛钱的事时有发生。针对这些问题,康熙说:"百姓足则国家充裕,若期比屋丰盈,必以蠲租减赋,除其杂派为先。"在巡行过程中,他就经常蠲免沿途地区的地丁钱粮。一次南巡时,正好赶上康熙的生日万寿节,民间进献了很多食物,被他以"因阅视河工,巡访风俗而来,非为诞辰"的理由谢绝了。为奖励人才,康熙酌量加增了江南地区的入学名额,起到了笼络知识分子的作用。巡幸所到之处,百姓扶老携幼夹道欢迎,纷沓之中有倾跌之虞。康熙就要求:"止于夹道跪迎,毋得紊乱追趋,致有诸患。"他还会询问道路旁百姓的收成情况,安慰灾民,受到了百姓的拥戴。

巡幸过程中,康熙照样处理国家事务。首次南巡时,他规定奏章三日一送,有时内阁送的时间晚了,他就要批阅到深夜。

康熙第六次巡幸结束后三十多年,乾隆帝的江南之行也开始了。其实,乾隆即位不久时,就想巡游江南美景,但遭到了大臣的阻挠。直到乾隆十六年,国力强盛,他的江南之游才终于成行。出发前,乾隆帝曾说"朕巡行江浙、问俗省方,光沛恩膏,聿诏庆典。"意思是,我到江浙地区巡行,要对百姓多施恩典,让大家共享太平盛世。但是,在此一年前,各省就在为皇帝巡行大做准备,修路、建行宫,还在繁华街市搭建

了许多牌楼、彩棚、点景、香亭等,并每隔二三十里设尖营,供皇帝临时歇脚。乾隆巡行队伍的船只多达上千艘,所到之处旌旗蔽空,仅拉纤之人就有3600之众。一次,皇帝一行来到运河南岸,发现岸上立着一个硕大的仙桃,待船临近,这仙桃忽然烟火四溅,迸裂开来,桃中竟是几百人正在演寿山福海的新戏,此为水路。当巡行队伍在路上行走时,地方官员为避免灰尘扬起,都会安排人"泼水清尘",还在各桥头村口等地派兵驻守,务必保护圣上安全。

在江苏,两淮盐商为博皇帝欢心,竟在江南种植梅花万株,以供观赏。乾隆游览大虹园时,认为一处景观与北海中的琼岛春阴非常相似,只是遗憾没有塔。大盐商江春得此消息,立即召集工人在一夜之间建造了一座与北海中同样的塔。这些"忠心之举"自然也有回报,乾隆就曾诏令"两淮纲盐食盐于定额外,每引赏加十斤,不在原定成本之内,俾得永远沾受实惠。"还给各盐商在本身职衔的基础上又多加了顶戴一顶,以示嘉奖。自此,盐商自耀富有,官员互竞豪华之风愈演愈烈,所耗钱财无数。乾隆曾指出苏杭二府有浮华之风,但他的首次南巡仅国库耗银就达568300两,再加上地方捐助摊派,其数远大于此。后来的5次南巡又一次更胜一次,助长了奢靡之风。各地官员也借迎驾之机,勒索百姓,加重了人民负担。

为享受众人拥戴之情,乾隆允许百姓沿途观瞻,并规定,官员对此不得禁止。他每到一处,官员都要穿戴整齐前来接驾,百姓则在道路两旁焚香跪拜。乾隆听到百姓山呼万岁,就会龙颜大悦,然后下令减免这个地方的赋税,并赏赐官员"凡有罚俸降级之案,俱准其开复。无此等参罚案件者,各加一级。"在这种政策的鼓励下,各地官员更是积极为皇帝到来营造太平盛世的表象。

当然,乾隆南巡也并非一味游玩,他同康熙帝一样,在各地都不忘批阅奏章,处理国家大事。在山东,他曾连续减免地方赋税赈济灾民。为体现对人才的重视,他还宣布给江苏、安徽、浙江三省增加进士名额。对前来接驾的老臣,他也表现出仁爱之心,对其嘘寒问暖,多加赏赐,这些做法都很好的笼络了人心。

历次巡游中,乾隆一直非常重视水利工程的修筑。他曾说过"朕巡省所至,首在勤民,而江湖要工,所关尤锯。"在修筑浙江沿海塘堤时,有人说要筑石塘，有人说应筑柴塘，乾隆亲自视察后发现，筑石塘会毁掉很多百姓的田地，就下令筑海塘，但每年都要装石块保证稳固。

乾隆南巡时采取的各项措施，客观上起到了笼络人心、亲近百姓的作用，但是他南巡期间的费用是康熙时候的十倍还多，虽展示了盛世之繁华，但也给清朝的衰落埋下了伏笔。

除去南巡耗费，乾隆时期的宫廷生活也挥霍成风。孝圣太后六十大寿时，乾隆为她举办了浩大的庆寿大典，"以展臣子祝嘏之诚""仰承圣母欢心"。整个祝寿过程从准备到结束持续近一年，此时民间由于连年水患，已经发生灾荒。但为给皇太后祝寿，各地还要增加摊派，官吏更是进一步受贿勒索，人民负担日益沉重。

当帝王爱上小桥流水，民间会不堪重负；当奢侈浮华成为一种生活习惯，整个王朝都会倾覆。乾隆后期，盛世背后的阴影开始逐渐显露。

发展经济，创造不世繁盛

中国明清时期有晋、徽、陕、鲁、闽、粤、宁波、洞庭、江右、龙游等十大商帮，类似于现在的企业集团。十大商帮中以晋商和徽商规模最大、实力最为雄厚，这两大商帮跨明清两朝，纵横商界五百余年，直到清末民初。

努尔哈赤时期，清朝崛起，战争中的军需民用多由晋商供给，清入关以后，晋商中以范姓为代表的八家遂成为皇商，在蒙古商道自在穿行。蒙古商道上的各种贸易也都由晋商经营。晋商中富户的收入，竟足以为请朝廷支援军款，可见其实力雄厚。乾隆以后的嘉庆和道光时期，晋商开始发展票号、有利润的放贷。道先锋时期，国家危难，晋商还曾代理省库、国库，在接济官府的同时赚取了大量财富。

徽商则以盐业为主，经营范围包括四川到江南的大部，与晋商形成南北对应格局。除盐业外，徽商的另一著名行业是典当，同样是操弄资金的金融业务。许倬云先生说"两大商帮的发展史，反映中国清代中叶蓬勃的经济。他们在清末的衰败，也代表着中国传统经济的终结。"两大商帮从明朝到清朝中期的兴旺，与当时的国家实力是分不开的，尤其是"康乾盛世"时期，统治者放松了对商业与手工业的限制，实施了一系列

减轻农民负担的措施,社会各阶层的购买力都有所增长,促进了商业的繁荣。

康熙时期,台湾统一。康熙帝遂下令开放海禁,允许商人出海贸易,并开放广州、漳州、宁波、海关与外国通商。这一措施扩大了商人的贸易范围,晋商的商路踪迹就发展到了俄罗斯、日本、蒙古等国。与此同时,康熙时期还放松了对手工业发展的限制,扩大织户规模,允许民间采铜铁矿,允许私营炼铜煮盐等工业。这对于以经营盐业为主,兼营茶、粮、棉、布、丝绸等业务的晋商来说,也是一个极好的发展机会。

在封建社会,农民是社会的主体力量,康熙帝对农民也非常照顾。从康熙二十四年开始普免百姓上交的赋税钱粮。先是在直隶、河南、湖北、江南、四川、山东、贵州、福建等9省轮免一周,然后在全国大规模免税。康熙时期全国共有20余省区获此权利,免税总数达1.4亿两白银。这种政策有效的减轻了农民负担,对商业的发展也起到了推动作用。

为治理官吏对农民加派,康熙也想了很多办法。他最初沿袭了顺治时期提前向百姓明示纳税通知单的办法,通知单上明确地列出了该交税的款额,以免官吏私派。但后来,官吏又向农民加派通知单的印费。为避免这一弊端,康熙二十七年,宣布停止刊刻纳税通知单,改为三联限票。此三联一联存州县,一付差役,一给纳户,遏止了舞弊行为。康熙五十一年时还颁布了"盛世滋生人丁,永不加赋"的政策,固定了丁银征收的总额,也在一定程度上稳定了农民负担。

清朝初年,由于连年战争,黄河泛滥成灾。康熙上任后,为治理水患曾六次巡视江南,亲自沿堤勘察地势,与臣子讨论治河方案,并总结出"上流既理则下流自治"的治河思想,设计了引黄河水入海的具体措施,经过多年的治理,黄淮水患得到了有效控制,出现了"海口大通,河底日深,去路甚速,淮水畅出,黄河绝倒灌之虞,下河等处洼下之区,俱得田禾丰收,居民安晏"的景象。

此外,康熙时期还改革了顺治时期流传下来的圈占百姓土地,用以供养皇室、满洲贵族以及八旗将士的弊政,下令停止圈占民间房地的行为,并要求将当年已经圈占的土地还给原来的所有者,逐步改善了圈地之风,对于社会稳定具有非常积极的意义。

针对盛世人口繁增的现状,康熙采取了鼓励垦荒的政策,并动用财政拨款奖励垦荒流民，为其建造房屋、置备生活及农业用具，规定所垦田地给予本人，"永远为业"。当时，即使在地广人稀的边外，都有人前去垦荒。从顺治十八年至康熙二十四年间，全国新增土地近60万顷，新增人口也能够拥有土地，农民大都安居乐业。为进一步减轻农民负担，康熙还要求驻地官兵就地垦荒，军队垦荒也同农民一样交纳赋税，这种做法既增加了税收又减轻了国家经济负担，一举两得。

康熙二十四年九月，山西巡抚穆尔赛在其所辖范围内多加"火耗"，并向属官索礼之事被曝光，这严重违反了康熙制止官员滥征私派、额外苛索的禁令，经调查核实后，穆尔赛被判死刑。不仅对官员要求严格，即使对于皇室一些兴土木之事，康熙都本着节省民力的原则，能俭则俭。

由于康熙多年实施减轻农民负担的政策，到雍正帝即位时，地方的存银数量都不多。地方财政经常处于捉襟见肘的困境。雍正五年时就开始由朝廷向地方拨"留储银"以备应急之需。对于这些钱的使用，朝廷有严格规定：官员如要动用"留储银"，应先奏请。各省对于"留储银"的适应和存储情况要按季度造册，上呈户部检查。"留储银"的数量很大，是地方财政经费的重要来源。

农业方面，雍正继续执行康熙时期的垦荒政策，并制定了一系列新的鼓励措施。要求凡有可垦之地，应由人们自行开垦，官吏不得阻挠或者从中勒索钱财。垦荒作为各地官员政绩的一部分，可作为升职的参考。从地方官员的角度来鼓励垦荒，这是雍正措施的一个高明之处。

经过康熙、雍正两代的大力垦荒，到乾隆时期，大片荒地已较为稀少，只剩了一些未开垦的零星小块。但是，正如学者宋连生说"在大清皇帝中，乾隆是个敢于提出新思想的人"。在垦荒这件事上，乾隆就制定了比以往更宽松的政策，并加大了鼓励力度。他规定："凡边省、内地零星土地可以开垦者，悉听本地民、夷垦种，免其升科，并严禁豪强首告争夺。"对于边疆荒地，乾隆则用当地驻兵开垦，"凡驻军在2500人的地方，都要以3/5的人力用来垦荒"。后来，战争平息，各地驻兵减少，不足屯种，乾隆就下令可以召集"流人"，分给他们田地耕种。另外还分给商人每户30亩承垦新地，免税6年。乾隆甚至开放了前朝封禁的东北地区，将关外闲散旗人迁移过去进行垦荒种地。这一系列措施，很好地调动了社会各阶层的垦荒热情，缓解了日益增长的人口数量带来的社会压

力,有利于社会的长治久安。

在减轻农民负担方面,乾隆效仿康熙帝,多次减免钱粮征收,还曾四次普免全国钱粮12000余两白银。其减免的规模、次数和数量都超过了前朝。乾隆时期还曾用七年时间将全国漕粮普免一遍,后又两次普免天下糙粮,普免金额达1000万两白银。为防备灾荒歉收,乾隆朝还通过官储、民储、商储的途径,实行大规模储粮,总数达到1亿石。在灾荒之年,这些储粮能够起到保证民生的作用,体现了乾隆作为一代帝王的长远眼光,也使乾隆时期国库充盈、国力强盛,所以才有能力支付乾隆六下江南的奢华之需。

"康乾盛世"延续百余年,是我国封建历史上最辉煌的一个阶段。经济基础决定上层建筑,盛世的形成与康、雍、乾三代帝王所采取的连贯性的、目标明确的经济策略密切相关。不管后世对这三代帝王的功过如何评价,他们为促进清朝经济发展制定的种种措施,都体现了政治家的谋略,为清朝近300年的延续打下了稳固的根基。

文字狱,帝国的文化污点

习习微风翻动书页,扰动读书人的心神,于是他随口吟道"清风不识字,何故乱翻书"。他不曾想,他的这句诗以后会流传千古,被人引用的频率甚至超过李太白的"床前明月光,疑是地上霜"。但他付出的代价也太惨重了,他因为这首诗被砍头了,雍正朝的翰林院庶吉士徐骏就这样稀里糊涂地因为文字狱而做了雍正的刀下之鬼。

在西方,当布鲁诺被捆在火刑柱上炙烤的时候,在东方,文人已经在统治者的刀下呻吟了千余年。焚书坑儒只是一个开始。明清时期,当统治者把秦始皇开创的中央集权统治推向极致的同时,文字狱也被发展到一个新的规模。

柏杨先生曾经说过:清政府为中国开疆拓土是它光荣的一面,但它也有不光荣的一面,那就是它所发动的先后持续一百余年之久的文字狱措施。

李自成推翻明朝,吴三桂引清军入关,清朝坐收渔人之利,成功入主紫禁城。但从汉族传统观念来看,这叫做"乾坤反覆,中原陆沉",这种思想是清朝统治者不能用武力夺得的。这对清朝统治者来说，无疑是一种潜在威胁。为巩固清朝的统治地位，清朝统治者大兴文字狱。清代的文字狱始于康熙，发展于雍正，到乾隆时期达到登峰造极的地步。

康熙二年，发生了庄廷龙明史狱。庄廷龙双目皆盲，他想起"左丘失明，厥有《国语》"，很受鼓舞，也想学左丘明搞一部传世的史作。于是他出钱购买了明末年间朱国祯写的一部未完成的《明史》，并增补了明末天启、崇祯两代史事，其中多有指斥满洲的文句，定名为《明书》，作为自己的著作。书中直书清朝先人的名字，指斥明将降清者为叛逆，不使用清朝年号，而用南明永历等朝的年号。后来被人告发，当时庄廷龙已死，仍被刨棺焚尸，另外共有七百多人受到株连被杀，还有数千人充军边疆。另外，康熙时期的戴名世《南山集》案，也是由于编写清朝前朝历史而招祸的。从总体来看，康熙时期的文字狱是有意识的小题大做，其目的是给具有反清思想的汉族知识分子一个暴力的威胁。

清代文字狱中唯一的谋反案件，是发生在雍正六年吕留良、曾静之狱，吕留良是一个学者，明朝灭亡以后，他参加反清斗争失败，就在家里收子弟教书。他所写的许多诗文和日记中，有大量激烈的夷夏之防等言论。后来曾静读了吕留良评选的时文，由"夷夏之防"推出了清朝入主中原是"夷狄盗窃天位"，并采取了反清的实际行动。吕留良早死，曾静与弟子张熙，列举了雍正帝九条罪状，并劝岳飞后裔四川总督岳钟琪反清，结果岳钟琪密报朝廷，将吕留良的家属、师徒，以及其他与此有关的人员一律治罪。

雍正时期的文字狱除了加强思想控制外，还有另一个目的，即排斥朝廷中的异己。雍正朝时查嗣庭任江西主考，出题"维民所止"，被告发"维止"二字，影射"去雍正二字之首"。雍正大怒，将查嗣庭入狱。结果是查连惊带吓死于狱中，其尸被戮，查的亲属或处斩或凌迟，或流放。其实，查嗣庭之所以被杀，并非因为出了"维民所止"的题目，割去了"雍正"两字的头，因为他原是隆科多的旧属。

柏杨先生在评价清朝文字狱时说：我们可以了解文字狱的本质，即有权人物对文字所加的奇异曲解。像贾士芬的咒语"天地听我主持，鬼神归我驱使"，不过是巫师们一贯的"口中念念有词"的勾当，竟然成为谋反的证据，可以当做文字狱的典型说明。尹嘉铨自称"古稀老人"，这

是一句古老的成语，但弘历却酸溜溜地说："我自称古稀老人，早已布告天下，他怎么也敢自称古稀老人？"

柏杨先生这里提到了乾隆年间的一桩文字狱。乾隆皇帝自称"古稀皇帝"，有个名叫尹嘉铨三品官员，也自称"古稀老人"。乾隆认为他佞妄，又不好治罪，于是造了一个"为父请谥并从祀文庙案"这个文字狱，把他绞杀。真是"欲加之罪，何患无词"！

鲁迅先生在《买小学大全记》中，谈到尹嘉铨的文字案时说："乾隆时代的一定办法，就是：凡以文字获罪者，一面拿办，一面查抄，这并非看中他的家产，乃是查看藏书和另外的文字，如果别有'狂吠'，便可以一并治罪。因为乾隆的意见，是以为既敢'狂吠'，必不止一两声，非彻底根治不可。"可见清朝文字狱的"莫须有"的荒唐。

到乾隆中期，文字狱达到了高潮。轰动一时的伪造孙嘉淦奏稿案就是这时的代表。孙嘉淦以敢于直言进谏著称，在社会上有很高的声望。后来江西千总卢鲁生与守备刘时达合谋，编造了一个指责乾隆帝错误的奏稿，假托是孙嘉淦写的。假奏稿流传到云南时被乾隆帝发现，于是开始了在全国范围的追查伪稿作者的活动，结果发现全国都在暗中流传。为了避免影响进一步扩大，乾隆没有继续追究，只处理几个直接责任人。

乾隆帝接受了伪稿案的教训，决心大力强化对思想意识的控制，于是清代文字狱，在中国古代文字狱史中达到了空前高峰。

在康熙朝，清军入关不久，民族矛盾还很尖锐，作为清朝统治者大兴文字狱对稳固清朝的统治确实是有必要的。但康熙以后很多文字狱则是有意的罗织罪名、栽赃陷害了。到了乾隆的文字狱，已经不再是针对民族矛盾，随着政治形势的演变，文字狱打击的对象也随着发生变化。到了乾隆年间，文字狱的主要打击对象不再是汉族上层知识分子和政府官员，也不再是镇压反清力量和排除政府内部的异己势力，而主要为了打击下层知识分子和平民百姓。

乾隆即位后，沈德潜的《咏黑牡丹》诗云："夺朱非正色，异种也称王。"其中的"夺朱"用的是《论语》里的典故，可"夺朱"被说成是夺了明的天下；"异种"意为"奇异之种"，但也被解为"非我族类"的满族。乾隆帝大怒，当时沈德潜已死，就把他的尸体拉出鞭打一通。沈德潜之于乾隆，也不是因为"夺朱非正色，异种亦称王"的《咏黑牡丹》

诗，而是因为他把代替乾隆修改或捉刀的诗一并收入了自己的集子，戳穿了西洋镜的缘故。

清朝前中期屡兴文字狱，搞得人人自危，手足无措。在这种文化专制主义的统治下，许多知识分子不敢涉及政治，只能埋头考订古书。当时有个叫梁诗正的老臣，总结出这样一条处世经验："不以字迹与人交往，即偶有无用稿纸，亦必焚毁。"

"避席畏闻文字狱，著书都为稻粱谋。"诗人龚自珍《咏史》一诗中的这两句深刻地反映了那时文人做文章只为谋生存，提及文字狱，就面有异色，真是谈虎色变。由于当时朝廷规定揭发检举此类案件者有功，隐瞒不报或办理不力者有罪。一时告密诬陷之风大盛。有些人断章取义，牵强附会，告密邀功；有些人挟嫌诬陷，以报私怨，导致文人士子人人自危，唯恐一不小心，陷于罗网。

在清代的文字狱中，被判处死刑的有200多人，受到株连而被判处各种刑罚的更不可胜数。文字狱的"罪犯"，上至朝廷大员，下至一般生员、乡愚迂儒，以及江湖术士、轿夫、船工，等等。

文字狱其实是封建统治者对人民的思想和灵魂的钳制。封建统治者不仅要人民俯首帖耳，而且要他们心甘情愿，无怨无悔。难怪易中天先生感慨道："专制君主残害他人，真比强盗还要厉害。强盗不过要人钱财，最多谋人性命，专制君主不但要别人的性命，还要别人的灵魂，而且还要说这是为你好，是慈悲为怀菩萨心肠，真是阿弥陀佛，善哉善哉！"

从文字狱的本质来看，清朝的文字狱因为其鲜明的民族矛盾而具有独特性，但作为一种统治的手段来讲则具有普遍性。文字狱和八股文，是统治知识分子的两条途径，它们并不是清朝的发明，而是从明朝早已经开始。

朱元璋是这两项政策运用的最熟练的人，清朝只不过是承袭了明朝旧制而已。在明朝，因为文字而被杀的数不胜数。比如：御史张尚礼作诗："梦中正得君王宠，却被黄鹂叫一声！"下狱死。兖州知府卢熊把"兖"错写成"衮"，被明太祖视为不敬，斩。中书詹希原给太学写匾额，"门"字少最后一勾，被视为阻碍纳贤，斩。朱元璋私游一寺，见壁上有诗："毕竟有收还有散，放宽些子也何妨？"大怒，将全寺僧人都杀了。

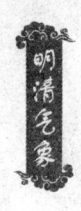

朝鲜国王李成旦进表笺,有犯上字样,明太祖当即下令将进贡物品全部打回,还要朝鲜交出撰写此文的郑总发配云南。连孟子也遭了殃,明太祖曾说:"使此老在今日宁得免耶!"因为孟子的"对君不逊"难以让他容忍。

但如果说朱元璋这样变态的猜忌是出于他特殊的出身而造成的心理上的阴暗,清朝统治者尤其是自诩为十全老人的乾隆也步朱元璋后尘,确实是甘自堕落了。

平民的堕落关乎一人一家,君主的堕落则直接造成了民族的悲哀。清朝的文字狱"使知识分子专心一意从事考据工作。所谓考据,就是用这本古书去考证那本古书,用这本古书上的字去考证那本古书上的字,把平生精力钻在古书的旧纸堆里,成为一个工匠,不需要想象力,也不需要理解力,只要钻得年代稍久,就可以自称或被称为学者。这种学术,自然不会触怒任何人"。鲁迅曾称"清文字狱杀灭了中国人的骨气"。对此,柏杨先生调侃道:"我们想到仓颉造字时,神鬼曾经夜哭,不知道是不是这个缘故。"

昔日妖娆成沧桑

好景不常,奏响覆亡序曲

乾隆帝曾经说过,他的在位时间不能超过他的爷爷——康熙帝,所以在执政满六十年的时候,他想退位了,把皇位让给他的儿子来坐。乾隆帝一向认为自己是个"十全老人"。所以他想在退位的时候举办一个仪式,让全国人民都知道自己功德无量、皇恩浩荡。于是,乾隆爷的禅位大典,就宴请了全国的高寿之人,请他们到皇宫吃饭。学者纪连海认为:乾隆做这件事可以达到三个目的,第一,此举符合中华民族的传统礼仪道德,尊重老人。第二,皇帝此举那就意味着全国的高寿老者都尊重乾隆,别人就更得尊重了。第三,意味着在乾隆领导之下的60年间,人人都得以高寿。

其实,这是乾隆帝在向世人证实:在我治理下的国家,社会繁荣,人民生活安定,而且我贵为天子,居然能和平民百姓一起吃饭,历史上有哪个皇帝能够做到如此亲民爱子呢?所以,我理应是当之无愧的"千古第一完人"。说得直接点,就是在"粉饰太平"。不过,乾隆勾画的这种盛世图景,也并非完全是空想。范文澜先生说:"一方面是,他在位期间力图有所作为,继述祖业,因而这时的清朝大体上能保持前朝的国势,并以'盛世'自诩。"

不可否认,乾隆也是一个文治武功都十分了得的皇帝,他曾主持编修《四库全书》、翻译《满文大藏经》等,这对于文化古籍的保存整理都是很重要的贡献。他一生写了四万多首诗,相当于全唐两千二百人诗作的总和;他除了会自己的母语——满语外,还精通汉语、蒙古语、藏语、维吾尔语等多种语言;他的书法和绘画在历史上也是很有名的。乾隆在位期间还修建了颐和园、扩建了圆明园,这对于古典建筑艺术的发展是有积极意义的,不过也是乾隆好大喜功、奢侈的表现。为保护浙江沿海

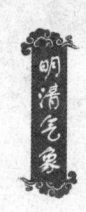

地区的农田,乾隆帝调拨银两,将原来筑海的柴塘改成石塘,至今,仍然完好无损,这是乾隆为老百姓做的实事。

乾隆期间还对新疆和西藏加强了管辖,奠定了现在我们国家的版图,初步实现了中华多民族的统一,使清朝成为一个屹立在世界东方的强盛帝国。但是,正如学者彭勇在《天朝落日:中国二十王朝覆亡全景》中所说:"清朝由于长时期浸淫于'歌舞升平'的虚假繁荣中,使统治者对朝政的每况愈下放松了警惕。"特别是乾隆后期,为了标榜功绩,追求虚名,浪费了大量的国家财富。当时的吏治腐败也日趋严重,大小官吏奢靡成风,营私舞弊,贿赂公行。最可怕的是,军队也加入了腐化的队列,军官克扣军饷,士兵则惰于操练,战斗力严重下降。特别是乾隆帝的宠臣和珅,他的腐败已经到了无以复加的地步,富可敌国已经不足以说明他的敛财能力。乾隆去世的第五天,嘉庆帝就抄了和珅的家,下面我们看一下这份前无古人,后无来者的抄家清单:房屋3000间,田地8000顷,银铺42处,当铺75处,赤金60000两,纯金、1000两一个的大金元宝100个,100两一个的小银元宝56600个,银锭900万个,洋钱58000元,制钱150万文,吉林人参600余斤,玉如意1200余柄,珍珠手串230串,桂圆大珍珠10粒,大红宝石10块,大蓝宝石40块,银碗40桌,三尺有余,珊瑚树11支,纱缎绸罗14300匹,毛呢哔叽20000板,狐皮550张,貂皮850张,又各种粗细皮56000张,铜器和锡器361000件,名贵瓷器10万件。镂金八宝炕床24座,西洋钟460座,四季好衣服7000件,家人606名,妇女600名,总价值达11亿两白银,相当于当时国库十五年收入的总和,这是当时官僚腐败的一个典型案例,反映了奸臣当道、大肆敛财的黑暗现实。不过,和珅被抄家也有好处,就是这笔财产正好可以弥补一下国库的连年亏空,当时民间就流传着一句顺口溜"和珅跌倒,嘉庆吃饱。"

为了维持统治阶级的奢靡生活,各级官员只能是进一步加强搜刮民脂民膏,又由于康熙时期曾实行"盛世添丁,永不加赋"的政策,使社会人口激增,土地却没有相应增加,百姓的生活只能是更加困苦。龚自珍曾对清代中后期的社会状况做了深入、形象的描写:"自乾隆末年以来,官吏士民,狼奸狈獗,不士不农不工不商之人,十将五六……自京师始,概乎四方,大抵富户变贫户,贫户变饿者。四民之首,奔走下贱。

各省大局，岌岌乎皆不可以支日月，悉暇问年岁！"还有实例，乾隆四十九年，直隶全省耕地总面积为677806顷，而怀柔县大地主郝氏一家就有"膏腴万顷"，这是什么概念？

土地大部分集中到了地主手中，农民只好租种地主家的地，但有些地方的地租率竟然达到了产量的50%，也就是说，农民辛苦劳作一年的一半收入要送给地主，而自己的那一半还要缴纳政府规定的各种苛捐杂税，其生活之苦可想而知。

对于这些情况，乾隆帝并非一无所知，乾隆五十五年，礼部侍郎尹壮图就曾上书，希望乾隆帝整顿吏治，不料如此忠谏却惹得龙颜大怒，尹壮图落得个降职的处分。有此前车之鉴，后来再也没有人敢在乾隆面前说任何关于大清国不好的话了，官员都本着"多磕头，少说话"的为官之道，因循苟且，逸上欺下，实在是国家最大的灾难。

范文澜先生指出："乾隆帝晚年陶醉于臣僚的一片颂声，又陷于'于外事总未经历'的境地，对臣下的谏诤和民间的怨叹，不免厌听。实际情况是：乾隆帝退位前，清王朝的统治已然日益腐败，危机四伏。民间不只兴叹，而在秘密酝酿着起义风暴的兴起，乾隆帝无视这一切，自称为'归政全人'，而业已形成的种种危难，留给了他的继承者嘉庆帝。"的确，在嘉庆帝刚刚登上大位四个月的时候，一场历时九年、席卷五省的大规模农民起义——白莲教起义爆发了。虽然这场起义最后被清政府镇压，以失败告终，但是，它揭开了大清朝华丽外衣下的累累伤疤，为这个朝代的覆亡奏响了序曲。自此，曾经鼎盛一时的大清帝国开始一步步滑向灾难的深渊。

在赞扬声中消沉下去

正当大清朝还陶醉在"康乾盛世"的升平世界中醉生梦死时，一直被他们视为"外夷小国"的欧美国家却在厉行改革，并提前进入了工业社会。许倬云先生在其所著《万古江河》中谈道："19世纪前半的世界，已有一个相当整合的全球经济体系。……凡此事件，都已是欧洲政客与商人热烈讨论的课题，可是当时的中国人则蒙然不知外面的世界已在急速地迈向资本主义孕育的帝国主义，更未能预见中国将在这一浪潮中，

几乎灭顶。"

那么，到底是什么让中国几乎遭遇灭顶之灾？17世纪中叶到19世纪中叶这两百年间，西方世界的变化都有哪些？首先是荷兰的若干贸易公司组成了东印度公司，专门从事海上贸易，并由荷兰政府授予海外活动的权利；后来英国也成立了自己的东印度公司，并由英国女王授予海外开拓的权利，在亚当·斯密《国富论》的指导下，三百年后的英国成为势力雄厚的"日不落帝国"。与此同时，亚洲的三个古老帝国除中国外，莫卧儿帝国和奥图曼帝国先后被瓦解，麻木的大清朝却依然在沉睡中，丝毫没有惊醒的迹象。1776年（乾隆四十一年），英属十三处殖民地打响了人类历史上第一次民主革命的枪声；11年后（乾隆五十二年），美利坚合众国成立，并快速向世界强国成长；两年后（乾隆五十四年），法国大革命吹响号角，攻占巴士底狱，国王路易十六被送上断头台，法国发表《人权宣言》，一个法兰西资产阶级国家开始兴起；普鲁士帝国（即今德国）经过一系列改革也已成为中欧最强大的国家。可悲的是，乾隆与嘉庆两位皇帝竟然对这些巨变毫无察觉，他们甚至不知道世界上还存在普鲁士帝国这样一个国家，直到后来魏源的《海国图志》写成，中国才有所察觉。就这样，清朝在麻木的幸福感中一步步走向了绝路，却浑然不觉。

那这段时间清朝在做什么？乾隆六十年的时候，举行了一场由八十岁以后老人参加的科举考试，各省共报了116个人，年龄最大的有一百多岁。坚持到最后的有92个人，年龄最大的已经有90多岁。最后，这92个人都被封了不同的官职。阎崇年先生认为，这是乾隆在借"兴文尊老"之名，行"粉饰太平"之实，这也是一种乾隆盛世下危机的一种表现。想想看，90多岁的老人即使为官他还能做什么？这件事与乾隆退位大典时宴请老人是一样的目的，只是这个科举考试的事做得更加过分。这种情况也难怪许倬云先生说："19世纪时欧洲对中国的评价由赞美变为轻视。"没有理由不轻视，在西方世界在讲民主、讲人权的时候，清政府还在禁闭大门考八股文。这时候再想到康熙皇帝的那句话："海外如西洋诸国，千百年后，中国恐受其累。"真是一语成谶。

其实，世界曾向中国敞开过大门，但被我们骄傲的大清皇帝拒绝了。乾隆五十八年，英国就派了特使马戛尔尼和副使斯当东到中国来通商。

就在乾隆帝要接见他们的时候,出现了"礼仪之争",乾隆帝还是以天朝上国的姿态在要求马戛尔尼。当马戛尔尼表达出此行的目的,乾隆帝一听要在北京设通商代表更是大怒,下令立即驱逐,还说:"我天朝上国,物资丰盈,没有必要与你们互通有无。"本来一次很好的对外沟通的机会,就这么失去了。到嘉庆帝时期,英国使臣第二次来到中国,这一次同样是因为"礼仪之争",最后连皇帝的面都没见到,嘉庆根本不知道,这时候他眼中的"罪尔小国"已经完成了资产阶级革命,并在工业化的道路上大步前行了。

但是,清政府并非一直执行"闭关锁国"的政策。在顺治帝、康熙帝期间,中国还曾起用外国人在朝廷任职,并允许外国传教士在中国传教。如汤若望、南怀仁等都相继担任过钦天监的职位。在此期间,西方的历法对中国产生了重大影响。康熙二十八年中俄谈判时,康熙帝认识到了地图的重要性,后由传教士白晋等人与中国人员一起,耗时十年,绘制了《皇舆全览图》,这是中国第一幅经过实地编测的地图。而乾隆时期的《乾隆内府舆图》涵盖范围更广,包括了欧亚大陆的大部分地区。这就使中国长期以来的模糊边界变得清晰,具有极为重要的意义。

中国文化对西方世界的冲击同样是不可忽视的。18世纪初至18世纪下半叶,欧洲先后有3套关于中国的资料全集问世,内容就是关于中国文化与国情的详细介绍,这些资料成为欧洲启蒙思想者批判欧洲弊端的借鉴。但是,许倬云先生指出"耶稣会会士带来的西方文化讯息,在中国激发的影响,相当局限于实用方面,未引起中国学术界以西方为对比,而对中国文化有所反省。相对而言,欧洲的启蒙运动却借中国文化为参考数据,深刻地检讨了自己的文化现状,引发了巨大的文化变革。"

但是,西方国家在十七八世纪以后为什么突然飞速发展,而一直领先的中国却在这个时候落伍了,其根本原因是什么?学者唐德刚在其著作《晚清七十年》中认为:"现代西欧北美社会发展之基础在'社会重于国家'也。'国家'者,社会之'上层建筑'也。国家之结构随社会之变动而变动。我国则反是,我国社会发展之基础,则'国家强于社会'也。社会为国家之'上层建筑',其结构之形态,其荣枯之动力,悉听命于国家之颐指气使也。"这个原因,说来也简单,就是我国两千多年来的封建专制制度积累下来的弊端。皇帝一个人管全天下的事情,可以说是

军政一体,难免会独断专行,就像乾隆,他明明看到大臣的谏书,说国家吏治腐败,可是他就是不想知道这些事,知道也装作不知道,还说那个大臣是造谣,这也是人的本性,谁都爱听好话。皇帝自己不能辨别真假,这就没办法了,大家只好跟着他一起装,一起歌颂太平盛世。一个国家就在赞颂声中慢慢葬送。

鸦片记录一个国家的衰亡

1997年7月1日零点,中英政权交接仪式如期进行,鲜艳的五星红旗和香港特别行政区区旗飘扬在香港上空,中国政府开始对香港恢复行使主权,历经沧桑的香港终于回到了祖国的怀抱。

众所周知,香港被迫与大陆分离,是第一次鸦片战争造成的恶果。当时以道光帝为代表的清政府与英国政府签订了丧权辱国的《南京条约》,其中就有把香港割让给英国的规定。有人说,鸦片战争就是由林则徐禁烟引起的,没有他的严禁,英国也不会挑起战争。这种说法有失偏颇,首先,林则徐并不是禁烟的第一人;其次,当时已经到了不禁不可的地步。早在雍正帝在位时,清政府就开始禁烟,那时候一年流入国内的鸦片是两百箱,到乾隆时期增加到一千箱,这样一直下来,到鸦片战争前,每年流入国内的鸦片增加到一万三千箱,每年外流的白银多达三千万,"若再任由鸦片泛滥下去,则数十年后,中原将无可御敌之兵,也没有充饷之银。"禁烟已经成为一个非常棘手的问题。

针对禁烟这件事,当时的清政府分成了两派,"严禁派"和"驰禁派"。最初,道光帝态度坚决地支持林则徐为首的"严禁派",并任命林则徐为两广总督、钦差大臣到广州禁烟,给了林则徐很大的权力。当时的林则徐同样踌躇满志,到了广州他宣布:"若鸦片一日来绝,本大臣一日不回。"很有一股破釜沉舟的味道,表现了林则徐禁烟的决心。事实上,他也做得很好,震惊中外的"虎门硝烟"就可以说明这个问题,当时大概还没有政绩这个词,其实"虎门硝烟"就是林则徐的政绩。

在开始禁烟的前半年里,英国并没有反应。当然英国内部的反应肯定是有的,但是用抗议、战争等方式表现出来,历史上也没有什么记载。这时候的道光帝对于林则徐是很满意的,对于英国他也抱有美好的幻想,这样的海岛小国肯定已经被大清帝国的雄威吓得不敢吱声了，他根本没有想到当时的英国或许正在为战争积极地做准备。他会这么想也是正常的，试想清朝自皇太极至嘉庆帝以来，什么时候把这些蛮夷小国放在眼里过。所以，当1839年的11月，林则徐下令向进入广东海港的英国商船开炮，击毙英船水手数人以后，道光皇帝还是很高兴，并大力支持林则徐，随后又宣布与英国绝交。

但是，这件事惹恼了英国人，第二年，他们就开始讨论对华作战的问题。正如学者唐德刚在其著作《晚清七十年》中则提到另一个原因，那就是"鸦片贸易"（opiumtrade）为当年英伦朝野，国脉民命，生计攸关，不可或缺之国际贸易。女皇与国会，均不惜为之一战。1840年6月21日，英军就侵入了广州附近海域，遭到顽强抵抗，后又转上浙江镇海，从镇海一路北上到大沽，直逼北京。这个时候，道光帝没有组织兵力全力抵抗，而是以"贪功启衅、误国误民"之罪把林则徐革职，他认为是林则徐禁烟把英军招来的。当时的军机大臣、大学士王鼎进谏道光帝重用林则徐，抵抗英军侵略，道光帝没有听从他的建议，既然忠言逆耳，王鼎就选择了尸谏，即自杀。自杀前他写好了奏章，装在衣服里，希望他的自杀可以唤醒道光帝。但是，道光没有康熙帝评判三藩之乱时的魄力与勇气，大清帝国也像一个进入迟暮之年的老人，周身散发着衰老与死亡气息。林则徐照旧被革职，琦善被任命为钦差大臣赴广东与英国谈判。

琦善与英军谈判的结果是，中英双方签订了《穿鼻条约》。条约规定把香港割让给英国，并向英国赔款600万两白银。以此为条件，英军撤回广州。道光皇帝得知此事后，认为条约有损天朝仪威，下令逮捕琦善，然后对英宣战，并派奕山到广东主持军务。

陈寅恪先生认为清朝统治者的腐败和昏庸愚昧是导致中国战败的主要原因。学者孙善根在《道光帝与鸦片战争的失败》中说"英国侵略者蓄谋已久的殖民战略"，此外，他还指出："琦善的求降政策与道光帝的天朝'宽容的抚夷'政策之间产生了严重的矛盾冲突。在整个鸦片战争期间，道光帝陷入了一种矛盾的境地而不能自拔。"他认为道光帝这次的对英宣战，是一种安抚政策。但是，已经进入工业社会的英国并非道光眼中的蛮夷之地，英军攻占虎门炮台后，开进了珠江。奕山却上报说战

争取得了胜利,如此残酷的战争被他视同儿戏一般。而浙江战线的奕经从一开始就迟到了,英军已攻占厦门、定海、定远,姗姗来迟的奕经面对此情景并未做紧急作战部署,而是令人投虎骨入海,以激怒龙王兴风作浪,掀翻英国军舰。又专程赶到关帝庙求签,以决定何时出兵。令人惊奇的是,这些做法得到了道光帝的大加赞赏!一国之君,昏庸至此,国岂有不亡之理!就在道光高高兴兴地坐在皇宫等待各战线凯旋的时候,却不知半壁江山已尽入人手。

各线作战失败以后,清政府决心向英军求和,并与英国恢复商贸往来。其时英军在广东三元里遭到了当地民众的抗击,将英军围在了四方炮台,而最终为他们解围的却是奕山。

求和的结果是,1842年8月29日,中英签订《南京条约》。条约规定:中国向英国赔款2100万两白银,开放广州、上海、宁波、厦门、福州五处为通商口岸,准英国派驻领事,割让香港。

孙善根说,《南京条约》的签订,对道光来讲是痛苦的。他还引了一段记载,"(道光帝)传闻和局既定,上退朝后,负手于便殿阶上,一日夜未尝暂息。侍者但闻叹息声。漏下五鼓,上忽顿首长叹,旋入殿,以诸笔草草书一纸,封缄甚固,时宫门未启,令内侍持往枢廷。戒之曰:'候穆彰阿入直以授之,并嘱其毋为祁隽藻所知。'盖即喻议和诸臣画押订约之廷寄也。"可以想象,鸦片战争对于一向以天朝上国自居的大清朝应该是一个怎样的沉重打击,如若自此励精图治,也许会有东山再起的可能,但正如许倬云先生所述:"一个社会的解体,反映这一群体没有了凝聚的共同意识。明代后期颇有对于中国文化的讨论;明亡前后,有识之士更对中国文化有过深入的反思。但在清代康、雍之后,一方面思想定于一尊,另一方面烦琐学风占尽知识资源,再加上经济繁荣、生活逸乐,少有人能深刻地思考根本问题。于是,中国只剩下一个依靠习惯反射神经维持的肢体,却没有主导神经中枢的思维能力。"鸦片战争后的清朝统治者们依旧延续着这种"习惯反射神经"来维持统治,全盘之败只是时间上的迟缓而已。

皇家陵园，走向最后的归宿

百日维新，扶不起将逝之国

19世纪中叶，美国军舰开进日本江户，要求开国通商，史称"黑船事件"。当时日本处于德川幕府时代，对外实行"锁国政策"。这次事件过后，日本封建阵营中出现了一批要求革新的势力，并于1863至1869年春开始了倒幕运动，运动成功以后到1873年，是日本明治维新时期，以后的日本逐步走上了富强之路。

与日本几乎同时，受两次鸦片战争的触动，中国的一些仁人志士也开始求变，他们秉承"经世致用"的思想，提出"师夷长技以制夷"，即学习西方的先进技术用来抵抗外国侵略。但是，正如学者彭勇所说，"经世派"的改革呼声并没有引起最高统治者的注意，但这种流风遗响，却是整个晚清改革的滥觞。他们敢于议政和倡言改革的风气对稍后崛起的洋务派人士产生了极大的影响。洋务运动遭到了来自各方面的层层阻挠，也由于其自身的局限性，并没有达到富国强兵的目的。

后来，一批接触过西方文化的新兴资产阶级又提出了"中学为体，西学为用"的理念，指出欲使中国富强，应进行制度、法律等领域的全面改革。但是，改革还未开展时，甲午中日战争爆发了。这次战争也是明治维新的日本实力的一次展示。

众所周知，这次战争中国又是惨败，结果就是与日本签订了《马关条约》。当资产阶级维新派得知《马关条约》签订的消息，群情激愤，他们的领导者康有为遂上书清政府，陈述变法主张，这就是历史上所称的"公车上书"。由于顽固派的阻挠，康有为连续上书三次，才传到了光绪帝手中。从康有为的变法主张中，光绪帝似乎看到了清朝振兴的希望，所以他决心支持康有为，执行新政。

当时，慈禧太后还握有实权，想实行新政还要经过她的同意。光绪

帝本以为慈禧会横加阻拦，但是，慈禧这次的表现让光绪帝既惊讶又高兴，她竟然没有反对，或许慈禧这时也认识到了大清王朝山河破碎，也希望变法能够带来实际的好处，这样对自己的统治有益无害。有了慈禧太后的支持，光绪帝更加放心大胆地进行改革了。他于1898年6月11日颁布了《定国是诏》，这标志着戊戌变法的开始。

戊戌变法的内容非常全面，包括文化教育、经济、军事、社会风习以及政治方面的改革。主要就是废除八股文考试，改试策论；在各省设商务局，促进商业发展；废掉军队中用的弓、刀、矛等传统工具，改用枪炮；改变社会上崇拜鬼神的不良风气。政治方面则开放言路、精简机构、任用新人等，这相对洋务运动来说是一个突破。

但是，就因为戊戌变法的完整，就触犯了一些守旧派的利益，他们先是公然反对。发现反对无效后，就跑到慈禧的心腹直隶总督荣禄那里诉苦。荣禄也正在害怕光绪帝掌握实权后，自己失去势力，再经守旧派这样一说，他就开始派人散布"皇上病重"和"皇上与维新派阴谋加害慈禧太后"的谣言，又去向慈禧报告新政的流弊以及众大臣的意见。慈禧对变法一事本来就持一种观望态度，就是既不明显支持也不反对，就是要看光绪到底怎样变，会不会威胁到自己的统治。结果，竟然传出了这些说法，慈禧当然不能容忍。

1898年9月21日，慈禧与荣禄借天津阅兵之机发动了戊戌政变，将光绪帝囚禁在瀛台。戊戌变法从开始到失败只经历了103天，又称"百日维新"。光绪帝在去瀛台之前，给维新派下了一道密旨，让他们逃难。接到密旨后，康有为逃到了香港，梁启超到了日本。谭嗣同没有逃，他说："各国变法，没有不流血的。"决心以死抗争。7天后，慈禧下令将谭嗣同、林旭、杨深秀、刘光第、杨锐、康广仁等维新派人士处死，这就是历史上的"戊戌六君子"，也是为维新变法流血的第一批人。

学者袁野分析戊戌变法的失败时说："从康有为的三本著名著作和他整个的思想当中我们可以看出，他是一个产生于近代中国特殊历史条件下的学者和思想家，他所进行的政治改革，都是以他这些思想为指导原则的。然而他并非是一个成功的政治家，仅凭这些奇思妙想，书生意气，终究难成大事，所以最后戊戌变法走向失败，也是顺理成章的。"他是从康有为指导变法的两部理论著作——《新学伪经考》和《孔子改制考》

中得到这个结论的。康有为在这两部书中的言论较为大胆,他说中国历代相传的儒家经典都是假的,这在中国几千年遵循孔孟之礼的社会背景中无疑很有冲击力,他希望通过这种说法来颠覆人们的观念,但是有急躁冒进之嫌,遭到了守旧派的极力排斥,给变法带来了很大阻力。杨天石先生认为"康有为的思想是用'西学为营养,哺育出来的思想'。但是他又披上中国古老学术的外衣。"这就导致中西方思想在结合的时候有些脱节,有点理想化,不是非常符合社会实际。像是一种强行的嫁接,在旧的树枝上绑上新的花朵,希望能够结出果实,结果只能是失败。

彭勇说:"戊戌变法的失败,把人们依靠朝廷本身的改革来强国的最后一丝梦想彻底击灭了。统治阶级内部斗争更趋激烈,错过了最后一次变革维新的机会,同时也丧失了选择发展道路的机会。清廷拒绝维新,其结果只能给自己带来灭顶之灾。"戊戌变法是清政府的第一次,也是最后一次主动的、全面的变革,但是由于守旧派的阻挠,戊戌变法以失败告终,清政府失去了最后一次发展的机会,政府更加腐朽,民间正在策划反清复明的起义运动,清政府的封建统治即将走向灭亡。

临朝称制, 个女人的时代

在河北省易县梁各庄西有一片风景绝佳的丘陵地,这里就是清朝皇家陵园的所在地——清西陵。在清西陵的众多帝王墓中,道光帝的陵墓是最简约的,虽不失其帝王墓的精巧,但整体所传达的是一种谦卑之气,少了很多帝王所固有的威严与奢华。如果有谁对道光陵墓的简朴心存疑问,就来看他的陵墓上的刻字吧。"敬瞻东北,永慕无穷,云山密迩,呜呼!其慕与慕也。"按照清朝规制,皇帝的陵名应该是由下一任帝王写的,但是道光的陵名是他自己在生前就写好的,这句话是道光这位处于清朝历史转折点的帝王心境的最好写照,他怀念蒙古铁骑从东北入关时横扫千里的浩然雄风,面对自己手下的破败山河,他感觉愧对地下的列祖列宗,所以就连陵墓也要修得谦恭。

没有人知道道光写下这句话时是怎样的心境,反正当他的儿子咸丰帝看到这句话时,就将道光帝的陵墓定名为"慕陵"。但是,咸丰的境况并不比他的父亲好多少,他在位期间,英法联军发动了第二次侵略战争,

还焚毁了六代帝王都居住和修筑过的皇家园林"圆明园",这使咸丰帝异常痛苦,在鸦片战争结束后的第二年,也就是1861年。他就去世了。自此,清朝开始了慈禧太后执政的历史。

慈禧是个权力欲望很强的人。据说,咸丰生前很宠爱她,经常和她一起谈论政事,使她对皇权产生了兴趣。所以,就在咸丰帝刚刚病逝,尸骨未寒之际,慈禧就开始了她的夺权计划。

咸丰死前指定了他的独生子载淳继承皇位,并任命了八个"赞襄政务大臣",总揽朝政。还把"御赏"和"同道堂",这两枚印章分别交给慈安和慈禧掌握。如果皇帝要发布诏谕,需同时盖上这两枚章才能生效。咸丰想得很周到,他想通过这种办法来起到互相牵制的作用。

但是咸丰刚死,慈禧就开始联合咸丰的亲弟弟恭亲王发动政变。当时恭亲王奕䜣还在北京,得知太后意图后,他就要到承德奔丧,但是被八大臣拒绝了,他们要求恭亲王留在北京。奕䜣哪肯罢休,又以手足情深为理由屡次申请,八大臣考虑到人之常情,就允许了。他们怎么也不会想到,这是慈禧太后与恭亲王给他们设下的圈套,就等着他们伸长脖子往里钻呢!

奕䜣到了避暑山庄,先在咸丰灵前一番痛哭,那种悲痛真是情真意切,令人动容。哀悼完了,他就要求见两宫太后,八大臣想以叔嫂见面不便为由拒绝,奕䜣就说八大臣可以一块见,这是他的一个策略,他就知道八大臣不会与他一起见两宫太后。最后,八大臣没有与他一起见,他自己见了两宫太后,密谈了两个多小时,政变的计划就敲定了。然后,奕䜣又在承德待了两天,遂回北京做具体部署。

而这边的两宫太后则在与八大臣打时间差,最终他们比肃顺一行早到达京城四天。回到北京后,慈禧太后就以小皇帝的名义发布圣旨,解除了八大臣的职务,并将其逮捕。这就是历史上的"辛酉政变"。政变以后,慈禧废掉"祺祥"年号,改第二年为"同治"元年,由两宫太后垂帘听政,这是清朝政权体制的一个重大变革。

自此以后的13年里,是清朝的相对平稳期,没有外国入侵,也没有内部起义。可以说,历史给了大清帝国一个机会。在这段时间里,清政府确实也采取了一些实际措施来进行改革。如:设立总理各国事务衙门、派官员出国考察,开办新式学堂、派留学生出国、建工厂开矿山等。通过这些改革，清政府统治下的中国出现了一些新气象，社会也比较稳定。不过这些事情主要是恭亲王奕䜣在主持，同治帝亲政时已经18岁，第二年就去世了，这些事情都与他关系不大。

其实，同治帝在位期间一直都没有真正亲政，大权还是掌握在慈禧太后手中。这也是同治为什么很早就去世的一个原因。他虽然贵为天子，又有亲生母亲，也结婚成家了，但是这些也都是导致他不幸的根源。他是皇帝，但是他决定任何事情都要看太后的脸色。长期这样，同治心里的愤懑得不到排解，再加上一些其他的病，在亲政两年以后，他就死了。关于同治的死因，正史记载是天花，也有人说是梅毒，或者是两症并发，这个问题目前还没有定论。

"国不可一日无君"，前一任皇帝去世了，皇室就要安排下一届继承人。但是，同治帝死得太早，他没有留下子嗣。那应该由谁继承皇位呢？在这关键时刻，慈禧太后的威力又一次显示出来了，她选了年仅4岁的载湉入承大统。让一个4岁的孩子做皇帝？这看起来像个玩笑。但慈禧就这么做了，她的目的只是为了自己可以更长时间地亲政。从这里可以看出，慈禧根本没有为国家民族考虑的全局观念，她似乎认为，皇宫就是我自己家，我是这个家的主人，我想让谁做皇帝谁就做皇帝。

同治帝去世的第二天，光绪帝就进了皇宫，先拜见了两宫太后，又在同治帝灵前祭奠，这样就算是入了皇室大统，做了皇帝。

光绪帝在位期间重复了同治帝的悲剧，他在17岁时亲政。但是，慈禧规定，光绪必须每隔一日向她奏报政务，听候训示，还经常派人监视他的行踪。贵为天子的光绪帝在慈禧太后眼中不过是一个她实现权力欲望的玩偶与傀儡。或许慈禧太后认为，光绪能够做皇帝，这个权力与地位是自己给他的，所以他就必须要听话。后来的戊戌政变也体现了慈禧的这种心理。

慈禧的野心导致了光绪可悲的帝王生涯。光绪开始亲政时，中法战争已经过去，清政府"不败而败"，同法国签订了《中法新约》，是一个不平等条约，清政府面临内忧外患、贫困加重。但是，到慈禧太后六十大寿时，她还要依照乾隆帝为其母亲庆贺七十大寿的规格来办，还大修清漪园，并改名为颐和园，据说共花了700万两银子。而这个时候，北方民间正在闹灾荒，饿殍遍野，灾民成群。这个时候慈禧竟然花700万银

皇家陵园，走向最后的归宿

189

子过一个生日!

光绪帝在位时做的最后一件事,就是支持"戊戌变法"。但是,"戊戌变法"损害了一些人的利益,慈禧太后就搞了一个"戊戌政变",杀害了"戊戌六君子",并把"不听话"的光绪帝囚禁起来,一关就是十年,直到光绪帝去世。

就在光绪帝去世的第二天,慈禧也死了。慈禧虽然没有像武则天那样加冕称帝,但是她对清朝的专制统治长达四十多年。在这段时间里,命运之神曾经向中国展露笑颜,但都碰了钉子。清朝注定要在腐朽政权的统治中走向灭亡。

外忧内患,一齐涌上

"同心放胆同杀妖,金宝包袱在所缓。脱尽凡情顶高天,金砖金屋光焕焕。高天享福极威风,最小最卑尽绸缎。男着龙袍女插花,各作忠臣劳马汗。"这是天平天国的领袖洪秀全为其追随之众描绘的人间"小天堂",即使最卑微的人都可以穿绸缎。但在太平天国运动取得阶段性胜利以后,这种美好生活却成了领导阶层的专利,并最终导致了这场轰轰烈烈的农民运动的失败。

太平天国运动兴起在1851年。鸦片战争以后,清政府签署了一系列丧权辱国的不平等条约,将战争的灾难转嫁到人民身上,人民生活更加困苦不堪。当时的洪秀全对社会灾难之深重颇有感受,特别是有一天他在广州街头上得到了一本基督教的《劝世良言》,可以说这本书让他的人生发生了转变,使洪秀全立志推翻清朝统治。洪秀全行动的第一步就是把原始基督教教义与中国农民渴望平等、平均、太平和反对压迫、剥削等理想结合起来,创立了"拜上帝教",宣传"天下多男子全是兄弟之辈,天下多女子尽是姊妹之群",大家应该团结起来,通过武装斗争推翻清政府的统治,建立"有无相恤,患难相救,夜不闭户,道不拾遗"的太平盛世。

1851年1月,洪秀全率领"拜上帝教"的信徒,组织太平军,在广西金田村起义。起义军很快攻下永安,并在永安建制,具备了政权雏形。这个时候的太平军士气高涨,他们乘胜北上,又先后攻下了湖南、武昌、南京，于1853年定都天京，建立太平天国。此后，太平军又兵分三路，进行了北伐、西征和东征，形成了一套从中央到地方的政权机关，颁布"天朝田亩制度"，提出了"耕者有其田"的口号，受到了人民的拥护，太平天国的政权得到了巩固。

面对太平天国的打击，清政府也行动起来。曾国藩以湘勇为基础、任命儒生知识分子为营官、以同乡和封建情谊为纽带建立起一支湘军。他对湘军的规定非常严格，禁止扰民以及嫖、赌、抽，还经常督促他们进行技击、枪法和阵势的军事训练。这样，曾国藩的湘军和后来出现的同性质的李鸿章的淮军，就成为反抗太平军的主要力量。学者彭勇说，"清政府借助地方团练镇压太平天国运动，其结果是中央集权势力的缩小和地方名流势力的扩张，间接促使地方政权相对于中央统治的自立，促使清王朝传统国家统治秩序的崩溃。"这里所说的地方团练就是指湘军和淮军，可见当时的清政府已经没有可用之兵，这也说明了清朝统治的没落。与此同时，帝国主义列强为维护其在华利益，也与清政府联合起来，共同镇压太平天国运动，自己国内的农民起义竟然要借助外国军队帮忙镇压，真是丢人之极。

面对如此严峻的形势，太平军如果能够仍像以前那样团结一心、努力抗争，也不是没有胜利的希望。但是，正如何瑜教授所说：其本身固有的农民阶级局限性在取得阶段性胜利后暴露无遗。在其内部，尤其是高层领导集团中，争权夺利、竞相腐化之风迅速蔓延，无情地侵蚀着太平天国的躯体。东王杨秀清凭借自己实力雄厚，竟派人把洪秀全带到东王宫，向其"逼封万岁"，洪秀全则派人诛杀杨秀清。当时的天京城里流传着一首民谣："天父杀天兄，江山打不通，长毛非正主，依旧让咸丰。"太平天国的反清运动遭遇内讧，最终导致翼王石达开率十多万精锐之师出走，太平天国元气大伤，自此走向衰落。1864年，在清政府的镇压下，天京陷落，太平天国运动彻底失败了。

钱穆先生在《中国历代政治得失》中分析了太平天国运动的失败原因，他认为：但看他们那些国名官名，就知其必然会失败。若太平天国成功了，便是全部中国历史失败了。当时的洪杨，并不是推不翻满清，但他们同时又要推翻中国全部历史，所以他们只可有失败。洪秀全创立的"拜上帝教"推翻了中国几千年来的儒家文化，将儒家著作视为妖书，

他还毁坏孔庙，规定大家都要拜上帝，几乎成为一种强制信仰，这必然会导致一些人的反感。用现在的眼光来看，洪秀全所宣扬的思想类似异端邪说，什么天王、天国……这反映出洪秀全并不明白基督教，他只是借上帝之名，表述了自己的想法，而且是很不成熟、很不科学的想法。由于他的倡导迎合了群众的想法，所以能够取得暂时性的胜利，但是他不懂政治，建立政权后，他不知道该怎样治理一个国家。因此，太平天国运动的失败是必然的。

太平天国运动以后，清朝还发生了一次大规模的农民运动——义和团运动。义和团运动兴起于甲午战争之后，1899年最先爆发于山东，发展迅猛，"不到三月遍地红"。发展壮大的义和团并没有建立统一的组织和领导机构，但所有参加者纪律性非常强，而且多为青少年，有很强的战斗力。义和团最初的宗旨是"反清复明"，遭到了清政府的镇压，后又转为"扶清灭洋"把斗争的矛头指向了帝国主义。

当时的清政府对义和团实行了"安抚"政策，利用他们来对付侵略者。八国联军侵华时，曾遭到义和团的痛击。但在侵略者的铁骑下，义和团也伤亡惨重。后来，慈禧太后迫于侵略者的淫威，采取了假宣战，真投降的欺骗手法，对外投降帝国主义，对内镇压义和团运动。但是，英勇的义和团战士仍然坚持以各种形式抗击侵略者，一直斗争到1902年。

而以慈禧太后为首的清政府为了维持岌岌可危的清朝统治，不惜一切代价向侵略者求和，1901年9月7日，清政府与英、法、日、俄、德、美、意、奥、西、比、荷11国代表，签订了屈辱的《辛丑条约》。从此，清朝统治者完全成为帝国主义统治中国人民的傀儡，中国完全陷入半封建半殖民地社会的深渊。

帝国的句点就此画下

许倬云先生所著《万古江河》中有一幅19世纪末列强在华范围的示意图，从图上可以很直观地看到各帝国主义国家在中国的势力范围和租借地，范围覆盖多半个中国。这是清政府与列强签订不平等条约的恶果，也是中国沦为半殖民地半封建社会的有力证明。

据统计，自1840年鸦片战争以来至1912年清朝灭亡，在这短短的

72年时间里,清朝政府同外国政府或外商、国际组织之间签订的不平等条约、契约、协约和合约竟多达1175件。纵横对比世界上任何一个国家,都没有这般遭遇,可谓空前绝后。而每一个不平等条约背后,都记载着殖民主义、帝国主义通过血与火的残暴手段,来达到他们卑劣目的的过程,也同样记载着中国人民在面对外来侵略者时的顽强斗争与悲惨命运。"条条和约事可鉴",在这里我们就对其中对中国影响深重的不平等条约略做梳理,为国人敲一警钟,希望国人身处和平年代依然能够不忘国耻,奋发图强,此乃国家、民族之大幸。

首先,归纳与英国签订的不平等条约,第一个为鸦片战争后中英双方签订的《南京条约》。此条约的签订日期为1842年8月29日,条约的中英文本均为英方制定,共13款,主要内容是:清政府向英国赔款2100万元,分4年交纳,倘未能按期交足,则酌定每年百元应加利息5元;开放广州、福州、厦门、宁波、上海等五处为通商口岸;将香港割让给英国;准许英商与华商自由贸易。

其次,1843年10月8日,清朝钦差大臣耆英与英国驻华公使璞鼎签订的《虎门条约》。该条约共16条,另附"小船定例"3条,主要内容包括:关税自主权;片面最惠国待遇即一体均沾,各通商口岸都要英舰停泊,并允许英国人在通商口岸租地建屋。

再次,为1858年6月26日,清政府代表桂良、花沙纳与英国代表额尔金签订的《中英天津条约》。共56款,另附专条1款。主要内容有:英国人可在京师,或长行居住,或能随时往来,可在北京租地、租屋,并在通商各口设领事馆;允许英国传教士进入中国,清政府要一体保护;增开牛庄、登州、台湾、潮州、琼州为通商口岸;许英商船驶入长江至长江沿岸各口岸经商;英国兵船亦得进入各通商口岸;英商进出口货物于内地应"综算货价为率,每百两征银二两五钱",一次缴清;英国享有清政府给其他国家的特权;赔偿英国商民损失及军费共400万两,以此作为偿还广州的条件。

此外,还有1860年签订的《中英北京条约》;1869年签订的《中英新修条约普后章程》;1876年签订的《烟台条约》;1885年签订的《中英烟台条约续增条约》;1890年签订的《中英印藏条约》;1898年签订的《中英展拓香港界址专条》;1904年签订的《中英续定印藏条约》等一系

列不平等条约。

学者唐德刚在其《晚清七十年》中评论英国的对华政策时说，自一八六〇年的《北京条约》到一九〇一年，结束"八国联军"的《辛丑条约》之签订的四十年间，大英帝国对华政策的纵深发展，竟逐渐从一个面目狰狞、吸血吮髓的母夜叉，变成一个捍卫中国"主权独立、领土完整"的强有力的保母了。虽然在此期间它还是强夺了缅甸（一八八五）、"租"占了威海卫与九龙（一八九八），但是较之俄法日之贪婪横暴，则真是"盗亦有道"了。该观点非常之新颖大胆，在他看来英国的这些对华政策，竟然在客观上起到了保护我国领土完整的作用，笔者不敢苟同。

中英《南京条约》签订以后，美国紧随而至，要求中方给予同等的通商条件。清政府本着一视同仁的态度于1844年7月3日，与美国签订了中美《望厦条约》。该条约共34款，主要内容为：美国在通商、外交等方面，享有与英国同等的权利；协定关税；扩大领事裁判权范围；片面最惠国待遇等。

第二次鸦片战争以后，1858年6月18日，美国打着中立的旗号与清政府签订了《中美天津条约》。该条约是美国趁清政府之危获得的侵略权益，也是美国推行合作侵华政策的典型产物。此外还有1868年签订的《中美增续条约》；1894年签订的《中美华工条约》等。

俄国同样参与了对中国的侵略。1851年8月6日，中俄双方签订了《伊犁塔尔巴哈台通商章程》。条约共17条，主要内容有：伊、塔两处与俄通商后，俄国可专派领事官照管；中俄双方在伊、塔两地通商，彼此两不抽税；俄国商人在伊、塔两地犯罪，不受中国法律制裁等。《中俄伊犁塔尔巴哈台通商章程》以后，俄国就从陆上打开了中国西北的大门。

1857年5月28日，在俄国的威胁恫吓下，中俄双方签订了《瑷珲条约》。俄国从中获得了巨大的领土利益和黑龙江、乌苏里江的航行权，以及通往太平洋的出海口。1858年6月13日，俄国借第二次鸦片战争之机同清政府签订了中俄《天津条约》。通过该条约，沙俄取得了沿海通商权利，并凭借最惠国待遇条款，一举取得了英、法、美等国日后在中国可能获得的侵略权益。此外，还有1860年签订的《中俄北京条约》、1864年的《中俄勘分西北界约记》、1879年的《中俄里瓦几亚条约》、1881年的《中俄伊犁条约》以及1896年的《中俄密约》等。通过这些不平等条约，俄国掠夺了我国的大片领土。

另外，与法国签订的不平等条约有1844年的《黄埔条约》、1858年的《天津条约》、1860年的《北京条约》、1884年的《中法会议简明条款》以及1885年的《中法新约》。与日本签订的条约有1871年的《中日修好条约》、1874年的《中日北京条约》、1885年的《中日天津条约》、1895的《中日马关条约》、《中日辽南条约》、1905年的中日会议《满州善后条约》、1915年的《中日二十一条条约》、1918年的《中日军事协定》等。还有1896年与德国签订的《中德胶澳租借条约》、1887与葡萄牙政府签订的《中葡北京条约》以及1901年签订的《八国联军辛丑条约》等。

从这些不平等条约里，我们再也找不到努尔哈赤以少数民族入主中原时的豪情和霸气，看不到"康乾盛世"巡行江南时的歌舞升平，唯一的感受就是煌煌大清王朝如小绵羊般任人宰割。有人说，蒙古人骠悍的铁骑终于被汉人的耕牛取代，然后套上枷锁，在鞭子的驱赶下缓慢行进。也有人说，这时候的清朝就像走到了一年的尽头，到了新旧交替的时候。如此抽象看来，整个清朝风云又像极了一出戏剧，观众还在品味过程的精彩，悲剧的结局却毫无征兆地上演了，那巨大的落差甚至令人有些懵懂。

清朝用了296年的时间来演绎开始到结束，重复了之前任何一个朝代兴亡交替的过程，像走入了一个既定的魔咒。这是一个并不太短的轮回，斗转星移，清朝为我们留下了太多传奇、太多疑惑、太多欷歔。

试想，如果没有外敌的入侵，清朝还会在自己的世界里生活多少年，如今映照大地的会不会依旧是大清帝国的月光，我们是否仍然穿着满族的衣服在人群中行走，然后在合适的时候去参加一次科举考试，求得一世功名？这种生活会不会同样平静而且怡然自得？

陈寅恪先生认为清朝的灭亡在于统治者对外没有处理好与列强的关系，导致列强步步进逼；对内则没有处理好满汉关系、特别是上层官员中的满汉关系，导致种族之争。二者合起来看，仍然为忽视了种族与文化的关系。本来，乾、嘉之后的汉族士大夫，已经认可了清朝这一异族（相对于汉族）统治的合法性，又在文字狱的恐怖下，转而搞纯粹的考据之学。少数跻身于统治集团的汉族文职官员，也是真心为王朝效力。

但到了光绪年间，慈禧等仍然视汉人为异己力量，不敢放心地重用，而搞什么分而治之（如对曾国藩、李鸿章等），过于强调种族之分，忽略了此时满汉在文化上的认同感，反倒引起了满汉之间的冲突，无疑是自取灭亡。

　　由此看来，即使没有列强的侵入，清朝的灭亡也在所难免。不错，历史囊括一切，是不会出现如果的，任何个体都必须跟随历史的脚步前行，无论强大还是弱小。即使这种跟随会无可奈何、会步履蹒跚，或者会跌倒，甚至是肌体上的阵痛，但别无选择。就像一阵狂风吹来，涤荡万物，这个时候不要迎着风吹来的方向。清朝灭亡了，历史昂然前行。